70년 만의 귀향

70년 만의 귀향
홋카이도 강제 노동 희생자 유골 귀환의 기록

1판1쇄 | 2021년 8월 9일

지은이 | 도노히라 요시히코
옮긴이 | 지상

펴낸이 | 정민용
편집장 | 안중철
책임편집 | 윤상훈
편집 | 강소영, 이진실, 최미정

펴낸곳 | 후마니타스(주)
등록 | 2002년 2월 19일 제2002-000481호
주소 | 서울 마포구 신촌로14안길 17, 2층 (04057)
전화 | 편집_02.739.9929/9930 영업_02.722.9960 팩스_0505.333.9960

블로그 | blog.naver.com/humabook
트위터, 페이스북, 인스타그램 | @humanitasbook
이메일 | humanitasbooks@gmail.com

인쇄 | 천일문화사_031.955.8083 제본 | 일진제책사_031.908.1407

값 18,000원

ISBN 978-89-6437-381-1 03300

70년 만의 귀향

홋카이도 강제노동 희생자 유골의 귀환 기록

도노히라 요시히코 지음
김상유 옮김

후마니타스

일러두기

1. 도노히라 요시히코의 『遺骨: 語りかける命の痕跡』(かもがわ出版, 2013)를 완역했다.
   지은이와 상의하며 일부 내용을 수정 및 첨가했다.
2. 단행본·정기간행물에는 겹낫표(『 』)를, 논문·기사·소설 등에는 홑낫표(「 」)를, 법령, 방송
   프로그램, 온라인 매체, 노래·연극·영화·조형물 등 작품명에는 홑화살괄호(〈 〉)를 썼다.
3. 외국 고유명사의 우리말 표기는 국립국어원의 외래어표기법을 따랐다. 그러나 관행적으로
   굳어진 표기는 그대로 사용했으며 필요한 경우 한자나 원어를 병기했다. 고유명사에 병기한
   한자와 문헌의 한자는 일본식 약체를 그대로 썼다.
4. 본문에서 사찰 및 종파는 독음을 한글로 적어 표기했고, 어문 규정에 따른 표기를 찾아보기에
   병기했다. 또한 '재일조선인'과 '재일한국인'을 '재일코리안'으로 표기했다.
5. 본문의 대괄호와 각주는 옮긴이가 첨가했다.
6. 본문에 넣은 사진 중 저작권자 표시가 없는 것은 옮긴이가 제공했다.

차례

수록 사진

들어가며

홋카이도, 일본열도 북쪽 끝에 있는 섬이다. 그러나 지리적으로는 알류산열도 남쪽 끝자락이라고 생각하는 편이 좋겠다. 홋카이도는 쓰가루해협을 사이에 둔 혼슈와 환경이 전혀 다르다. 자라는 식물과 동물의 종류가 크게 다르고 겨울에는 블리자드(눈보라)가 심하다.

홋카이도는 1868년 메이지유신에 의해 일본에 편입되기 전까지 에조시마蝦夷島로 불리었고, 도쿠가와 막부 체제하에서는 이역異域, 즉 외국으로 취급되기도 했다. 오시마반도 남부에는 화인和人(일본 본토 사람)이 지배하던 마쓰마에번松前藩이 유지되어 있었지만 그 북쪽인 홋카이도에는 아이누 모시리라고 불리는 아이누가 살고 있었다.

구미 열강에 뒤처져 있다는 조급함 때문에 성급히 근대를 형성하고자 했던 메이지 시대 일본은 천황을 받드는 제국주의 국가 건설을 목표로 했다. 이를 위한 최초의 식민지 대상이 바로 '이방인의 나라'인 홋카이도였다.

그때까지 자치 마을을 이루고 살던 아이누는 일방적으로 일본 국가에 편입되었다. 자유롭게 살아온 땅은 물론이고 사냥과

수렵·채집의 권리도 빼앗겼으며, 아이누어 등 고유문화가 파괴되는 등 참혹한 생활을 했다.

이어서 메이지 정부는 류큐琉球 왕국을 지배하며 오키나와라고 바꿔 부르고 식민지화했다. 그렇게 군사 국가의 길을 이어온 일본은 타이완과 조선을 식민지화한 뒤 1932년에는 중국 동북부에 '만주국'이라는 괴뢰 국가를 만들었다.

거의 10년에 한 번꼴로 전쟁을 반복한 결과, 아시아·태평양에 수많은 희생자가 발생했다. 식민 지배는 사람들을 지배와 피지배로 갈라놓았고 지배자를 '신국'神國, '팔굉일우'◆ 등으로 교만하게 표현하며 피지배자를 수탈하고 모멸해 비인간화했다.

나의 아버지는 메이지 말기에 나라현 산골에서 태어나 교토에서 공부하고 정토진종의 승려가 되었다. 어머니도 같은 나라현 산골에서 태어났는데, 외갓집은 홋카이도 북부에 개척단으로 들어온 집안이었다. 다이쇼 시대 말기에 홋카이도에 온 아버지는 어머니를 만나 결혼했고 (지금 내가 살고 있는) 다도시多度志에 절을 세웠다.

말하자면 나는 일본 최초의 식민지인 홋카이도로 이민을 온 식민 지배인의 자손이다. 내가 소속된 국가는 아시아를 식민지로 취급하고 침략 전쟁을 이어 온 어두운 역사를 배경으로 하고

◆ 팔방의 멀고 너른 범위, 즉 온 세상이 하나의 집이 된다는 뜻. 제2차 세계대전 당시 일본이 자국의 해외 진출을 정당화하며 사용한 슬로건.

있다. 나는 전쟁 직후 홋카이도에서 태어나 아버지를 뒤이어 절을 물려받고 승려가 되었다.

나는 승려로서 장례를 집전하며 망자를 떠나보내는 일을 하는 사람이다. 살아 있는 사람과 망자는 염불을 통해 겹쳐지며 함께 정토淨土로 향한다. 삶은 죽음을 품고, 삶의 내면에서 죽음을 키워 가면서 살아 있는 사람을 감싸 안고 새로운 성장과 자기완성의 길로 인도한다.

사실, 죽음은 이미 삶 속에 있으며, 죽음과 삶은 처음부터 하나이다. 죽음은 갑자기 찾아오는 것이 아니라 삶 속에 조용하게 숨어 있다. 죽음은 과정이고 상황이기 때문에 간단히 표현할 수 없다. 죽음은 생물학적이면서도 종교적인 것이며 문화적·역사적·정치적인 것이다.

가까운 사람들과 가족은 망자를 애도하고 종교의식을 통해 마음으로 추도하고 슬퍼하며, 그 지방의 관습에 따라 장례를 치르고, 시신(또는 유골)이 되도록 편히 쉴 수 있다고 생각하는 장소를 찾아 매장(또는 안치)한다. 언젠가 잊힐 수는 있겠지만 망자를 기억하는 사람들은 이런 방식으로 그를 그리워하며 떠올린다. 이것이 그의 삶과 죽음을 완결하는 과정이다. 그렇게 하지 못한다면 그것은 비업非業(제명에 죽지 못하는 억울한 죽음, 비명횡사)의 죽음이며 완성되지 못한 죽음이다.

우리는 과거에 많은 망자를 애도하며 떠나보냈다. 그렇지만 다른 한편 얼마나 많은 죽음을 무시하고 방치하고 망각해 왔을까. 근대를 되돌아봐도 추도받지 못한 무수한 죽음이 있다는 사실을 생각하지 않을 수 없다.

죽음을 차별하고 무시하고 방치한 것, 이는 바로 살아 있는 사람들이 한 일이다. 근대 국민국가와 제국주의가 수많은 망자를 비업의 죽음으로 몰았다. 일본은 메이지 시대*부터 태평양전쟁** 종결까지 80여 년간 아시아와 전쟁을 반복하고 식민지주의와 인종주의로 망자의 수를 늘려 왔다.

야스쿠니신사는 국가에 의해 늘어난 비업의 죽음들을 국가가 위령하고 표창하며 유족을 납득시키고 새로운 비업의 죽음을 양산하기 위해 만들어졌다. 국가가 주도해 '죽음을 납득시키기 위한' 거대한 위장 장치를 만든 것이다.

유족은 자신이 받아 든 유골함 속 종이 한 장을 보고 그것이 사랑하는 육친의 유골이라는 사실을 받아들이도록 강요받았다. 그 대신 망자는 야스쿠니신사 영쇄부靈璽簿***에 그 이름이 기록되어 '신'神이 되었고, 천황이 그것에 고개 숙여 참배했으며, 그렇게 국가에 의해 죽음이 확정되었다. 유족은 그 죽음을 억지로 받아들일 수밖에 없다. 이것이야말로 국가에 의한 거대한 자기편의적 해석이 아닐까.

---

* 1868년 메이지 정부가 수립된 뒤 44년의 시기.
** 1941년부터 1945년까지 일본과 연합국 사이에 벌어진 전쟁.
*** 야스쿠니신사에 배향된 사람들의 이름을 기록한 장부.

야스쿠니신사 규정에 따르면 망자는 죽어도 죽을 수 없다. 망자나 유족은 국가의 부름에 의해서만 억지로 죽음을 받아들여야 한다. 국가가 그렇게 제멋대로 죽음을 신격화해 놓았지만 먼 대륙인 동남아시아, 오키나와 등에서 죽은 비업의 죽음을 본인이나 가족이 어떻게 납득할 수 있을까.

육친이나 사랑하는 이의 추도를 받지 못한 채 죽는다면 죽어도 죽은 것이라고 할 수 없다. 망자의 죽음은 중단된 채 멈춰 있는 것이다. 가족이 떠나보내지 못하고 추도하지도 못한, 고향에서 멀리 떨어진 곳에서 죽은 망자는 죽어도 죽은 것이 아니다.

식민지 지배에 의해 군인이 되거나 징용되어 사망한 조선인도 야스쿠니신사 영쇄부에는 '신'으로 받들어져 있다. 안치를 거부하고 돌려 달라고 요청한다 해도 국가가 정의한 죽음은 번복되지 않는다. 망자의 죽음이라는 과정이 오랫동안 중단되는 것이다. 망자를 망자답게 하는 과정이 중단된 사람들은 아시아·태평양전쟁◆에서 약 300만 명의 일본인 희생자가 되었고, 일본군에 의해 양산된 아시아 희생자는 2000만 명으로 추정된다. 망자를 망자답게 하지 않은 채 살아온 우리는 지금도 죽음의 나무 정령[木靈] 속에 갇혀 있다.

나는 아시아·태평양전쟁이 끝난 1945년, 홋카이도 북부 농

◆ 아시아에서 일본이 일으킨 전쟁과 태평양전쟁을 합친 용어.

촌에서 태어났다. 10여 년간 교토에서 학창시절을 보낸 것 말
고는 시골의 절에서 계속 살고 있다. 1970년대부터 40년 가까
이 홋카이도 각지에서 전쟁 중에 강제 연행된 조선인 희생자와
다코베야✦ 노동자의 유골을 발굴해 왔다. 이제야 유골 발굴 과
정에서 경험한 일을 기록으로 남기고 싶다는 생각이 들어 이 책
을 쓴다.

시대가 점점 어둠 속으로 흘러가고 있다. 한반도를 시작으로
동아시아와 일본의 관계는 전후 80여 년이 넘도록 악화되고 있
다. 과거에 참혹한 희생과 참회를 경험했음에도 화해의 조짐보
다는 편협한 민족주의와 혐오 발언이 크게 들려온다.

그렇다고 내게 어두운 경험만 있는 것은 아니다. 기쁨과 희
망을 품은 많은 일들과 만남이 있었다. 땅속의 망자를 찾기 위
해 발굴하는 과정에서 살아 있는 많은 사람들과의 만남이 이어
졌다. 망자의 인도로 많은 인연과 만날 수 있었다. 유골과 만나
면서 살아 있는 사람의 쓸데없는 참견을 뒤로하고, 비업의 죽음
이 보낸 메시지에 귀를 기울이며 새로운 삶의 가능성을 발견하
기도 했다. 그런 경험을 몇 번이고 했다.

✦광산 노동자나 공사 인부들이 생활하는, 노동조건이 열악한 합숙소를 의미
한다. 이 말은 다코베야 노동자가, 항아리에 들어간 문어(다코)가 자기 힘으
로 밖으로 나가지 못하는 모습, 결국 자신의 발가락을 먹는 모습과 비슷한
데서 유래했다고 한다.

영토 문제와 '위안부' 문제가 큰 논쟁거리가 되면 민족주의를 큰소리로 부르짖으며 (바로 어제까지만 해도 한류 붐에 빠져 한국 문화를 즐기던 사람들이) 이제는 참을 수 없다며 떠들어 대기도 한다. 매스컴과 인터넷을 가로질러 맴도는 선전·선동에 편승해 다른 나라 사람들과 친구가 되었다가 적이 되기도 하는 어리석음에 질리기도 하고, 출구를 찾기 어려운 상황 자체가 답답하기도 하다.

경제가 어려워지면 인접 국가를 적으로 간주하며 재일코리안 등의 소수자들을 배제하려고 한다. 자기도 모르게 인종주의가 머리를 처들고 또다시 잘못된 역사를 되풀이하려 한다. 그런 우리에게 망자가 손짓을 해온다. 이제 그만 정치적 선전·선동과 위정자의 헤게모니에 휘둘리며 일희일비하는 데서 벗어나, 스스로 망자의 소리에 귀를 기울이면 어떨까.

망자는 이미 삶을 마감했지만 살아 있는 사람과 인연이 끊어진 것이 아니다. 망자에게 말을 건넬 수 없지만 망자의 목소리를 들을 수는 있다. 살아 있는 사람과 망자는 연결되어 있어서 귀를 기울이면 무수한 망자의 소리가 전해 오는 것을 느낄 수 있다. 과거에 일어난 일과 솔직하게 대면하고, 살아 있는 사람의 주변에 남겨진 망자의 흔적을 느끼고 귀 기울여 보자. 무수한 생명이 이야기하는 역사의 저편에서 망자의 영혼의 목소리가 들려온다. 망자의 소리를 들을 수 있다면 살아 있는 사람은 좀 더 사려 깊고 냉정해질 수 있지 않을까.

동아시아의 화해는 좀처럼 이루어지지 않고 있다. 상호 불신이 깊어지고 국경의 벽을 높이 쌓는 지역도 있다. 서로 총을 겨누고 민족주의적 선전·선동을 반복하면 불의의 사태로 갑자기 전쟁이 일어나도 전혀 이상하지 않을지 모른다. 이렇게 어둠은 더욱더 깊어지는 것인가.

정토진종에서는 생명의 어둠이 깊어질수록 어둠 저편에 있는 진실의 빛과 만난다고 말한다. 희망은 언제나 있다. 내가 그것을 버리더라도 희망은 나를 버리지 않는다.

1장.

유골은 말한다

1. 조선인 희생자의 유골을 발굴하다

2010년 5월 1일 오전 9시, 전날 밤까지 내리던 비는 어느새 그쳤지만, 새벽녘부터 오호츠크해를 넘어온 초봄의 강풍이 몰아쳐 발굴 현장의 천막이 펄럭펄럭 요란한 소리를 냈다. 유빙流氷이 사라진 오호츠크해 연안에 부는 바람은 살을 에는 듯이 매서웠다.

구 일본 육군 아사지노 비행장 건설 강제 연행 희생자 제3차 유골 발굴이 시작됐다. 발굴 현장은 홋카이도 최북단의 소야미사키宗谷岬에서 60킬로미터 아래쪽에 있는 오호츠크해 연안의 사루후쓰촌이다.

하마돈베쓰정과 경계에 위치한 아사지노 대지의 산속, 나리타 계곡의 울창한 산림 경사지인 이곳은 예전에는 아사지노 공동묘지였다. 여기에 상당수의 조선인 희생자 유골이 묻혀 있다. 현장은 발굴 시작을 기다리는 100여 명의 참가자들로 북적였다. 이미 세 차례 발굴이 진행되었고 유골 20구를 발굴했다. 이번 발굴은 어쩌면 이 현장의 마지막 발굴 워크숍일지도 모른다.

조동종❖ 승려의 짧은 독경과 함께 합장을 마친 참가자들 사이에 긴장감이 흘렀다. 일본과 한국의 고고학자가 공동으로 발

❖ 일본 불교 종파 중의 하나로 선종禪宗이다.

16

굴을 지도했다. 일본 홋카이도 대학과 한국 한양대학교의 고고학 연구자들이 함께 본격적으로 시도한 첫 국제 협력 유골 발굴이다.

측량과 지시에 따라 지표면을 소형 포클레인으로 조심스럽게 걷어 냈다. 참가자들은 삽을 들고 획정된 구역 안을 파기 시작했다. 고고학 전공 학생들이 교수의 지도에 따라 표시된 묘혈을 조심스럽게 발굴했다. 발굴될 유골의 존재는 전년도인 2009년에 홋카이도 대학 고고학자의 조사에서도 확인했다.

그 유골은 발굴 첫날 오후에 나왔다. 지표면에서 30센티미터쯤 되는 비교적 얕은 땅에서 출토되었다. 발견된 구덩이 크기는 직경 60센티미터 정도였고, 발굴 윤곽의 모양을 보면 거칠게 손으로 파낸 구덩이였음을 알 수 있었다. 모습을 드러내기 시작한 유골은 접어서 포개 넣은 것처럼 들어 있었다. 발굴을 지도하는 홋카이도 대학 고고학과 가토 히로후미 교수가 드러난 뼈를 가리키며 내게 설명했다.

"대퇴골은 보이지만 아무래도 한 명은 아닌 것 같습니다. 뼈의 수가 너무 많아요. 두 명은 되는 것 같습니다. 어쩌면 세 명일지도 모르겠네요. 위쪽 유골은 조금 탄 흔적이 있지만 밑에는 탄 흔적이 없습니다. 그리고 등뼈가 부자연스럽게 꺾여 구부러져 있습니다."

가토 교수와 고고학과 대학원생들의 손으로 정성스럽게 발굴이 이어졌다. 그 묘혈에서 발굴한, 꺾여서 겹친 채로 드러난

유골 발굴 현장(2010년)

유골은 [가토 교수 말대로] 역시 세 구였다. 상부 유골은 동쪽, 그다음 유골은 서쪽을 향해 있었고 그 밑의 유골은 다시 동쪽을 향해 있었다.

한국 충북대학교 형질인류학자 박선주 교수의 감정으로 맨 위의 유골은 40대, 두 번째와 세 번째 유골은 30대 전반으로 추정되는 남자의 유골로 판명되었다. 그렇다 해도 어째서 세 구의 시신이 같은 구덩이에 겹쳐 있었을까. 왜 유골 윗부분에만 탄흔적이 있고 아랫부분의 유골은 그냥 묻혀 있었을까. 등뼈가 부자연스럽게 꺾여 구부러져 있는 것은 어떻게 설명해야 할까.

"비인도적인 매장이라고밖에 말할 수 없습니다."

가토 교수가 말했다.

홋카이도 대학 고고학 팀이 발굴하는 구간 옆에서 안신원 교수와 함께 한양대학교 고고학 팀의 발굴이 이어졌다. 그 구역에서도 유골이 나왔다. 통역을 맡은 한양대학교 4학년 강호봉 군이 흥분한 목소리로 내게 말했다.

"선생님, 정말 충격입니다. 뼈에 못이 박혀 있습니다."

❖

아시아·태평양전쟁 말기인 1943년, 이곳 사루후쓰촌 아사지노에서는 일본 육군의 명령으로 군사 비행장을 서둘러 건설하기 시작했다. 당시 일본은 미군의 북쪽 공습과 소련의 참전을 상정해야 했다.

일본은 알래스카 알류샨열도에서 후퇴한 뒤의 북방 방위 계획을 서둘러 실시했다. 그래서 오호츠크해 연안의 비행장 건설을 재촉했다. 네무로, 케네베쓰 비행장 건설과 함께, 제1 비호로, 제2 비호로 메만베쓰, 제3 비호로 고시미즈 비행장, 사루후쓰촌에는 제1 아사지노, 제2 하마오니시베쓰 등 비행장 두 곳을 건설했다.

아사지노 비행장은 가라후토 비행장(사할린)과 함께 소야宗谷해협을 방위하기 위한 것으로 육군 항공 본부가 지휘한 무리한 공사였다. 격납고도 30기를 만들었다. 공사는 1942년경에 착공해 1943년 말에 일단 완성했다. 제1 비행장과 나란히 건설된 제2 하마오니시베쓰 비행장도 1944년 말에 완성했다. 건설자재가 부족해 제1 비행장은 목재로 활주로를 만들었다.

토목공사는 스가와라구미, 가와구치구미, 철도공업, 단노구미 등이 하청받았다. 이미 많은 일본 젊은이들이 전쟁터로 불려나갔고 노동력이 부족해 조선인 노동자 다수가 끌려왔다. 조선인이 얼마나 끌려왔는지는 가늠하기 어렵다. 400명 또는 4000명이라는 증언도 있어서 정확히 알 수 없다. 노동은 가혹했다. 노동 실태에 대한 많은 증언이 있다.

실제로 공사에 참여했던 재일코리안 이 씨(이와모토 노부유키)는 다음과 같이 증언했다.

논에서 일하고 있을 때였습니다. 갑자기 저와, 지나가던 사람, 일하던 사람들을 억지로 트럭에 태웠습니다. 우리 마을에서는 20명이 끌려갔습니다. 연락선과 기차를 갈아타 가며 아사지노역에 도착한 때는 1943년 7월 18일이었습니다. 거기서부터 숙소까지 걸어갔습니다. 그제야 우리는 비행장 건설을 위해 강제 연행을 당했다는 것을 알게 되었습니다. 모두들 큰 충격을 받은 듯한 모습이었습니다.

다음 날 새벽 3시부터 바로 일을 시켰습니다. 낮은 산을 깎아 궤도 화차에 흙을 실어 날라 낮은 땅을 평탄하게 하는 작업이었습니다. 아침 일찍부터 깜깜해질 때까지 일했습니다. 너무 배가 고팠지만 어떻게 할 수 없었습니다. 매일 이러다 죽는 것은 아닐까 하고 생각했습니다.

날이 갈수록 영양실조에 걸린 사람이 늘어났지만 필사적으로 일했습니다. 그러나 인간의 몸은 한계가 있습니다. 그렇게 약해진 상태로 일하는 사람들에게 일본인은 마구잡이로 몽둥이를 휘둘러 때렸습니다. 박치기를 당해 혹이 난 것처럼 머리가 울퉁불퉁해졌습니다.

쇠 지렛대로 두들겨 맞아 그대로 땡볕 아래 연못에 빠져 죽은 사람도 있었습니다. 탈출을 시도한 사람들도 있었지만 대부분 실패했습니다. 도망치다 붙잡히면 맞아 죽는 것도 이상한 일이 아니었습니다.

그런 경우를 본 것이 몇 번인지 셀 수도 없었습니다. 저는 다행히 살아남았지만 죽은 사람도 많을 겁니다. 이런 비극은 두 번 다시 일어나지 말아야 한다고 생각합니다.

_『하마돈베쓰 고등학교 향토연구부 증언록』에서.

이 씨는 고교생들에게 증언 기록을 남기고 이듬해(1994년) 사망했다. 그는 일본 정부를 상대로 소송을 원했던 것 같지만, 그 소망을 이루지 못하고 타계했다.

삿포로에 거주하는 하시모토 가즈시 씨는 조선인이 매장당한 것으로 추정할 만한 목격담을 증언해 주었다.

400미터는 떨어져 있던 듯합니다. 저편에 깊은 계곡이 있었고 경사진 궤도 화차 노선이 있었습니다. 철도의 최대 기울기가 0.025로 철도 선로의 안전 경사도보다 심한 경사로에 궤도 화차를 이동시켰습니다. 너무 위험해 보였습니다. 궤도 화차에는 브레이크가 없어서 내리막길에서는 사람이 잡아야 했습니다. 우리도 궤도 화차에 바지가 감긴 적이 있었습니다.

측량 보조를 하던 어느 날 (활주로 끝으로 생각되는 곳 어딘가) 멀리서 비명이 들렸습니다. 측량 망원경으로 보니 강제 노동자가 궤도 화차에 발이 깔린 것이 보였습니다. 그 사람이 살려 달라며 흙을 뿌리는 모습을 차마 더는 보지 못하고 눈을 돌려버렸습니다. 얼마 지나지 않아 울부짖는 소리는 들리지 않았습니다.

_『동아시아 평화를 위한 공동워크숍 필드워크 자료』에서.

생매장 당시의 현장은 지금은 목장이 된 곳의 한구석인데, 전후 토지개량으로 뒤덮여 평평하게 되어 있다. 증언이 사실이라면 시신이 발굴될 가능성이 있다. 목장주를 찾아가 사정을 이야기하니 발굴을 허락해 주었다. 그러나 상당히 깊게 파야 하는 상황이었고 유골이 발견될지 여부도 알 수 없었다. 시굴은 아직 진행되지 않고 있다.

당시 상황에 대한 『홋카이도 신문』 기사가 있는데, 내용은 다음과 같다.

> 와카나이稚内 : 지난 2일 오전 10시경, 소야군宗谷郡 사루후쓰촌 아사지노 현장 토목 간부 아오키 기쿠지로(21세), 스가와라 요기치(20세) 등 두 명은 노무자 기무라 오토후쿠를 게으르다며 몽둥이로 구타하여 3일 아침 사망에 이르게 한 사건이 있었고, 다음 7일 야간작업 현장 간부인 타케우치ㅁ초竹内ㅁ長❖(35세)가 노무자 가네모토 긴민(23세)을 삽으로 구타해 8일에 사망하게 한 사건이 일어나 와카나이 경찰서에서 조사 중이다.
>
> _『동아시아 평화를 위한 공동워크숍 필드워크 자료』에서.

❖ 원서에 빠짐표로 표기되어 있다. 글자를 정확하게 확인하지 못한 듯하다.

기사에 나오는 두 명의 희생자는 조선인이 분명하다. 1943년 여름에는 콜레라가 유행했다. 그것도 희생자가 늘어나는 데 한몫했다. 매일 마차 달구지에 시신이 실려 공동묘지로 옮겨졌다고 한다.

음…… 뭐라고 해야 할까요? 폐렴으로 죽은 건 아닐 거예요. 콜레라는 잠잠해졌는데 여름 진드기 때문에 죽은 사람이 많아요. 비행장 흙을 평평하게 고를 무렵에는 진드기가 유독 심했어요.

진드기가 극성이라 큰 상자를 만들어서 이불과 옷가지를 증기로 소독했어요. 그래서인지 콜레라는 없어졌지만요. 당시 하마돈 베쓰에는 하네다根田라는 의사 한 명뿐이어서 처치를 받기도 힘들었고 처치를 받는다 해도 바로 나을 수 있는 상황이 아니었어요.

_『2007년 아사지노 조사보고서』에서.

이 보고서에 따르면 아사지노 비행장 건설에서 희생된 것으로 밝혀진 노동자는 118명이 넘는다. 조선인 96명, 일본인 21명, 국적 불명자 1명이었다.

제1 아사지노 비행장이 일단 완성되었을 때, 아사지노에서 철도공업의 주최로 위령제가 열렸다. 그 위령제 사진이 남아 있다. 마을 승려가 염불하고 육군 간부가 나란히 앉아 있는 걸로 보아 대규모 법요식이었던 것 같다. 날짜는 1943년 12월 20일로 되어 있다. 육군 항공 본부 경리부 삿포로 출장소장 육군 건기소좌 나가타 하지메는 조사弔辭에서 희생자 한 사람 한 사람의 이름을 불렀다. 이어서 희생자 이름을 기록한 철도공업 삿포로 지점장의 조사도 있었다.

조선에서는 법요식과 유골 인도식이 1944년 2월에 부산 금강사에서 이루어졌다. 이것 역시 사진이 남아 있다. 유족 18명이 유골을 품에 안고 있는 모습이었다. 얼마 안 되는 불전과 조의금도 놓여 있었다. 그렇다 해도 이상한 것은 매·화장 인허증*을 보면 1943년 12월 20일까지 비행장 건설에서 사망한 조선인이 83명에 달했다는 사실이다. 그런데 왜 18명의 유족에게만 반환했을까.

노동 실태에 대한 증언과 사진에 찍혀 있는 유골 반환 모습이 너무 달라서 놀라웠다. 그 사진은 어쩐지 계획적인 선전·선동의 냄새가 난다. 1943년 무렵, 일본에 끌려간 조선인은 중노동과 배고픔에 시달려 살아서 돌아가지 못한다는 소문이 조선 내부에 만연했다. 그런 소문 때문에, 끌려온 조선인이 죽으면 정중한 예를 갖추는 척 캠페인을 했을지도 모르겠다.

그 밖의 희생자 법요식이나 유골 반환 모습은 발견되지 않았다. 전쟁은 끝났지만 많은 시신이 여전히 아사지노 공동묘지에 남겨져 있는 것이다. 전후에 비행장은 농지로 풀리거나 목초지

* 사망자의 매장과 화장 기록을 시정촌市町村에서 기록한 명부이다.

가 되어 낙농업자의 손에 넘겨졌다. 이미 비행장의 흔적도 없어졌고 국철國鐵 덴포쿠선天北線에 '비행장 앞'이라는 정류소 간판만 남아 있다.

1953년 무렵, 아사지노 마을에서 묘지 이전 이야기가 나왔다. 초봄의 눈 녹은 물이 대지를 덮고 산 깊은 나리타 계곡의 길은 침수되어 다니기 불편했기 때문이었다. 그렇게 나리타 계곡의 묘지를 이전해 새로운 공동묘지를 만들게 되었다. 공동묘지 안에 있던 묘는 각자 집안에서 개장改葬하여 새로운 묘지로 이전했다.

그 결과, 수습할 사람이 없는 비행장 건설 희생자 유골만 남겨졌다. 대부분 조선인 강제 연행 희생자였다. 많은 유골이 매장된 채였지만 공동묘지는 없어져 버렸다. 산림으로 바뀐 예전 공동묘지 자리에는 가문비나무가 심어졌고 그 땅은 사유지가 되었다. 아사지노 사람들은 조선인 희생자 유골이 옛날 공동묘지에 그대로 남아 있다는 것을 알고 있었다.

1955년 무렵, 나리타 계곡에 정수장이 건설될 때 공사 중에 유골이 나온 듯하다. 그때 지표면에서 나온 일부 유골을 아사지노에 있는 진종대곡파 신증사에 모셔 경내 봉안당인 육각당六角堂에 안치했다. 당시 주지였던 나라 주조 스님은 조선인 희생자를 생각해 경내에 목비를 세워 추도했다고 한다.

많은 조선인 희생자들의 유골이 나리타 계곡에 묻혀 있었다. 그 일은 아사지노 사람들의 마음속에 남아 있었다. 1970년대에 소야 관내 지방신문인 『덴포쿠 신문』 사주 가쿠다 간잔 씨를 중심으로 아사지노 비행장 건설 희생자들에 대한 추도 활동이 있었다.

하마돈베쓰정 가쿠다 승려의 절 경내에 위령비가 건립되고 재일본대한민국거류민단(현재 재일본대한민국민단, 이하 민단), 한국 삿포로 총영사 등이 참석해 1971년에는 제1회 제막 위령제가 거행되었다. 가쿠다 승려는 1976년에 자비로 『비명의 아사지노』를 출판해 희생자 기록을 남겨 놓았다.

하마돈베쓰 고등학교 향토연구부는 1992년과 1994~95년 총 세 번에 걸쳐 비행장 건설과 희생자 조사 보고서를 발표했다. 사루후쓰촌 철도 공무원이었던 마에다 야스카미 씨는 노인들의 증언을 수집해 『비행장 앞이라는 이름의 무인 정거장』을 출판했다.

아카비라 출신인 아카비라 고등학교 교사 이시무라 히로시 씨는 누나가 아사지노 소학교 교사였던 인연으로 사루후쓰촌을 왕래하게 되어 1990년대 초에 하마돈베쓰정 소노하라 씨, 사루후쓰촌 간노 씨, 스즈키 씨 등 당시의 비행장 건설 현장을 지켜보았던 마을 사람들과 함께 유골 발굴을 시도했다.

그러나 유골은 나오지 않았다. 발굴을 포기한 이시무라 씨와 신증사 주지 스님은 유골을 대신해 예전 공동묘지의 흙을 한국으로 가져가 천안 망향의동산에 묻었다. 원래는 전시에 강제 연행을 실시한 일본 정부와 그것으로 이익을 얻은 기업이 조사하고 발굴해 사죄하면서 유골을 유족에게 전해 주는 것이 마땅하지만 그들은 지금까지도 그 의무를 이행하지 않고 있다.

정부와 기업의 침묵 속에서 지역 사람들의 성의가, 전후 망각의 어둠에 묻혀 버린 아사지노 비행장 건설 희생자의 기억을 계승하는 역할을 해왔다. 그 때문에 조직적이고 과학적인 방법이 필요했다. 단순 발굴은 희생 사실로 기록되지 않으며, 오히려 희생 사실을 애매하게 만들어 유족 조사도 곤란해질지 모를 일이다. 또한 많은 사람들의 관심과 협력, 재정적 뒷받침도 필요했다.

예전 공동묘지 장소는 기억에서 멀어졌지만 그 주변 어딘가를 파보면 유골이 나올지 모른다. 세월이 흐를수록 관심은 조금씩 희미해지고 머지않아 유골 발굴은 지금보다 더 어려운 일로 여겨질 텐데, 그렇게 유골은 영원히 땅속에 남을지 모른다.

❖

2003년 2월에 삿포로시에서 조선인·중국인 강제 연행 희생자 유골 문제에 관심을 가지고 유골을 조사하고 발굴해 유족에게 반환하자는 시민운동 조직 '강제연행·강제노동 희생자를 생각하는 홋카이도 포럼'(이하 홋카이도 포럼)이 발족했다.

홋카이도 포럼은 삿포로 본원사 별원 봉안당에 안치된 조선인·중국인·일본인 강제 노동 희생자 유골 101구에 주목해 그 유골을 유족에게 반환하려는 사람들이 모여 발족한 시민운동 단체이다. 홋카이도 포럼 활동에 대해서는 뒤에 더 자세히 쓰겠지만, 이 운동을 시작으로 전시 조선인 강제 노동 희생자 유골 문제에 대한 새로운 장이 열렸다.

홋카이도 포럼은 일본인뿐만 아니라 재일코리안, 재일중국인이 함께하는 국제 시민 활동 단체로 발족했다. 포럼의 조사 활동 과정에서, 홋카이도 여기저기에 조선인 희생자 유골이 남겨진 사실이 밝혀졌다. 아사지노 비행장 건설 희생자 유골을 둘러싼 정보도 그중 하나였다. 공사 모습을 기억하고 있는 마을 노인의 이야기를 들어 보면 조선인 희생자 유골은 확실히 묻혀 있다고 한다.

이시무라 히로시 씨에게 아사지노 비행장 건설에 관련된 희생자 매장 유골에 대해 상담했을 때 "예전부터 발굴을 시도한 적이 있었지만 발견할 수 없었습니다. 지금은 어디에 묻혀 있을지 예측할 수 없습니다. 발굴은 어려워 보입니다."라는 답변이 돌아왔다.

예전 공동묘지라고 해도 꽤 넓은 곳이다. 발굴 장소를 특정하는 것도 어렵다. 그렇지만 이렇게 포기해야만 할까. 나오지 않아도 한번 파봤으면 하는 바람을 포기할 수 없었다.

홋카이도 포럼은 시굴 준비를 이어갔다. 토지 소유 관계를 조사해 보니 그 부근 산림은 왕자연화의 소유지였다. 회사에 발굴 허가를 요청하자 원래 상태로 복원하는 조건으로 양해해 주었다(나중에 이 산림은 개인 소유지가 되어 소유자에게 발굴을 양해받았다).

시굴이라고 하지만 유골이 나온다면 어떻게 처리해야 할지 신중해야 한다. 한번 파내면 파기 전 상태로 복원하기도 어렵다. 전문가의 지도와 도움이 필요했다. 한국에 전화를 걸어 박선주 교수에게 참가를 의뢰했다.

박선주 교수는 1997년에 홋카이도 슈마리나이의 우류댐(현재 슈마리나이댐) 공사 희생자 유골 발굴을 지도해 준 충북대학교 형질인류학 교수이며, 그 후에도 한국에서 한국전쟁 희생자 등의 유골 발굴을 지도하고 있었다. 영화 〈태극기 휘날리며〉에 나온 유골 발굴 장면의 촬영 감수와 안중근 의사 유골 조사·발굴도 지도한 현대사 유골 조사의 일인자이다. 그런 박선주 교수에게 국제전화로 참가를 부탁하자 "오랜만에 홋카이도에 가보겠군요."라는 흔쾌한 응답으로 시굴이 결정되었다.

2005년 10월 29일 이른 아침, 박 교수를 포함한 홋카이도 포럼 일행 10명은 아사지노 지구 자치회 회장 미즈구치 고이치 씨와 스즈키 씨, 간노 씨의 안내로 예전 아사지노 공동묘지로 향했다. 스즈키 씨와 간노 씨는 비행장 건설 노동자들의 모습을 알고 있는 몇 안 되는 노인이다.

예전 공동묘지가 있는 나리타 계곡은 아사지노 시내에서 5킬로미터 떨어진 산속으로, 가문비나무·느릅나무·졸참나무 등이 빼곡했다. 보통 때에는 통행금지인 나리타 계곡의 좁은 도로는 도중에 물웅덩이가 있으면 물을 퍼내야만 지나갈 수 있는 곳이었다. 현장 근처에 정수장이 있었지만 그곳에서 도로가 끊겨 사람들의 왕래는 거의 없다. 곰이 나온다고 해도 이상하지 않을 골짜기가 이어져 있다.

그날은 안개 같은 차가운 보슬비가 내렸다. 만추의 이 시기에는 낙엽이 떨어져 바닥에 갈색 융단이 깔린 것 같았다. 드디어 옛 공동묘지의 흔적이 보였지만 주변은 조릿대 덤불이었다. 간노 씨와 스즈키 씨가 유골이 묻혀 있는 장소로 안내해 주었다. 나무와 나무 사이에 여기저기 오래된 구덩이가 있었다. 예전에 주민이 묘지를 파낸 흔적일까.

간노 씨가 "여기는 어떨까요?"라고 해서 파보았지만 아무것도 나오지 않았다. "이쪽을 파보면 어떨까요?"라기에 파보니 "아, 여기는 우물이었을지도 모르겠네요."라고 말한다. 60년이 지난 일을 노인의 증언으로 진행한다는 것은 역시 막연했다. 어렴풋한 추정으로 발굴이 성공할 리 없었다. 예전에도 아사지노 주민들이 삽을 대보았지만 유골을 발견하지 못했다. 어쨌든 한 번 파보고 나서 나오지 않으면 포기할지도 모를 일이었다.

발굴은 성과가 없는데 추위만 더해 갔다. 점심이 되면서 소나기가 내렸다. 천막을 세우려고 할 때 발굴 일행 중 한 사람인 재일코리안 2세이자 홋카이도 포럼 공동대표인 채홍철 씨의 발이 빠져 허리까지 파묻혔다. 그의 부친은 전쟁 때 홋카이도에서 강제 노동을 한 사람이다. 부친의 고생을 기억하는 채홍철 씨는 동포의 죽음에 큰 관심을 갖고 있다.

간노 씨가 "여우 굴에 빠졌군요."라며 채홍철 씨를 꺼내 주려 할 때 박 교수가 "채홍철 씨, 발이 빠진 것은 선조가 손짓하는 것일지도 모르잖아요. 오후에는 거기를 파봅시다."라고 말했다. 채홍철 씨는 그 말을 농담이라고 생각했지만 박 교수는 진지한 표정으로 말하고 있었다. 반신반의했지만 발이 빠졌던 구덩이에 삽을 꽂아 놓고 점심을 먹으러 나갔다.

오후가 되어서도 추위는 더욱 심해졌다. 발굴을 재개했지만 이렇다 할 목표는 없었다. 어쨌든 삽이 꽂혀 있는 밑을 파보았다. 서걱서걱 삽으로 흙을 파냈다. 20분 정도 파내려 가자 1미터 밑의 구덩이에서 삽에 딱딱한 것이 닿는 느낌이 있었다. 유골이었다. 두개골부터 사지가 나란히 놓인, 완전한 형태로 매장된 유골이 나왔다.

박 교수의 감정에 따르면 대퇴부 굴곡으로 봤을 때 중노동을 한 30대 성인 남성이며 발에는 조선인이 쓰는 발싸개(보온용으로 발에 감싸는 조선식 천)와 천이 감겨 있고, 조선인 특유의 단두 형상으로 봐서 조선 출신자 유골로 추정되었다. 오랫동안 땅속에 묻혀 있어 검게 변한 두 개골의 움푹 팬 안구가 허공을 노려보는 듯했고, 유골을 손에 쥐니 무언가 말하려는 것처럼 보였다.

채홍철 씨는 몸을 떨었다. '내가 여기 있다. 여기서 꺼내 줘.'라고 부르짖는 소리가 들리는 것만 같았다. 유골을 손에 쥔 홋카이도 포럼 회원과 지역 참가자는 본격적인 발굴을 실시하기로 결의했다. '망자가 발굴을 재촉하고 있다. 그것이 아니라면 이 우연은 설명할 수 없다.' 참가자들은 그렇게 생각했다.

2. 동아시아의 평화로운 미래를 위한 공동 워크숍

2005년에 성인 남성 유골 한 구를 땅속에서 발굴한 홋카이도 포럼 회원들은 나리타 계곡에서 전면 발굴을 하기로 결정하고 그 지역의 동의를 얻는 활동을 시작했다. 시굴을 끝낸 이듬해인 2006년 2월 9일 이른 아침, 공동대표 채홍철 씨와 나는 사루후쓰촌과 하마돈베쓰정 관계자를 방문하기 위해 나섰다.

삿포로에서 사루후쓰촌까지는 300킬로미터이다. 눈발이 날리는 한겨울 도로를 다섯 시간 넘게 달렸다. 채홍철 씨가 운전했고 나는 후카가와深川 근처 고속버스 정류장에서 채홍철 씨와 합류했다.

이른 아침 눈보라 속에 삿포로를 출발해 점심때가 되어서야 오호츠크해 연안 하마돈베쓰정에 도착했다. 미리 연락해 두었던 하마돈베쓰정 의회 의원 민주당 소속 M 씨가 마중을 나와 주었다. 그녀가 사루후쓰촌 관계자를 안내해 주기로 했기 때문이다.

M 씨는 "제 차를 따라오세요."라고 말하며 눈보라 속을 운전해 사루후쓰촌을 향해 달렸다. 하마돈베쓰에서 사루후쓰촌으로 향하는 해안 국도에는 눈보라가 일었다. 오호츠크해 바다에는 하얀 파도가 높게 일고 바람이 웅웅 소리를 내며 불고 있었다. 순간, 회오리를 일으킨 눈보라 때문에 앞이 보이지 않았다.

우리를 안내하는 M 씨는 눈보라를 뚫고 앞 차를 추월했다.

약속 시간에 늦지 않으려고 속도를 내는 것이다. 우리도 M 씨의 차를 놓치지 않기 위해 숨을 들이키며 그 뒤를 바짝 쫓았다. 사루후쓰촌에서는 촌장과 면담하기로 약속되어 있었다.

우리는 모리 가즈마사 촌장에게 2005년 가을에 예전 아사지노 공동묘지에서 매장 유골 한 구를 발굴했고, 올여름에는 일본인·한국인·재일코리안·조선인 등 국제적으로 참가자를 구성해 조선인 희생자 유골 발굴 사업을 하려고 하니 사루후쓰촌에서 협력해 주면 좋겠다는 의향을 전했다. 모리 촌장은 적극적으로 협력하기로 약속했다.

시작부터 징조가 좋았다. 그런데 나중에 홋카이도 포럼 회원이 방문했을 때, 촌장의 태도가 바뀌어 있었다. 촌장은 촌의 입장에서 발굴에 협력하기 어렵다고 말했다. 게다가 "이 사업은 본래 정부가 책임지고 해야만 하는 일"이라고 말했다. 맞는 말이고 납득할 만한 견해지만 촌장은 정부가 무관심한데 촌이 솔선할 이유가 없다는 주장만 반복했다.

여름으로 예정된 유골 발굴 사업의 참가자는 200명이 넘는다. 참가 예정자에 한국인·조선인 등이 많다는 이야기를 들은 촌 의회 의원과 촌 이사회 내부에서 여러 논의가 있었던 듯했다. 외국인을 배척하는 감정은 사루후쓰촌만의 현상은 아니지만 '수상한 사람'이 마을에 들어오기를 꺼리는 의견도 있었던 것 같다.

두꺼운 벽에 맞닥뜨린 홋카이도 포럼은 사루후쓰촌과 공동 발굴을 포기하기로 했다. 사루후쓰촌이 지원하지 않는다면 포럼이 독자적으로 계획을 세우든지, 가까운 하마돈베쓰 유지의 지원을 받는 방안에 대해서도 생각해야 했다.

그러던 중 포기하지 않고 발굴에 관심을 보였던, 아사지노 지구 자치회 회장이며 미즈구치건축회사 사장인 미즈구치 고이치 씨가 있었다. 미즈구치 씨의 부친은 태평양전쟁에 징병되어 남방의 전쟁터에서 전사했으나 그의 유골은 돌아오지 못했다.

2005년 유골 발굴 장소에서 만난 미즈구치 씨는 부친의 일 때문에, 예전 아사지노 공동묘지 땅속에서 나온 조선인 유골과, 아직도 매장되어 있는 유골을 방치한 채 침묵할 수만은 없다는 마음을 가지고 있었다.

촌 사무소 관계자가 소극적으로 나올 때 미즈구치 씨와 함께 나섰던 이들은 사루후쓰촌 상공회 청년들이었다. 그들은 촌 사무소가 협력하지 않으면 자기들이 앞장서서 지원하자고 결의했다는 소식을 전해 왔다. 그들은 스스로 현지 실행위원회를 결성했고 그렇게 다시 발굴의 전망이 보이기 시작했다.

마침내 사루후쓰촌 당국도 마을 청년들을 지원한다는 명목으로 다시 한번 발굴에 협력하기로 했다. 이렇게 해서 '구 일본 아사지노 비행장 건설 희생자 유골 발굴 실행위원회'를 발족해 유골 발굴을 향한 '동아시아 평화를 위한 공동 워크숍' 준비가 시작됐다. 미즈구치 씨가 실행위원장, 내가 부위원장이 되었다.

2006년 8월 18일부터 25일까지 8일간 공동 워크숍이 진행되었다. 사루후쓰촌은 언덕 위에 지어진 마을 체육관과 경로당 등을 무상으로 개방했고 공동 워크숍 참가 희망자만 300명에 이르렀다. 일본인·아이누인·재일코리안·한국인·중국인·독일인 등이 참가했다. 마을 청년들과 부녀회도 협력해 참가자들을 위해 식사를 마련했다.

발굴 이외에도 다양한 프로그램이 준비되었다. 삿포로에서는 강제 연행 문제에 대한 홋카이도 대학 교수의 강연회가 열렸고, 리영희 한양대학교 명예교수, 모리타 도시오 국제평화교육 연구회 대표, 서승 리쓰메이칸 대학 교수 등이 참가한 국제 심포지엄도 개최되었다. 현지에서는 류바오천 중국 허베이 대학 교수의 강연이 있었고, 마을 노인은 비행장 건설 당시 공사 모습을 증언했다.

유골 발굴은 한국 한양대학교 안신원 교수의 지도로 한국 고고학 대학원생들이 주도했고 충북대학교 박선주 교수가 유골 감정을 맡았다. 공동묘지 발굴 작업은 8월 20일부터 25일까지 진행했다. 발굴 유골은 1구가 매장 유골, 10구가 화장 유골이었다. 2005년 시굴에서 나온 유골까지 합쳐 총 12구의 유골이 발굴되었다.

마지막 날, 엄숙한 분위기 속에서 희생자 추도식이 열렸다. 체육관에서 진행된 추도식에서는 제단을 만들어 발굴 유골을 흰 천으로 정성스럽게 수습해 안치했다. 다양한 사람들이 발굴에 참여했고 추도식도 다양한 방식으로 이루어졌다. 가와무라 신리쓰 에오리파쿠 아이누 사제의 제사를 시작으로 기독교 목사의 기도, 조동종 승려의 독경, 한국식 제사가 진행되었다.

추도 집회를 마친 뒤 발굴 유골은 하마돈베쓰정 조동종 사원인 천유사로 옮겨 본당 불당에 정중하게 안치되었다. 주지 스님의 독경이 끝나고 인사말과 함께 해산하려고 할 때 재일코리안 참가자 이화미 씨가 "한국 민요를 부르고 싶은데 괜찮을까요?"라고 말했다. 이화미 씨가 부른 노래는 〈아리랑〉이었다. 노랫소리에 맞춰 주변 참가자들이 따라서 합창했고 조용한 법당에 노래가 울려 퍼졌다.

마지막 날 밤에는 아이누 사람 고가와 모토이, 포크송 가수 타우, 한국 가수 정태춘, 박은옥의 콘서트가 개최되었다. 합숙 장소에 일본 민요 가수 이토 다키오가 예고 없이 방문해 노래로 참가자들을 격려했다. 유골 발굴을 주요 테마로 하면서 참가자의 가리비 양식 체험, 낙농 체험 등 다양한 문화 행사를 진행해 현지인과 참가자가 어우러졌다.

빼앗긴 삶의 흔적인 유골은 강제 매장된 뒤 땅속에서의 긴 침묵에서 해방되어 (마지막 장소일지도 모르지만) 잠시나마 안심할 만한 장소를 찾았다는 생각이 들었다. 오랫동안 중단된 망자의 장례가 재개된 것이다. 그러나 유골의 유족은 아직 찾지 못했다. 긴 장례는 좀처럼 끝나지 않았다.

발굴에 맞춰 아사지노 비행장 건설에서 사망한 희생자 유족이 초대되었다. 아사지노 비행장 건설 희생자의 한국인 유족은 한국 정부의 '일제강점하 강제동원피해진상규명위원회' 조사로 찾을 수 있었다. 다섯 명은 이미 유골을 반환받은 유족이었지만 부친이 죽은 장소에 직접 방문하기를 원했다.

부산에 사는 장××(74세)의 부친 장○○은 1942년 8월에 헌병과 면사무소 직원에게 붙들려 트럭에 실려 연행되었다. 당시 11세였던 장×× 씨는 부친의 바지를 붙잡고 "가지 마!"라고 소리치던 기억을 잊을 수 없다고 한다.

포럼 회원이 유족을 아사지노 신증사로 안내해 과거장過去帳❖에 기록된 희생자의 이름을 보여 주었다. 아사지노에서 죽은 부친의 이름을 발견한 장×× 씨는 부친에게 하고 싶은 말을 꺼냈다. "아버지, 이제 고향으로 돌아갑시다."

동아시아 각지에서 모인 젊은이 300명이 발굴을 시작한 이후, 아사지노 비행장 건설에 동원되어 죽은 조선인 희생자들이 여러 사람들에게 발굴되었다. 유골이 된 그들에게 지난 시간은, 연행되고 혹사당하고 목숨을 빼앗기고 땅속에 방치된 채 오래도록 무시당한 시간이었다. 일본의 전쟁과 식민 지배가 가져온 상흔이, 여전히 치유되지 않은 채 남아 있다는 증거이기도 하다.

❖ 절에서 치른 장례를 기록한 장부.

3. 발굴 유골이 말해 주는 것

사루후쓰촌 아사지노의 조선인 희생자 유골 발굴은 2005년에 시작해 2006년, 2009년, 2010년까지 총 네 차례 이루어졌다. 강제 연행 희생자 유골 문제에 관심을 가진 조동종이 2006년부터 모든 발굴 과정에 적극적으로 참가했고 조동종 총무원장이 실행위원회 회장을 맡았다.

우여곡절이 있었지만 사루후쓰촌 당국도 발굴 활동을 지원했고, 네 번째 발굴을 하던 2010년에는 2009년 촌장 선거에서 새로 당선된 다쓰미 아키라 씨도 참석했다. 홋카이도 포럼은 전국적인 모금 활동으로 발굴 비용 2000만 엔을 모았다.

네 차례 발굴에서 발견한 유골은 39구였다. 전후 60년이 지난 홋카이도 산속에서 삽질을 하면 조선인 강제 노동 희생자의 유골이 나왔다. 조잡하고 난폭하게 매장된 것임을 알 수 있는 상태였다. 허술하게 매장된 유골은 짐승이 파헤치기도 하고 노출된 채 방치되었던 것이다.

눈앞에 나타난 유골은 그저 뼈라는 물체가 아니다. 60년 전 존재했던 조선인 젊은이의 목숨을 가리킨다. 그 목숨에는 아버지, 어머니, 가족이 있다. 배우자와 자식도 있었을지 모른다. 어떤 식의 강제에 의해, 어떤 경로로, 어떤 감언이설에 속아, 어떤 욕설을 들으면서 아사지노로 연행되었을까.

어떤 노동을 강요당했을까. 죽지 않으면 안 되었던 이유는 무얼까. 사고사일까, 병사일까, 영양실조일까, 폭행을 당하진 않았을까. 왜 시신 세 구가 겹쳐져 조잡하게 파낸 구덩이에 묻혔을까. 왜 몸에 못이 박힌 상태로 난폭하게 매장되었을까. 이 일들을 가능한 한 조사해 기록하고 기억하는 것은 살아남은 사람들의 책임이 아닐까.

식민 지배의 역사에서 지배자들이 피지배자를 이렇게 취급했다는 사실과 대면해야 한다. 발굴을 앞두고 이 사실을 몇 번이고 깊이 생각해야 한다. 그렇게 하지 않으면 출토된 두개골의 까만 안구를 도저히 마주할 수 없다.

거기에는 근대 일본이 식민지주의와 인종주의로 말미암아 저지른 만행이 내재되어 있다. '오족협화'五族協和,◈ '내선일체'를 내세워 조선인에 대한 억압과 차별을 공공연히 행사했던 제국주의 이념이 내재되어 있다.

아시아에서 벗어나 스스로 서구화에 열중한 근대 일본의 차별 의식은 러시아인을 '로스케', 중국인을 '짱코로'라고 업신여겨 부르기에 이르렀다. 조선인을 '센징' 등으로 칭한 인종주의는 패전과 함께 없어진 것이 아니다. 조선은 일본이 패전한 뒤일본의 식민 지배로부터 해방되었음을 자축했지만, 해방을 축하하는 일본인은 거의 없었다.

◈ 일본이 만주국을 건국할 때 내세운 이념으로서, '오족'은 일본인·중국인·조선인·만주인·몽고인을 말한다.

40

식민지를 잃고, 쓰라린 패전을 체험한 일본인에게 중국 대륙에서의 전쟁과 한반도의 경험은 기억할 만한 일이 아니라는 의식이 일본 국내에 급속하게 퍼져 갔다. 만주에서 도망쳐 나온 개척민의 기억도 공공연히 이야기할 기억으로 남지 않았다. 타이완, 한반도, 사할린, 쿠릴열도 등 패전과 함께 잃어버린 영토의 기억은 일본 국민에게서 완전히 사라졌다.

오족협화를 주장한 다민족국가로서 구 일본 제국의 기억은 지워졌고, 일본은 원래 단일민족국가라는 주장이 전후를 지배했다. 일본 근대화는 아시아에서 매우 훌륭한 성공 사례이며, 전쟁은 무모하지는 않았지만 상황이 맞지 않아 실패했을 뿐이라는 근대화론이 횡행했다. 식민 지배는 '있었을 수도 없었을 수도'라는 식의 말들로 두루뭉술하게 넘기고, 한편으로는 좋은 일도 있었다는 주장도 하면서 전후 일본이 시작되었다.

한반도에서의 식민 지배 기억을 삭제한 일본이란, 전후에도 남아 있는 재일코리안에게는 과거를 은폐하도록 강요하는 꼴이 되었다. 그 결과, 그들은 예전에 '일본 제국의 신민'이었다는 사실은 잊히고, 이른바 일본인과는 생활 습관과 말투가 다른 기묘한 이웃으로 존재했다. 이는 전후에 이어진 새로운 식민지주의이자 인종주의였다. 조선인이라는 이유로 차별의 대상이 된 것이기 때문에, 일본에서 소수자였던 조선인은 통명通名이라는 일본 이름을 사용하며 일본인 사이로 스며들었다.

일본인은 동아시아 국가와의 전쟁과 식민 지배의 과거에 대해 사죄하거나 배상하거나 반성하지 않고 전후를 살아왔지만, 그렇게 된 이유는 기억의 삭제 때문이었다. 기억에 없는 일을 정면으로 마주하기란 불가능하기 때문이다. 일본의 전후 지배층은 의식적으로 기억의 삭제를 유도했다. 일본인들은 기억의 삭제에 편승해 전후를 살아왔다. 그 대신 미국의 핵우산 아래에서 고도 경제성장을 구가했다.

물론 전후의 기억과 식민 지배의 기억을 완전히 없앨 수는 없다. 피해당한 국가와 그 나라 민중에게는 기억이 선명하게 남아 있고 일본 속에도 각인되어 있다. 땅속에 묻혀 있는 유골도 그 각인의 하나이다. 중국에서도 경제 발전과 함께 과거의 기억은 여러 가지로 되살아나 반일 데모가 반복되고 있다. 북한과는 아직 국교가 없지만 언젠가 식민 지배에 사죄와 보상을 요구하는 목소리가 나올 것이 틀림없다. 일본은 그 상황에 권력정치 차원에서 민족주의로 대항하려 하고 있다.

일본 민족주의에는 식민지주의와 인종주의의 그림자가 드리워 있다. 제국주의 시대 일본과 아시아 간의 대립적인 관계에서 아직도 벗어나지 못했다. 일본 시민운동은 이런 상황을 극복하고자 전후 보상 및 일본군 '위안부' 문제를 해결하려 고군분투했다. 그리고 지금 그 일환으로 유골 문제에서 의의를 찾으려 하고 있다. 유골의 존재를 눈앞의 사실로 인정할 때, 지금의 지지부진한 상황에서 벗어날 수 있지 않을까 생각한다. 유골은 우리에게 과거의 기억을 일깨우는 사자使者로 땅속에서 등장한다.

발굴된 유골은 전후 일본인의 허위의식을 폭로하며, 시신 세 구가 겹친 채 발굴된 상태는 망각한 과거를 말없이 증언한다. 즉, 식민 지배의 상징인 유골을 민중의 손으로 발굴하는 작업 은, 망각을 강요당하거나 망각에 의존한 우리 민중이 스스로 뉘 우치고 기억을 회복하려는 노력이며, 민중이 시민으로서 깨어 나는 실천 과정이기도 하다. 그러므로 강제 연행 희생자의 유골 을 발굴하는 일은 일본인이 스스로 과거와 현재를 자각하는 실 천 과제가 되었다.

일본 근대사의 주류가 타자에 대한 지배와 억압으로 이어져 왔다면, 과거를 삭제하고 침묵하고 합리화하려는 의식에서 벗 어나기 위해서는 타자의 도움이 필요하다. 그러려면 전후 동아 시아의 정치적·경제적 변화를 기다려야 했고, 그 결과 사람과 사람이 만나야 했다. 전후 오랫동안 일본인은 아시아의 타자들 이 내는 목소리를 듣지 않고 살아왔다. 그리고 20세기 말에 아 시아의 그들의 목소리가 일제히 우리에게 전해졌다.

아사지노 유골 발굴 작업에 참가한 사람들은 다양하며, 저마 다 기억이나 유골과 대면했을 때의 감정도 분명 달랐을 것이다. 역사적으로 일본인은 가해자 쪽이고 한국인·재일코리안·중국 인은 피해자 쪽이기 때문이다. 그러나 그들은 발굴에 참가함으 로써 역사가 만들어 놓은 간격을 메우는 일을 시작했으며, 함께 땀 흘리며 발굴하고 대화함으로써 인간적인 만남을 이어갔다. 그것은 비업의 죽음을 맞이한 목숨의 흔적을 지상으로 인도하고 유골을 대면했을 때 빼앗긴 목숨에 대한 끓어오르는 상상력으로 깊어진 감정을 공유하고, 발굴된 유골을 유족 품에 전하려는 마음이었다.

가혹한 식민 지배로 말미암아 상실되었던 서로의 인간관계가 함께 잡은 삽을 통해 이어진다. 그리고 유골을 통해 가슴 벅찬 관계가 새롭게 성립한다. 그것은 망자가 쥐어 준 인연이며, 발굴에 참가한 사람들이 서로 이어지는 것만이 아니라 발굴된 유골의 삶으로도 이어진다. 망자와 살아 있는 사람이 이어진다.

살아 있는 사람은 망자에 대한 책임을 자각함으로써 과거의 기억을 되돌려 놓게 된다. 역사적 피해와 가해, 양쪽에 있는 인간도 동등하게 망자를 대면해 망자와의 관계를 자각해야 한다. 이는 가해자와 피해자의 대립적 만남이 아니다. 유골을 함께 대면하고 만나는 것이다. 여기서부터, 빼앗긴 삶과 마주하는 공동의 장이 형성된다.

발굴 참여자들이 만나는 것은 그저 희생자라든가, 식민 지배의 결과라는 식의 추상화된 개념이 아니다. 땅속에서 나온 그 유골을 눈앞에서 만나는 것이다. 이는 유골이 지탱해 온 삶과 대면하는 체험이다. 유골을 발굴했다고 해도 희생된 망자의 아픔과 슬픔을 직접적으로 느낄 수는 없다. 아무리 유골을 파내도 망자는 되살아나지 않으며, 그 전으로 되돌려 놓을 수 없다.

유골을 발굴한 사람이 가져야 할 책임은, 되돌아오지 못할 목숨을 마주하는 성의라고 할 수 있다. 유골을 손에 쥔 사람에게 조금이라도 상상력이 있다면 유골 저편에 있는, 친했던 것과의 이별, 그리고 희생자와 재회할 날을 기다려 온 유족의 존재가 보일 것이다. 유골을 유족에게 전하는 일이, 유골을 발굴한 인연으로 맺어진 만남의 역할이며 책무임을 자각하는 것은 어려운 일이 아니다.

서로 다른 사람들이 희생자의 유골을 함께 발굴해, 발굴된 유골과 대면할 때, 역사적 피해와 가해라는 간극을 넘어, 눈앞에 있는 목숨과 연계되어 있음을 자각하게 되어 역사에 대한 새로운 참여 의지가 생겨난다. 이를, 살아 있는 사람들이 망자에 대한 책임을 자각한 것이라고 말해도 좋을 것이다. 승려인 나는 이를 '업보의 자각'으로 표현하고 싶다.

업보에 대해서는 다음 장에서 다시 한번 생각해 보자. 원래 나 자신이 과거에 어떻게 살아왔는지, 어떤 인연으로 유골과 만나는 '업보의 자각'에 이르렀는지.

2장. 민중사로의 발걸음

1. 교토에서 학생운동을 하던 나날들

1964년 4월, 홋카이도 시골을 떠나 입학한 교토의 종교계 대학 건물은 후시미구伏見區 신소深草 미국 점령 기지를 불하받아 급하게 만든 캠퍼스로, 교실을 둘러싼 담에는 철조망이 그대로 남아 있었다.

1963년 7월에 완성된 일본 최초 고속도로인 메이신名神 고속도로가 교문 앞 갈대숲 너머로 보였다. 연말에는 교토역에 거대한 양초 모양의 교토 타워가 출현했다.

1964년 10월 1일에는 10일부터 시작하는 도쿄 올림픽에 맞춰 급하게 공사가 진행된 도카이도東海道 신칸센新幹線이 개통되었다. 한국전쟁을 계기로 시작된 경제성장이 고도성장으로 내달리고, 이미 공해가 만연해 오사카 공기는 회색빛으로 부예져 있었다.

확실히 불안한 시대의 발소리가 들려왔지만 경제 발전에 대한 넘쳐 나는 기대도 섞여 있었다. 이상한 흥분을 느끼게 하는 학창시절의 시작이었다. 안보투쟁安保鬪爭✜ 이후 4년이 지난 뒤, 학생운동은 차츰 그 패배감에서 벗어나기 시작했다. 학생운동은 국가권력과 대치하고 공산당계와 반공산당계 운동이 충돌하

✜ 미일안전보장조약에 반대하는 대규모 반미 운동으로 1959~60년, 1970년까지 두 차례 전개되었다.

면서 예전의 전공투全共鬪 시대처럼 치열했다. 학생운동이 세상에 이의를 제기해 큰 영향을 미쳤고 현대사에 각인되었던 시대였다.

홋카이도 시골의 절에서 태어나 승려 후계에 대한 저항감을 가졌지만 그렇다고 딱히 확실한 목적이 있을 리 없던 내가 대학에 들어가 선택한 것은 철학이었고, 사회과학에 관심을 갖고 학생운동에 참여했다.

1학년 말에는 미국 원자력잠수함 '시 드래곤'sea dragon이 사세보佐世保항에 입항하면서 반대 운동이 고조되었고, 이듬해에는 한일조약 반대 운동으로 세상이 떠들썩했다. 종교계 대학의 학생운동은 국립대와 대규모 사립대 운동이 끝나 갈 무렵에야 비로소 그 세력이 늘기 시작했다. 교토 대학과 리쓰메이칸 대학 등에서 학생운동이 활발했을 때 내가 다니던 류코쿠 대학의 학생들도 힘차게 응원하러 달려갔다.

그런데 학생운동의 물결이 종교계 대학으로 옮겨질 무렵에는 교토 대학의 학생운동이 시들해지자 정작 류코쿠 대학에 응원하러 오는 다른 학교 학생들은 없었다. 데모도 모임별로 할 수밖에 없는 상황이 되었다. 종교계 대학이라고는 해도 의지는 높았기 때문에 열띠게 운동했다. 이론보다 의리를 내세우고 인정에 호소하는 싸움이었다.

나는 1학년 후반에 학생운동의 소용돌이 속으로 뛰어들어 사회과학연구회 회원들과 함께, 수업도 빼먹고 전단지를 배포하고 데모하는 데 열중했다. 1967년에는 학생회장이 되었다. 학교에는 갔지만 강의는 듣지 않았고 대자보를 만들고 전단을 뿌리는 일에 몰두한 나날이었다.

이윽고 학생운동은 학원 점거로 발전하고 이제 막 시작된 중국 문화대혁명의 조반유리造反有理(모든 반항이나 반란에는 나름대로 이유가 있다)라는 슬로건처럼 일체의 기성 권위를 부정하고 규탄하는 투쟁을 전개했다. 학원 점거파와 반反점거파뿐만 아니라 점거파 내부에서도 분열과 갈등을 반복했고, 결국에는 아사마淺間 산장 사건◆으로 상징되는 린치 사건을 야기해 사그라졌지만 나의 학창시절은 그런 전공투 시대 운동의 물결이 몰려들기 직전에 끝이 났다.

절의 장남에게는 어릴 때부터 후계자라는 운명이 씌워져 있다. 전쟁 전부터 전후에 걸쳐 마르크스주의 역사가로 활약한 핫토리 시소는 이런 운명을 짊어진 사람을 '저주받은 종문宗門의 자식'이라고 불렀다.

시마네현 큰절의 장남으로 태어난 핫토리는 도쿄 제국대학 주거 빈민 운동에 참여하며 마르크스주의를 접하고 고뇌 끝에 "신란[1173~1263]◆◆을 접한 모든 현대인 가운데 절의 자식으로 불리며 태어나 자라고 살고 죽고, 자신의 자손에게만 넘겨주도

◆ 1972년 일본 연합적군 회원 다섯 명이 아사마 산장에서 인질극을 벌인 사건.
◆◆ 일본 정토진종의 창시자.

록 약속되어 있는 사람만큼 이 고민의 절망적 깊이를 탄식할 사람은 없다.”라고 탄식하며 절의 후계자가 되기를 거부했다.

그는 종교와 결별하고, 무신론에 가까운 [신궁이나 신사 등에 참배하지 않는] 신기불배의 전통과 메이지 시대의 자유주의적 부흥이 여전히 남아 있는 시류를 자각하면서 [마르크스주의 계열의] 강좌파 논객으로 세상에 나갔다. 전후에도 역사가로서 많은 저작을 남긴 핫토리는 결국 절로 돌아가지 않았다.

핫토리만큼 절실하게 고뇌했다고는 말하지 못하겠다. 학생운동만 해도, 〈치안유지법〉이 영향력 있던 전쟁 전과 평화 헌법 아래의 전후는 긴장감에 있어서 큰 차이가 있지 않은가. 나는 이미 운명이 정해진 미래에 대해 약간의 혐오감을 느끼면서도 고향으로 돌아가는 것을 거부하지는 못했다. 절을 떠난 핫토리와 절로 돌아간 내가 다른 점이 있다면(개인의 자질은 논외로 하고) 전쟁 전과 전후 시대의 변화라고 할 법하다.

나는 교토에서 학교를 다니던 중에 전후 종교인 평화운동을 접했다. 전쟁 전에도 신흥 불교 청년운동 등은 있었지만 소수 정예 좌파 운동이었으며, 뜻 있는 많은 승려가 참가할 만한 운동으로 발전하지는 못했다. 전후 종교인 평화운동은 신흥 불교 청년 운동의 세노오 기로와 기독교의 아카이와 사카에가 남긴 사상적 유산을 이어 나갔지만, 다른 한편으로는 전쟁에 협력했던 불교인과 기독교인의 참회와 평화를 바라며 출발한 운동이었다.

1962년 발족한 종교인 평화협의회는 전국 조직이었지만 도쿄와 교토에서 특히 더 확산되었다. 교토는 전통 불교 근거지로 2500개 사찰이 있고 니나가와 도라조 지사로 대표되는 혁명적 정치 운동이 번성한 곳이다. 1961년 일본 종교인 평화회의에 앞서 교토 종교인 평화회의가 발족했다. 많은 불교자와 기독교인, 천리교, 금광교 등의 종교인이 모였다.

교토를 대표하는 고찰인 청수사의 오니시 료케이 관장이 회장이었다. 나는 학생일 때부터 교토 종교인 평화운동에 참가하고 원자·수소폭탄 금지 운동과 야스쿠니신사 문제에 몰두했다. 그 경험이, 나중에 홋카이도 고향으로 돌아온 뒤에도 종교 활동에 종사하면서 사회 현실과 관계하며 살아가는 길을 걷도록 만들었다.

근대 일본 식민지였던 홋카이도에는 일본 사회에 대한 날카로운 위화감이 있었지만 나는 당시에는 홋카이도가 간직한 역사의 어둠을 느끼지 못했다. 오히려 일본 각지에 떠다니는 봉건 체제의 정서와 달리, 평온하며 개방된 새로운 세상에 대한 가능성을 홋카이도에서 발견했다. 대학원 시절을 끝내고 1973년 3월 교토 생활에 미련을 남긴 채 홋카이도로 돌아왔다. 고향의 절에서 나를 기다린 것은 시골에서 아무 생각 없이 지내는 무위의 나날들이었다.

2. 야스쿠니신사 국영화 법안에 반대하다

고향으로 돌아온 다음 해인 1974년 봄, 시골 절에서의 생활에 작은 충격이 전해졌다. 야스쿠니신사 법안을 둘러싼 정치적 움직임이 긴박하게 전개되었다. 전후 보수당 정권 정치가들은 야스쿠니신사 국영화를 끈질기게 시도해 왔다. '국가를 위해 죽은 병사를 위해 국가가 제를 지내는 것이 왜 나쁜가?'라는 주장은 설득력이 있었다.

그 배경에는 전쟁에서 희생된 병사와 공습 희생자 등 일본인 망자 300만 명의 채워지지 않는 원망이 있다. 그러나 그 기저에는 일본유족회의 의향이 있었고, 자민당을 지지하는 거대한 표밭과 같은 실리적 이유와, 패전을 억지로 인정해야만 했던 일본 보수층의 심리가 깔려 있었다.

오랫동안 국가 신도의 별격관폐사別格官幣社*로 군림해 왔던 야스쿠니신사는 원래 단립 종교 법인이었다. 전후에 발표된 신도지령神道指令**에 의해 국가 신도 체제가 붕괴했는데 1950년대 전반에 일본유족후생연맹(이후 일본유족회)이 야스쿠니신사를 국영화하며 활동을 시작했고 1952년에는 천황이 전후 처음으로

❖ 국가에 공헌한 사람을 기리는 장소.
❖❖ 1945년 연합국 최고사령부GHQ가 일본 정부에 대해 발효한 각서. 국가 신도의 폐지, 철저한 정교분리, 신사 신도가 민간 종교로 남을 것 등이 담겼다.

야스쿠니신사를 참배했다.

쇼와 일왕은 A급 전범의 합사合祀가 이루어진 이후 야스쿠니신사 참배를 그만두었다고 측근에게 흘렸다고 한다. 이처럼 야스쿠니신사 참배 문제는 전쟁을 체험한 일본인들의 눈을 가린 채, 전쟁으로 인한 희생에 걸맞은 위로도 회한도 지워 버린 전후사를 반영한다.

야스쿠니신사를 둘러싼 공방은 일본이 15년에 걸쳐 아시아 및 서구와 벌인 전쟁의 역사를 전후에 어떻게 받아들이고 있는지를 보여 주는 상징이 되었다.

일본인들은 아시아·태평양전쟁에 대한 경험을 어떻게 기억할지를 확실하게 정리하지 않은 채 전후를 시작했다. 8월 15일을 '종전'이라고는 해도 '패전'이라고는 표현하지 않았다. 일본인들은 전쟁은 끝났지만 전쟁에서 졌다는 마음은 갖지는 않으려 했다.

전쟁이 끝났으니 복구를 서두르자며 전후 부흥이 시작됐다. 패전의 한恨보다 앞으로 나아가는 것이 일본인의 정신세계라고 평가하기도 하지만, 패전이 국민적 기억으로 남지 않았으니 전쟁에 대한 회한도 생기기 어려운 것이다. 미군의 점령하에 아시아를 무시한 채 진행된 패전 부흥은, 한국전쟁을 계기로 경제 부흥이 급하게 이루어졌으니 전쟁에 대한 회한을 느낄 겨를도 없었다는 의미일까. 정부는 아시아에 대한 전쟁 책임과 전후 보상 대신 야스쿠니신사 국영화라는 카드를 꺼내 들었다. 그것은 패전을 겪었지만 단절되지 않은, 전쟁 전부터 지금까지 이어진 국가 의식을 드러낸 것이었다.

야스쿠니신사 문제는 한국과 중국의 강한 반발을 불러왔고, 아시아와 화해하기 어렵게 가로막았다. 야스쿠니신사 국영화 운동은 1960년대에 활성화되었다. 1969년에 자민당이 야스쿠니신사 국가호지법안國家護持法案을 국회에 제출했다. 그러나 종교 법인 야스쿠니신사를 국영화하는 것은 헌법의 정교분리 규정에 명백히 어긋났기에 중의원 법제국도 지지하지 않았다. 국회 제출 법안은 폐기되었다.

1974년 4월 12일, 자민당이 주도하는 중의원 내각위원회에서 갑자기 법안 상정이 추진되었다. 이어 5월 25일에는 중의원 본회의에서 자민당의 단독 통과가 강행되었다. 야스쿠니신사를 둘러싼 공방으로 돌연 긴장감이 고조되었다. 이대로라면 야스쿠니신사가 국가 시설로 바뀌는 것은 아닐까. 홋카이도 시골에서 한가히 지내며 시간이 남아도는 젊은 승려를 자극하기에 걸맞은 사건이었다.

내가 살고 있는 홋카이도 북부 이시카리石狩 평야 북쪽의 후카가와시는 인구 2만 명가량의 소도시다. 벼농사와 사과 및 와인용 포도 재배 등이 주요 산업이다. 감자와 아스파라거스가 맛있다. 나는 교토 시절부터 친구였으며 같은 시기에 시골에 돌아온 인근 절의 후계자 미야카와 에슈, 역시 대학을 졸업하고 후계자로 금광교 교회에 돌아와 있는 고교 동창 호시노 쓰토무,

인근 승려 후계자로 절에 돌아온 동년배 아카마쓰 료카이와 가끔 모였다. 그 한가한 동지 모임에서 '왜 야스쿠니신사 국영화를 반대하면 안 되는 거야?'라는 논의가 시작되었다.

네 사람 모두 하루하루가 무료해 그것만으로도 모이는 이유는 충분했다. 자주 만나 의견을 주고받으며 야스쿠니신사 국영화 반대 운동을 하자는 이야기가 나왔다.

중의원 단독 법안 통과 직전인 5월 18일에 후카가와 시민회관에서 개최한 '야스쿠니 법안 학습 토론회'에는 불교 승려와 기독교, 천리교 등 종교인을 포함해 40여 명이 참가했다. 시골 작은 마을에서는 이례적인 일이었다. 참가자 가운데 한 사람인 진종대곡파 후카가와시 양념사 주지 야마모토 료초 스님은 전쟁 중 장교로 키스카섬(알래스카 부속 섬)에 파견되었던 체험을 이야기하면서 "전쟁에서 죽은 자는 말을 할 수 없으므로, 우리에게는 전쟁 없는 사회를 만들 책임이 있다."라고 했다.

어느 철도청 직원은 "외삼촌이 전쟁에서 죽었지만 야스쿠니신사에 봉안하느니 차라리 억울하게 살해당한 목숨을 살려내라고 말하고 싶은 심정이다."라고 말했다. 집회를 주최한 네 명은 법안 반대 운동 단체를 발족하자고 제안했으며, 여러 의견이 분분한 가운데 (그리고 도중에 자리를 뜨는 사람도 있었지만) '야스쿠니신사 법안 반대 후카가와 지역 연락회'라는 (길기도 하고 패기도 넘치는) 이름의 시민 단체를 결성했다. 열의에 힘을 받아 후카가와역 광장에서 서명운동도 시작했다.

중의원에서 법안 통과가 강행된 뒤 참의원에 계류되어 있던 법안은 국회 종료 후 자민당 내에서 '차기 국회 첫 제출, 참의원 의결'로 결정되었다. 반대 운동에도 불구하고 법안이 성립되는 것은 시간문제라고 생각했다. 그런데 7월 7일 참의원 선거에서 예상외로 보수와 혁신 세력의 비율이 백중세가 되었다. 자민당은 정권 유지에 대한 위기감을 느꼈고 야스쿠니 법안은 사라져 버렸다. 7월 초순에 제시한 '중의원 법제국 견해'가 야스쿠니신사 국영화에 부정적이기도 해서 자민당 내부는 혼란에 빠졌고 사태가 갑자기 역전되어 버렸다. 그 후 야스쿠니신사 국영화 법안은 국회에서 모습을 감췄다.

젊은 승려 네 명을 중심으로 결성된 '연락회'는 일순 목표를 잃었다. 서명 활동도 맥이 빠지고 거리에서 서명하는 사람도 점점 줄어들고 사람들이 야스쿠니신사 법안에 대한 내용도 잘 몰라 일일이 설명하지 않으면 서명받기도 어려웠다.

운동에 협력하는 사람들도 줄어들었고 정신을 차리고 보니 승려 네 명과 협력자 두세 명만 남아 있었다. 운동은 허무하게 끝났다. 네 명은 낚시나 가자며 루모이留萌 해안에서 가자미 낚시나 즐기는 상황이 되어 버렸다.

3. 그림풀이 포교사[*]처럼 나타난 사람

다음 해 2월 11일, 연락회 주최로 '민주주의를 생각하는 후카가 와 집회'를 개최하기 위해 준비 모임을 가졌다. 그 자리에서 운동 협력자인 후카가와 중학교 교사 모리오카 다케오가 "기타미 시에서 활동하는 고등학교 교사로 역사를 연구하는 괜찮은 선생이 있다. 역사교육자협의회 회원이기도 하다. 그분을 후카가 와에 초대하면 어떨까."라고 제안했다.

우리는 모리오카가 이야기한 사람의 이름을 처음 들었지만 그가 계속 집회 강사로 추천했기 때문에 어떤 사람인지 궁금했다. 1976년 2월 11일 저녁, 후카가와 시민회관 회의실에서 열린 집회에 키가 크고 풍채가 좋은 사람이 나타났다. 기타미 호쿠도北見北斗 고등학교 교사 고이케 요시타카 씨였다.

고이케 씨는 큰 패널을 10장쯤 가지고 왔다. 지금은 파워포인트 등을 써서 강연해도 신기할 게 없지만 당시에는 패널을 보여 주며 강연한다는 것 자체가 신선한 일이었다. 고이케 씨 일행이 만든 오호츠크 민중사강좌 활동은 사진으로 설명할 만큼 대단한 운동이었다. 고이케 씨는 발굴된 유골 사진을 손에 들고 보여 주면서 조금은 격앙된 목소리로 열정적으로 이야기했다.

---

[*] 불교 회화(지옥도 등 이야기가 있는 그림)를 설명해 주는 사람.

그 모습은 흡사 지옥도를 들고 불교 사원에서 설교하는 그림풀이 포교사처럼 보였다.

강연은 자유 민권운동◆ 투사가 홋카이도로 도망쳐 숨어 있던 일을 연구한 이야기부터, 홋카이도 개척 당시 희생된 죄수들과 다코베야 노동자◆◆의 유골을 발굴한 이야기로 이어졌다.

자유 민권운동의 정치범이 사망한 뒤 매장 장소를 찾아갔는데 그곳에 갓을 쓴 중이 나타났다. 루베시베정留辺蘂町 무카가와武華川 근처에 있는 하쿠류산白竜山 편조원 주지 하야시 류코였다. 류코 스님은 홋카이도 개척 당시 강제 노동을 강요당한 죄수들의 희생을 추도해 온 승려다.

아바시리網走 감옥의 수인 과거장 조사 사진을 갖고 있는 류코 스님을 만났을 때만 해도 고이케 씨는 자유 민권운동의 희생자에게만 관심을 가졌을 뿐 개척 공사에 동원되거나 희생당해 매장된 죄수들에게는 관심이 없었다. 그런 고이케 씨에게 류코 스님은 "당신은 죄수들이 죽어서까지 민권운동가와 다른 파렴치범이라고 차별하는 겁니까. 그렇다면 도와주지 못하겠소."라고 일갈했다. 고이케 씨는 그 말 때문에 그 이후에도 죄수와 다코 노동자에 대한 조사를 계속했다고 말했다.

◆ 메이지 시대 일본에서 일어난, 헌법 제정 및 국회 개설을 꾀한 정치사회 운동.
◆◆ 다코베야 노동자를 경멸하는 이들은 '다코'라고 줄여 불렀다. 본문에서는 당시 상황을 현실적으로 표현하기 위해 '다코 노동자'로 표기했다.

고이케 씨가 보여 준 패널은 발굴 현장에서 승려들의 독경 소리가 울려 퍼지는 가운데 진행된 하쿠류 죄수 묘지 발굴 사진과, 조몬常紋 터널 보수 공사 현장의 대피호에서 나온 두개골 사진이었는데, 이 두개골은 후두부에 구타 흔적이 있었다.

조몬은 도코로군常呂郡과 몬베쓰군紋別郡 경계에 있는 산인데 그다지 높지 않지만 터널 전후 경사로가 길기 때문에 열차가 힘들게 올라갑니다. 그 터널에 얽힌 괴담이 공사가 끝난 뒤부터 전해 내려 왔는데, 옛날부터 그곳 주민들 사이에서는 모르는 사람이 없을 정도였습니다. 도쿄에서 태어난 저는 1953년에 기타미의 호쿠토 고등학교에 근무하면서 이 괴담을 알게 되었습니다.

탁구부 고문으로서 학생들을 데리고 원정 경기를 갈 때의 일이었습니다. 아버지가 국철 철도관리부에 근무했던 선수 한 명이 "선생님, 이 터널에는 사람 기둥이 세워져 있어요. 그래서 오늘처럼 비가 오는 날에는 '배고파, 엄마 어디야?'라는 소리가 들린대요." 라고 말했는데 당시 저는 그냥 그 말을 웃어 넘겼습니다. 그런데 사람 기둥이 실제로 나온 것입니다.

고이케 씨는 터널 보수 공사에 관여한 M 씨의 이야기를 소개했다.

사고 방지 책임자였던 나는 매일 아침 열차가 지나기 전 오전 6시에 공사 현장을 둘러보았습니다. 9월 10일 오전 6시에 공사 현장이었던 이곳에 와보니 흙막이가 되어 있던 곳이 무너져 내려 돌이 굴러 떨어지고 있었습니다.

큰일이다 싶어 응급 처치를 하려고 나무를 찾았습니다. 가까운 곳에 손에 무언가 잡혀 손전등을 비추니 사람의 뼈였습니다. 두개골은 그을음이 덮여 새카매져 있어서 씻어 냈습니다. 우측 후두부에 손 가리개인지 포대인지 모를 천 조각이 둘러싸여 있었습니다. 그 천 조각을 풀어 보니 상처가 보였습니다. 상당히 심하게 맞은 듯한 상처였습니다.

고이케 씨는 그 유골을 상자에 넣고 터널을 나가 바로 선로가의 관화지장보살歓和地藏菩薩 아래 놓아두었다. 이 일을 계기로 고이케 씨는 이쿠다하라정生田原町, 기타미, 루베시베, 아바시리 등의 사람들과 함께 수차례에 걸쳐 유골을 발굴했다. 그러나 유골이 나오지 않는 경우가 많았다. 그러던 중 토론회에서 기타미 공업대학 연구회의 한 사람이 발언했다.

오늘은 비도 오고 우리가 발굴한 이쿠다하라 쪽에서는 유골이 나오지 않았습니다. 뼈를 파내는 것만 목적이었다면 오늘 발굴은 실패입니다. 그렇지만 실망스럽지 않습니다. 열심히 했다는 것만으로 뿌듯합니다. 그런 마음이 드는 이유는 삽을 쥐고 땅을 파면서,

다코 노동자와 죄수를 꺼내고 있는 내 마음이 깊어졌기 때문입니다. [유골을] 파내는 일은 자신의 마음을 파내는 일입니다. 자신의 역사의식과 인권 의식을 파내는 일이라고 생각합니다.

이 발언에서 "유골을 파내는 일은 자신의 마음을 파내는 일"이라는 민중사 운동의 구호가 만들어졌다.

우리는 죄수와 다코 노동자로부터 이어져 내려온 역사의 일원이다. 그들의 존재가 밝혀지지 않는다면 어떻게 우리가 존재할 수 있는가.

_하야시 류코, 『조몬 터널』, (발굴에 관해서는) 고이케 요시타카,
『홋카이도의 새벽 : 조몬 터널을 파다』 참조.

고이케 씨는 숨겨진 민중의 역사와 그것을 발굴하는 오호츠크 민중사강좌 활동에 대해 뜨겁게 이야기했다. 오호츠크 민중사강좌 활동에는 근대 일본이 강요한 억압과 동화에 희생되어 온 아이누가 등장하고 윌타Uilta족, 재일코리안, 중국인이 등장한다.

과거 전쟁에서 조선인, 중국인에게 가한 일들의 책임에 대해 이야기하고, 실제로 삽을 들고 다코 노동자와 죄수, 강제 연행 희생자의 유골을 발굴하며, 아이누 및 윌타족 사람들과 연대하자는 역사 운동이기도 했으며, 홋카이도에 살고 있는 사람으로

서 자신에게 질문을 던지는 운동이었다. 근대 일본의 식민지가 된 홋카이도가 오랫동안 외면하고 방치한 깊은 어둠과 만나는 일이기도 했다. 오호츠크 민중사강좌의 멋진 활동을 보며 우리는 한순간에 빠져들었다.

4. 야마모토 다스케 에카시

그로부터 한 달 뒤인 3월 7일, 후카가와시를 출발한 네 사람은 기타미를 향해 차를 몰았다. 고이케 씨 일행의 오호츠크 민중사 강좌가 기타미 시민회관에서 주최한 '지역 민중사 발굴 재조명 운동 교류의 밤(강연과 영화)'에 참가하기 위해서였다.

저녁에 시작한 집회 현장은 200명이 넘는 사람들로 가득 찼다. 무대에는 이노우에 덴조, 이즈카 모리조 등 지치부秩父 사건◆ 유족들, 야마모토 다스케 에카시(아이누 장로)와 윌타족의 기타가와 겐타로 등이 무대 조명 아래 앉아 있었다. 집회는 독특한 열기 속에서 진행되었다.

홋카이도 민중의 역사를 알리는 운동이 시작될 참이었다. 일본 근대 식민주의의 쓰라림을 겪으며 살아온 증인들이 역사의

◆ 1884년 10월 31일부터 11월 9일까지 사이타마현 지치부군 농민들이 정부에 부채 납부 연장, 조세 인하 등을 요구하며 일으킨 무장봉기 사건.

주인공이 되어 무대 위에 나란히 있었다. 흰 콧수염이 멋진 야마모토 다스케 에카시가 무대에 올라 인사를 했다.

다스케 에카시의 발언은 참가자들의 간담을 서늘하게 했다. "잡귀신들을 끌고 들어와 무자비하게 아이누 모시리*를 침략한 당신들은 지금 어째서 이 자리에 있는가?"라고, 메이지 시대부터 혼슈에서 홋카이도에 들어온 우리 화인을 나무랐다.

생각지도 못한 에카시의 발언에 회장은 갑자기 술렁거렸다. 홋카이도에 대해 무감각하게 살아온 화인들을 향해 매우 날카롭고 직접적으로 던지는, 식민지주의를 고발하는 발언이었다. 그때 그 자리에 있던 사람들이 그의 고발을 얼마나 깊게 받아들였을까. 막연하게 느끼지 않았을까. 일본 제국 정부가 홋카이도를 식민지로 삼아 지배한 근대를 스스로 깨치려는 화인은 거의 없었다. 그런 상황은 지금도 크게 바뀌지 않았다.

그럼에도 에카시는 말을 멈추지 않고 그 집회를 높게 평가하면서 참가자를 가리키며 "여기 민주주의라는 다이아몬드의 원석이 있다. 지금부터 모두 함께 갈고닦아 보자."라고 외쳤다. 에카시는 참가자들을 향해, 홋카이도와 일본의 근대 역사의식을, 식민지주의로 물든 개척 사관에서 아이누 모시리 침략을 인정하는 역사관으로 바꿔야 한다면서, "화인을 적이라고 배제하지

✤ 모시리는 '평온한 인간의 땅'이라는 아이누 말로 아이누의 땅을 의미한다.

않는다. 민주주의라는 방법을 통해 아이누와 화인이 함께할 수 있다."라고 말했다. 그가 말하는 민주주의는 서로 다른 민족이 평등하게 공존하는 민주주의를 의미했다. 또한 민중사 발굴 운동에는 그런 가능성을 기대하게 하는 새로운 빛이 있다고 강조했다.

월타족인 기타가와 겐타로도 발언했다. 그는 자신을 '겐다누'◆라고 소개했으며, 세 가지 꿈을 이야기한 뒤 월타족으로서 권리 선언을 했다. 사할린에서 태어난 겐다누는 전쟁 중에 일본군이었으며 전후에는 소련에 억류되었다. 1955년에 아바시리에 이주했고 1970년대에는 오호츠크 민중사강좌와 다나카 료를 만나면서 월타족의 정체성을 자각했다.

그가 얘기한 세 가지 작은 꿈은, 첫째, 월타족 자료를 보존하는 민족 사료관 건립, 둘째, 사할린 동족과의 교류, 셋째, (아무르강 유역의 소수민족인) 월타·니부히 전몰자 위령비를 건립하는 것이다. 지금 이 세 가지 꿈은 모두 실현되었지만 겐다누는 1984년에 사망했다.

무대 위 발언자들의 마음이 참가자들에게 전해지고 식민지 홋카이도가 이제야 스스로 역사를 되돌아보고 미래를 찾아가고자 하는 것이 느껴졌다.

◆ 겐다누는 아이누어로 '북쪽 강 근처에 사는 사람'이라는 뜻이다.

그날 밤 집회 참가자들은 기타미 산림국 숙소에 모여 교류했다. 자기소개가 끝난 뒤, 시끌벅적한 회장 한구석에서 (후카가와에서 참석한) 우리끼리 한잔하고 있었는데, 야마모토 다스케 에카시가 우리를 불렀다.

"거기, 후카가와 중들, 이쪽으로 오게."

우리는 깜짝 놀라 에카시 앞에 앉았다. 에카시는 집회에 승려가 온 것에 관심이 있는 듯했다. 에카시와 술을 주고받으면서 이야기꽃을 피웠다. 에카시가 큰 소리로 이야기를 꺼냈다.

"이봐! 홋카이도는 독립할 거야. 홋카이도 공화국을 만드는 거지."

이야기는 장대했다.

"자네는 중이라며, 그래 너는 문부대신을 맡아."

옆에는 후카가와에서 같이 온 우체국 직원이 있었다.

"자네는 우체국 직원? 그래 너는 우정대신이다."

적당히 술기운에 취해 대신 임명 잔치가 시작되었다. 나는 다스케 에카시에게 완전히 반했다. 홋카이도를 독립시키자는 것은 확실히 야마모토 에카시이기에 주장할 법한 비전이다. 예전에 에노모토 다케아키가 기획한 '공화국'이 있긴 했지만, 그것은 메이지 정부 사초 전제薩長專制✢에 맞서 예전 막부 대신의 사

✢ 에도 시대 말기에 사쓰마번薩摩藩과 조슈번長州藩이 맺은 정치군사적 동맹.

병들이 일으킨 반란이었다.

에카시가 주장하는 독립론은, 홋카이도 근현대사의 본질을 형성한 식민지주의에 대항해 선주민족으로서 주장할 만한 당연한 권리이며, 본토의 화인이 들어오기 전에 이미 홋카이도에 거주했던 아이누의 선주권을 주장하는 것이기도 하다. 에카시는 홋카이도 독립론을 주장할 권리와 필연성을 역설했다.

그들은 자신들의 대지인 아이누 모시리를 화인 정부와 화인들에게 침략당하고 토지와 주거권을 빼앗겼다. 일본 정부는 영토를 일방적으로 점유하면서 아이누에게 한마디 교섭과 소통도 하지 않았다. 동화를 강요당하고 선조들로부터 이어진 삶을 빼앗긴 아이누가 겪은 고통은 참혹했다.

그들이 저항하지 않았던 것은 아니다. 아이누의 전통을 되찾고 그들의 권리를 주장하려는 투쟁이 여러 차례 있었다. [아이누 출신 활동가인] 이보시 호쿠토가 있고, [아이누 가수인] 바체라 야에코와 모리타케 다케이치의 노래가 있다.

치리 유키에의 『아이누 민요집』은 찬란한 아이누 정신을 노래했다. 언어학자인 치리마 시호가 있으며, 전쟁이 끝나자 바로 시즈나이靜內의 오가와 사스케(아이누 무형문화 전승보존회장)와 모리타케 다케이치가 아이누협회를 설립하기 위해 모였고 아이누 독립론을 논했다.

야마모토 다스케는 아이누 민족운동의 지도자로서 아이누를 상징하는 에카시가 되었다. 일본이 아시아·태평양전쟁에서 패

한 직후인 1946년, 야마모토 에카시는 아이누문제연구소 기관지
『아이누 신문』에 동족의 단결을 촉구하는 격문을 게재했다.

홋카이도 전역의 우타리(동포)여, 궐기하라.
착취와 침략을 하늘의 뜻이라고 생각한 불한당은 끝끝내 조국
을 멸망 일보 직전까지 몰아붙였지만 지금 그들은 전범으로서 멸
망하고 있다.
자업자득이다.
일본의 평화와 민주화를 아이누도 바라는 바로 이때에 모든 우
타리여,
진정 각성하고 궐기하라.
분기하지 않으면 우리도 멸망한다.
아이누를 위한 토지 확보, 주택 개선, 의무(평등)교육 제공, 악
질 관료로부터 우타리에게로 공유재산을 환수해야 한다.
우리 에카시들은 홋카이도 개척의 대공로자이며 홋카이도는 아
이누의 나라이다.
이 자랑을 간직하기 위해 아이누는 지금이야말로 분기하라.
보호법은 개정해야만 한다.
아이누 발전은 대동단결이 제일이다.
아이누협회도 아이누 연구소도 합동해 주길 바란다.
아이누의 생활 안정과 단결을 위하여!

멋진 격문이다. 아니, 그저 격문에 그치지 않는다. 전쟁 직후 일본 군국주의에 항의하며 결별한다는 인식을 정확히 드러낸 글이다. 또한 아이누의 역사적 권리를 주장하고, 현재 아이누의 근본적인 대책을 요구하고 있다. 에카시는 단순히 아이누의 권리를 주장하는 것이 아니라 "일본의 평화와 민주화를 아이누도 바라는 바"라며 일본이 민주주의 국가로 거듭나기를 바란다고 했다.

요구 내용 또한 구체적이다. '토지 확보', '주택 개선', '의무 (평등)교육 제공' 등은 빈곤과 차별로 고통받아 온 아이누 사람들에게 절실한 요구였다. 공유재산을 악질 관료한테서 우타리로 되돌려 놓는 일도 꼭 필요했다.

최근에는 〈구 토인보호법〉을 폐지하고 〈아이누 문화진흥법〉을 입법하는 한편, 아이누 공유재산 반환을 둘러싸고 아이누의 오가와 류키치 에카시를 원고단으로 하는 재판이 진행되고 있다.✤ 오가와 류키치 에카시는 야마모토 에카시의 유지를 받들어, 악질 관료로부터 공유재산을 되돌려 받는 싸움을 해오고 있다. 야마모토 에카시는 패전 직후, 이 글에서 홋카이도 독립론을

✤ 아이누 민족지원법(2019년 4월)으로 정식 명칭은 〈아이누 사람들의 명예가 존중되는 사회를 실현하기 위한 시책 추진에 관한 법률〉이다. 아이누에게 선주민으로서의 법적 지위를 처음 부여해 아이누 문화 진흥 교부금 제도 창설 등을 정했다.

분명하게 주장하고 있다. '홋카이도는 아이누의 나라다.'라고.

에카시는 아이누의 권리를 주장하지만 일본을 일방적으로 배제하지 않는다. 민주주의의 실현을 바라고 행동하며 아이누와 일본이 공동으로 협력하기를 주장한다. 이런 뜻은 패전 후부터 지금까지 일관되게 이어지고 있다. '아이누 모시리를 침략한 무자비한 침략 집단'에게 매서운 관점을 제시하면서도 민주주의를 함께 이루어 가자고 말하는 에카시의 사람 됨됨이와 깊은 뜻에 나는 매료되었다.

돌아오는 차 안에서 '이렇게 홋카이도 역사에 뿌리를 둔 멋진 일을 우리도 할 수는 없을까.'라는 의견을 나눴다. 기타미에서의 여정은 소라치 땅에서 새로운 운동을 촉진하는 기폭제가 되었다.

5. 채만진 씨가 알려 준 재일 교포 1세의 운명

전쟁 때 여러 일을 겪은 재일코리안이 후카가와 시내에 살고 있으니 이야기를 들으러 가지 않겠냐고 해서 민중사 운동에 뜻을 둔 회원과 함께 찾아간 것은 1976년 5월 초순, 하늘이 잔뜩 찌푸린 쌀쌀한 오후였다.

후카가와역 앞 거리, 호라이정蓬萊町을 넘어 육교 가까이 주유소 옆 안쪽에 채만진 씨의 집이 있었다. 아담하고 오래된 집이었다. "실례합니다!" 하고 현관문을 열었다. 김치 냄새가 훅 풍겼다. 사전에 방문하겠다고 말해 둔 터라 "네."라는 목소리가 들렸다. '안녕하세요. 일전에 연락드렸던 사람입니다. 채 선생님 이야기를 들으러 왔습니다.'라는 말을 할 사이도 없이 "어서 들어오세요."라는 답을 들었다.

현관에서 신발을 벗고 들어서자 마룻바닥 방이었다. 오래된 소파가 놓여 있었고 방 한가운데에 난로가 있었다. 우리를 소파로 안내한 채만진 씨는 곱슬머리에 뿔테 안경을 쓰고 웃는 얼굴로 "다들 앉으세요."라며 권했다.

난로가 달그락달그락 소리를 내며 타고 있었다. 5월의 홋카이도는 아직도 겨울 끝자락이었다. 사뭇 홀아비가 살고 있는 듯한 방이었다. 혼자 살고 있는 채만진 씨는 처음부터 우리의 방문을 흔쾌히 허락했다.

"최근까지 토목 회사를 했습니다만 하청 일을 하다가 크게 다쳐 일을 그만둔 지 얼마 안 됐어요. 이제 원청을 상대로 재판을 할 예정이라 시간도 있으니 뭐든 물어보세요."라고 말하며 다친 팔을 주물렀다.

전후 오랫동안 후카가와에 살았지만 조선인답게 독특한 억양의 사투리가 섞인 일본어였다. 그때 들은 채만진 씨의 체험담은 손에 땀을 쥐게 하는 이야기들이었고 재일코리안 1세의 운명이라고 할 만한 무시무시한 역사의 기억이기도 했다.

'소라치 민중사를 이야기하는 모임'(이후 '소라치 민중사강좌'로 개명)을 만들어 소라치 지방에서 민중사를 밝혀내는 운동을 시작하려 했던 우리는 집회에서 체험담을 들려 달라고 채만진 씨에게 부탁했다.

모임 발족 준비가 진행되고 후카가와시 근처에서 참가자를 모아 7월 14일 밤, 소라치 민중사를 이야기하는 모임의 발족 집회가 후카가와 시민회관에서 열렸다. 초대 회장이 된 모리오카 다케오 씨가 인사말을 한 뒤 채만진 씨의 증언이 시작되었다.

저는 1915년에 조선 경상북도 문경군 산양면에서 태어났습니다. 부모님이 지주로부터 논 세 마지기[약 1500~3000제곱미터], 밭 다섯 마지기[약 1650제곱미터]를 빌려 소작하는 농가였습니다. 생활은 정말 힘들었습니다. 1938년 가을에 아버지가 병으로 돌아가시고 나니 생활은 더욱더 어려워졌습니다. 일본으로 돈 벌러 가고 싶다는 생각이 날로 더해졌습니다. 1940년 12월, 결심을 하고 일본 탄광업 제2 다카마쓰 탄광의 광부 모집에 지원해 일본에 건너왔습니다.

채만진 씨는 일자리를 구하기 위해 규슈로 건너갔지만 나가사키 다카시마 탄광에서 강제 노동에 맞서 파업을 모의했다가 붙잡혀 조선에 강제 송환되었다. 귀향했어도 일이 없던 그는 부산 거리에서 홋카이도 탄광 노동자 모집 포스터를 보고 홋카이도행을 결심했다.

돈을 벌지 못하면 고향에 돌아가지 않겠다고 결심하고 부산에서 홋카이도 탄광 탄광부를 모집하는 데 지원해 홋카이도에 왔습니다. 1년 계약이었지요. 바다를 건너 열차를 타고 아카비라赤平 모시리茂尻역에 도착한 것은 한밤중이었습니다.

숙소에 들어가자 갑자기 자물쇠가 잠겼는데, 그곳은 다코베야였어요. 간부가 말하기를 "너희들 잘 들어. 홋카이도는 섬이다. 저쪽 산을 넘어도 바다, 이쪽 산을 넘어도 바다니까 절대 도망갈 수 없어. 도망가면 가만두지 않을 테다." 그놈들은 이렇게 거짓말까지 해가며 도망치지 못하게 했어요. 나는 정말 주변이 바로 바다라고 생각했지요.

170명이 끌려왔고 도착하자 모두에게 번호를 붙였고 번호로 불렀어요. 나는 45번이었어요. 관리자, 간부, 상반대(고급 기술을 가진 인부), 중반대(중급 기술을 가진 인부), 하반대(하급 기술을 가진 인부)가 있었고 우리는 하반대였지요. 그즈음 홋카이도는 청어가 많이 잡혔어요. 하지만 일을 못하는 우리 하반대에게는 반 마리밖에 주지 않았어요. 간부는 대여섯 마리씩 먹으면서 말이죠. 밥이라고 해봐야 쌀밥을 주는 것도 아니면서……. 보리쌀이나 감자라도 좋고, 돈도 필요 없으니 배불리 먹게 해달라고 해봐도 "그건 안 돼!"라고 했습니다. 배불리 먹여 놓으면 도망간다고요.

아침 5시에 일어났습니다. 세수도 세면대에 가득 채운 물로 일곱 명이 했습니다. 밥은 선 채로 먹었고요. 쌀은 보이지 않을 정도이고 감자·호박·콩이 대부분이었지요. 양은 적은데 노동은 심해서 언제나 허기가 져 개밥을 먹은 적도 있어요. 석탄도 씹어 봤지요. 반짝반짝 빛나는 석탄이 맛있어 보여 씹어 봤지만 으득으득했어요. 갱목 껍데기도 씹어 먹었지요. 소나무 껍데기가 그나마 먹을 만했고 참나무는 먹을 수가 없었어요. 배고플 때가 가장 힘들었어요.

동료들을 모아 계획을 짰어요. 그랬더니 그중에 스파이가 있어서 들켰습니다. 간부에게 에워싸여 린치를 당했습니다. 멍석말이를 당하고 기절할 때까지 맞았지요. 2엔 50전을 받기로 했지만 실제로는 10전, 심지어 5전밖에 주지 않았습니다.

월급날 돈이 나오긴 하지만 "너는 사상이 좋으니까 10전, 너는 보통이라 5전, 45번 너는 사상이 불순하니까 1전이다."라고 합디다. 나는 돈을 받아 동료들과 모아서 귤을 샀습니다. 한 사람이 여섯 개씩 먹고 나면 없어져 버렸어요. 그것이 임금이었지요.

계약한 1년이 되어 돌려보내 달라고 하자 다키가와滝川 경찰이 와서 "지금은 전쟁 중이다. 돌아가도 다시 붙잡혀 올 테니 그냥 이대로 일해라."라고 말했어요. 경찰과 회사는 한패였습니다. 결국 참지 못하고 도망쳤습니다.

4월 18일 저녁에 일이 끝나고 돌아가는 틈을 타 눈밭을 굴러 도망갔습니다. 눈 녹는 시기의 잔설은 발이 푹푹 빠졌고 죽을힘을 다해 눈을 헤치면서 산으로 올랐습니다. 지금 생각하면 올라간 곳은 오토에산乙江山(해발 804미터)이었던 것 같아요. 산을 넘으면 후카가와였지만 간부가 어느 산을 넘어도 그쪽은 바다라고 해서 그 말을 철썩 같이 믿고 넘지 못하고 내려왔지요.

불빛이 보여 가까이 가보니 마을이 있고 높은 굴뚝이 있었습니다. 안에 들어가니 보일러실에 노인이 있었습니다. 몸은 얼어붙었고 추워서 안으로 들어가 사정을 이야기하고 도와 달라고 했지요.

그곳은 모시리 인근 아카비라였습니다. 보일러실은 따뜻해서 금방 잠이 들었습니다. 눈을 뜨자 다코베야 우두머리 세가와瀨川가 간부 네 사람과 함께 서있었어요. 큰일이다 생각해 세가와에게 박치기를 먹였습니다. 세가와가 "이봐, 잠깐만. 자네가 말한 것처럼 지금까지는 대우가 나빴다. 이제부터 다시는 나쁘게 안 할 테니 같이 가자."라고 말했습니다. 세가와의 말을 정말로 믿고 같이 돌아갔습니다.

숙소에서 반죽음을 당했지요. 가죽 혁대로 맞고, 기절하면 수조에 처넣었습니다. 잘도 살아남았다고 생각합니다. 그 뒤 일주일간 먹을 것도 제대로 주지 않았죠. 그래서 다 포기하고 죽으려고 갱내에 발파가 있을 때 발파와 동시에 일부러 갱내에 뛰어들었어요. 그렇지만 바윗덩어리는 굴러 내려오지 않고 또로록 또로록 돌멩이만 굴러 내려와 죽지 못했어요.

채만진 씨의 증언이 이어졌고, 회의장은 숙연해졌다.

그때쯤이었습니다. 선탄부(석탄 고르기) 아가씨가 걸어왔습니다. 우리 옆에 신문지에 싼 뭉치를 일부러 떨어뜨리고 가는 것이었습니다. 펼쳐 보니 주먹밥이 네 개 들어 있었어요. 우리 조선인을 보고 불쌍하다고 생각했던 모양입니다.

동료들과 먹었던 그 맛을 지금도 잊을 수가 없습니다. 지금이라도 그 아가씨를 만날 수 있다면 감사의 말을 전하고 싶습니다.

채만진 씨는 모시리 탄광 일을 겨우 끝내고 호로카나이幌加内 누마우시沼牛 쓰치타니土谷 광산에서 일했다. 그즈음에는 조선인 간부가 되어, 조선에서 온 사람들을 돌보는 입장이 되었다. 도망치면 붙잡혀 몇 번이고 린치를 당한 젊은 시절 기억 때문에 채만진 씨는 도망치는 것보다 일하고 자유를 얻는 쪽이 좋다고 생각했다.

동포에게 "너희들 도망갔다가 붙잡혀 오면 반죽음을 당한다. 그러지 말고 내 말을 듣고 일해 줘. 반드시 대우를 개선할 테니까."라고 말하고 회사와 교섭했습니다. 책임량 할당제를 실시해서 다들 열심히 일해 일이 일찍 끝나면 자유 시간이 생겼습니다. 그러나 밖으로 내보내 주지는 않았습니다. 조선에서 온 동포 중 악기를 다룰 줄 아는 이가 있어 악기를 사달라고 간부와 교섭했지요. 그즈음 누마우시에 하마 이와오浜巌라는 순사부장이 있었는데 나를 귀엽다면서 응원해 주었어요.

하마 씨가 응원해 준 덕분에 회사와 교섭도 잘되어 악기를 사주었습니다. 500명이 있는 조선인들 사이에서 악단이 만들어졌습니다. 북과 피리 등 여러 악기가 있어서 재미났지요. 다코베야 악단이라는 듣지도 보지도 못한 것이 생겨났어요. 그러자 호로카나이 축제에 위문 공연을 해달라고 하더군요. 이런 일은 다른 작업장 숙소에서는 생각할 수도 없는 일이잖아요.

그리하여 다코베야가 없어졌습니다. 회사에 "나를 믿으세요. 결코 노동자는 도망치지 않을 테니까."라고 말해 마침내 회사도 문의 빗장을 떼어 냈습니다. 그렇게 다코베야가 없어진 것이지요. 일이 빨리 끝나면 공을 사서 놀았고, 후카가와까지 영화를 보러 간 적도 있지요.

그 뒤 다카도마리鷹泊 제국사백금주식회사에서 백금 채굴을 위해 3000명 정도를 조선에서 끌고 왔습니다. 그곳으로 이동해 간부로 있을 때 전쟁이 끝났지요. 동포가 나쁜 간부를 곡괭이로 위협하기도 했어요. 내가 중재해 큰 사건은 일어나지 않았지만요.

얼마 되지 않아 귀국선이 마련되어 많은 노동자가 귀국을 준비하기 시작했습니다. 그러자 회사에서 내게 "귀국선을 타고 조선인들을 조선까지 데려다주었으면 해."라고 했습니다. 싫다고 말했지만 "일본인 말은 누구도 듣지 않아. 부탁할 사람이 당신밖에 없어."라고 해서 친구 이재우와 800명을 이끌고 조선까지 보내 주었습니다.

그 당시 거친 바다에서 폭풍으로 많은 배가 침몰했지요. 우리가 탄 배는 다행히 부산에 도착했지만요. 조선에는 일이 없었기 때문에 사람들을 돌려보낸 뒤 홋카이도에 돌아갈 예정이었습니다.

돌아가는 밀항선을 찾아 이재우와 함께 탔습니다. 목숨을 건 일이었지요. 시모노세키역에서 다섯 정거장 떨어진 시골 역 해안에 도착해 같이 타고 있던 130명이 거미 새끼들 흩어지듯 도망쳤지요. 마을 사람들은 다들 깜짝 놀라고 말이죠. 시모노세키까지 기차를 타고 가서 내리자마자 역 경찰에게 붙잡혔습니다. 경찰서에 가보니 많은 사람들이 붙잡혀 있고 함께 배에 탔던 사람들도 붙잡혀 있었어요.

여기서 밀항이 들켜 버리면 끝이라고 생각해 창문을 깨고 도망칠까도 생각했지만 마음을 진정시킨 뒤 당당하게 현관을 걸어 나갔습니다. 그러자 경찰이 "나가면 안 돼."라고 말해서 "어째서?"라고 묻자 "너희들은 밀항자잖아!"라고 해요. 그래서 "바보 같은 소리, 나는 지금 홋카이도에서 와 조선인을 돌려보내려고 하는데 방금 배가 떠나서 미치겠구먼."이라고 말해도 믿지를 않았지요.

가지고 있던 봉투를 보여 주자 홋카이도 물건이 들어 있었어요. "그렇다면 가도 좋아."라고 말합디다. "오래 기다리게 해놓고 여기 펼쳐 놓은 물건들 어떻게 할 거야. 다시 담아 놔."라고 했어요. 시계, 혁대와 용수철을 팔아 기차표를 사서 홋카이도에 돌아왔습니다.

채만진 씨의 증언이 소라치 민중사강좌가 출발하는 신호탄이 되었다. 채만진 씨는 "동료의 유골을 찾고 싶어요. 자칫 잘못 생각했다면 나도 땅속에 파묻혔을지 몰라요. 그러니 당신들과 함께 유골을 찾고 싶습니다."라고 입버릇처럼 말했다.

발족 이래 채만진 씨는 단순히 증언자에 그치지 않고 소라치 민중사강좌의 핵심 구성원으로서 희생자 유골 발굴과 집회 현장에서 증언하는 등 맹활약했다.

6. 만추의 슈마리나이 드라이브

오랫동안 나는 슈마리나이가 아이누어로 여우강을 의미한다고 믿고 있었다. 슈마리가 아이누어로 여우를 의미했기 때문이다. 야마다 슈조는 저서 『홋카이도의 지명』에서 슈마石・리高・나이川로 해석하고 '돌이 많은 강'이라는 의미라고 했다. 아름다운 지명이다. 아이누어에 멋있는 한자를 붙여 끼워 넣은 것이겠지.

슈마리나이는 삿포로에서 160킬로미터, 후카가와에서 60킬로미터 떨어져 있다. 차로 삿포로를 출발하면, 275번 국도가 삿포로시 교외를 기점으로 해서 이시카리강과 일본해 사이를 북쪽을 향해 달린다. 서쪽으로 보이는 산들을 따라 가면 기타소라치北空知에서 이시카리강 지류의 우류강雨竜川과 만난다. 275번 국도는 우류강과 함께 계속 북쪽으로 올라간다.

이윽고 이시카리 평야가 끝나고 기타소라치라 불리는, 홋카이도 북부 논농사 지대인 후카가와시 다도시를 뒤로하면 해발이 급격히 높아진다. 호로카나이로 들어서서 시가지를 빠져나가면 빈집이 눈에 띈다.

호로카나이부터 북쪽은 논농사 한계선을 넘기 때문에 메밀밭과 초원만 이어진다. 근래는 농촌 지역 인구가 급격히 줄어들고 있는데 이 지역들도 마찬가지였다. 국도는 우류강과 교차하면서 더욱더 북쪽으로 이어진다.

한편, JR 후카가와역을 기점으로 지방선인 신메선深名線이 국도 및 우류강과 교차하면서 뻗어 있다(1995년 폐선). 국도변 신메선, 그리고 우류강도 산골짜기 땅인 슈마리나이를 향하고 슈마리나이부터 제각기 갈라진다.

슈마리나이에 가까워지면 슈마리나이호를 우회해 비후카美深에서 오호츠크해로 이어진다. 신메선은 호수를 왼쪽으로 끼고 나요로名寄市시로 이어진다. 우류강은 우류댐에 잠겨 있다. 댐이 생기기까지 우류강은 슈마리나이강, 부도카마베쓰강, 우즈나이강 등 세 개의 강으로 갈라져 있었다.

그중에 부도카마베쓰강과 우즈나이강을 막아 댐을 건설했다. 우류댐은 전시인 1938년부터 1943년까지 6년 동안 만들었으며, 그 결과 동양에서 가장 크다는 거대한 인공호가 완성되었다. 댐으로 생겨난 거대한 그 인공호를 슈마리나이호라고 부른다.

1976년 9월 3일, 상쾌하게 맑은 가을 오후에 미야카와 에슈와 나는 운전면허를 딴 지 얼마 되지 않은 실력으로 드라이브를 즐기려고 했다. 교토에서 절로 돌아온 후계자에게 처음으로 생긴 중고차였다. 이제 막 보급되기 시작된 자가용은 당시 젊은이에게는 동경의 대상이었다.

시골은 한가해서 아침에 눈뜰 때부터 할 일이 아무것도 없는 날도 있었다. 교토에서 과격한 학생운동을 하던 생활에 비하면 뻐꾸기 소리에 눈을 뜨고 아침에 멍한 시간이 계속되는 나날은 너무나도 따분했다.

그런 우리에게 드라이브는 오랜만에 상쾌한 기분 전환이었다. 호로카나이를 지나는 교외 국도는 마주 오는 차도 거의 없다. 포장된 길은 시내까지만 있을 뿐, 교외로 빠져나가면 황톳길이 이어져 달리는 자동차 뒤로 뿌연 흙먼지가 피어오른다. 산길이 이어지고 차는 자작나무와 가문비나무, 낙엽송 숲속을 달린다. 해발이 높아지는 것이 느껴진다. 쌀랑한 바람이 열어 둔 차창으로 들어온다. 불어오는 바람이 피부에 닿아 기분이 좋다. 산속 특유의 나무가 토해 내는 기분 좋은 공기다. 북쪽의 초가을 나무들은 단풍이 들기 시작했다.

한 시간 가까이 달려 산의 그림자가 도로에 닿았고 키 큰 나무 아래 어두운 곳을 가까스로 빠져나가자 마치 앞에 다른 세계가 펼쳐지듯이 갑자기 슈마리나이 입구 터널이 나타났다. 200미터 남짓한 짧은 터널을 빠져나가자 도로는 크게 왼쪽으로 활을 그리며 시내로 접어든다. 인구가 줄어 이제는 150명쯤 남은 작은 시내다.

큰 철골 구조물인 소방망루가 보인다. 슈마리나이는 전후에 큰 화재로 시내의 대부분을 소실했다. 그래서 '소 잃고 외양간

고친다'라는 속담처럼 시내에 어울리지 않은 큰 망루가 생긴 것일까.

샷포로에서 이어진 275번 국도는 시가지를 달려 슈마리나이역 앞을 지나면 비후카를 향해 오른쪽으로 구부러지지만 그곳에서 왼쪽으로 갈라진 길은 조그만 언덕을 넘는다. 그 앞 도로변에는 주거지의 흔적이 보인다. 구시가지이지만 대부분 풀덤불이다. 원형건축인 슈마리나이 초등학교 앞을 지나가면 나무 사이로 회색 콘크리트 제방이 어렴풋이 보인다. 우류댐이다. 아시아·태평양전쟁 중에 만들어진 댐이다.

도로는 신메선 호반역 옆의 건널목을 건너 호수로 향한다. 호반역이라지만 역사驛舍도 없는 승강장이다. 언덕길 도중 오른쪽에 거대한 회색 콘크리트 구조물이 보이는데, 이것이 높이 45미터, 길이 216미터에 이르는 제1 제방이다. 대지에 뿌리를 담그고 368평방킬로미터 넓이의 거대한 호수를 몸으로 막고 서있는 괴물처럼 괴이하게 보였다.

제방 곁을 지나 호반으로 가니 눈앞에 물가가 펼쳐진다. 홋카이도 북부의 숨겨진 관광지로 불리는 낚시 명소이다. 황어와 붕어는 물론 빙어, 송어류, 이토ィトゥ라는 거대어도 살고 있다. 고개를 넘어 호로카나이에 들어서면서부터 서서히 높아진 해발이 호로카나이에서 155미터, 슈마리나이는 240미터에 달한다. 호수 근처는 300미터쯤 되지 않을까.

슈마리나이는 홋카이도에서도 손꼽히는 대설 지역이다. 10

월 하순에 이미 눈이 내려서 1년에 2미터 넘게 쌓인다. 많이 올 때는 3미터가 넘기도 있다. 기온도 무섭게 내려간다. 엄동설한에 최저기온이 영하 30도를 밑도는 일이 빈번하다. 영하 41.2도라는 도내 최저기온은 슈마리나이 북쪽, 기타모시리北母子理에서 관측된 기록이다. 동네 사람들은 일본 최고 기록이라면서 자랑한다.

우리 두 사람은 차를 호반의 낡은 마네키 식당 앞에 세우고 눈앞에 펼쳐진 물가에 섰다. 호수 주위가 50킬로미터쯤 되고, 호수 안쪽에 섬도 몇 개 품고 있는 거대한 호수의 수면은 가을 바람과 함께 물결이 살랑거리고 태양빛을 반짝반짝 반사하고 있다. 수면에 이어진 물가에 꽃잔디가 피어 있고, 옆 자작나무에 걸려 있는 스피커에서 경음악이 흘러나온다.

평일이기도 하지만 대체로 관광객은 보이지 않는다. 푸른 하늘 아래 펼쳐진 호수가 먼 산으로 둘러싸여 드러난 웅대한 경치와 사람 없는 물가에 흐르는 경음악이 묘하게 엇박자를 이룬다.

물가 잔교에는 유람선이 있다. 손님이 있으면 언제나 호수로 나가지만 평소에는 한가로이 정박해 있다. 물가에 서자 호수 중간 정도에 거대한 나무 그루터기가 잔뜩 있어 놀랐다. 호수 밑에 뿌리를 내리고 있으니 꽤 큰 그루터기겠지.

호수면 위로 2미터쯤 나와 있는, 검게 변한 그루터기 상부는 톱으로 잘라 낸 것일까. 평평하다. 거대한 그루터기 여러 개가 호수 속에 남아 있는 것도 기묘한 인상을 준다. 그것이 전시에

순직자 위령탑과 슈마리나이댐

ⓒ 동아시아 시민네트워크

댐 공사를 할 때 벌목한 나무의 흔적이라는 것을 나중에 알게 되었다.

이렇다 할 목적도 없이 온 두 사내는 보트를 빌려 올라탔다. 잔잔한 물결이 일렁거리며 배가 가운데를 향해 나아갔다. 미야카와가 "조금 돌아가면 전망대가 있어. 호수가 잘 보이니까 그곳으로 가자."라고 했다. 호숫가에 이른 길을 되돌아가니 '전망대 입구'라고 쓰인 간판이 있었고, 왼쪽 진입로를 오르자 호수 옆을 지나 조금 높은 곳에 전망대가 있는 언덕 위에 도착했다.

차에서 내리자 푸른 호수가 눈앞에 펼쳐졌다. 20미터 정도 높이의 철골로 만들어진 계단을 올라 전망대에 서본다. 눈앞에는 콘크리트 제1 제방이 거대한 모습을 드러내고 까마득히 호수가 펼쳐져 있다. 하지만 눈앞에 보이는 것은 호수의 일부일 뿐이다.

호수 위에 여러 개의 섬처럼 떠올라 있는 것들은 댐이 생기기 전에는 산꼭대기였을 것이다. 가을 기운이 일렁거리고 절벽 주변의 머루나무와 마가목에 단풍이 들기 시작했다.

전망대 옆에는 제방과 나란히 거대한 직사각형의 콘크리트 비가 서있다. 사람 키를 넘는 기초석 위로, 점점 가늘어져 끝이 뾰족한 10미터 높이의 비가 하늘을 찌를 듯 서있다.

앞면에 "순직자 위령탑. 우류전력주식회사 사장 아다치 다다시 삼가 씀"이라고 적혀 있다. 순직자라는 글자가 눈에 띈다. 무슨 순직자일까. 누가 순직자일까. 이 비만으로는 알 수 없다. 우류전력주식회사에 대한 설명도 있을 리 없다. 건립 시기도 적혀 있지 않은 비를 올려다 본 둘은 위압감을 주는 거대한 비의 섬뜩함에 차로 돌아갔다.

우리는 호반으로 돌아와 마네키 식당에서 주먹밥을 주문해 늦은 점심을 먹었다. 슬슬 돌아가려고 식당을 나왔을 때 한 할머니를 만났다.

"어머, 수법사 젊은 스님! 마침 잘 만났네. 보여 줄 게 있었는데. 함께 절에 가보지 않겠어요?"

65세의 다나카 후미코 할머니는 (슈마리나이 본정에 해당하는) 호로카나이정 승려 미야카와의 얼굴을 기억하고 있었다. 뭘 보여 주려는지를 묻는 미야카와에게 후미코 씨는 "위패예요."라고 대답했다.

그 절은 호수에서 구시가지로 1킬로미터 되돌아가 숲속에 있는 광현사였다. 후미코 씨의 안내로 우리는 광현사로 갔다.

경내 입구에는 소나뭇과인 거대한 가문비나무가 서있었다. 물푸레나무와 분비나무, 느릅나무에 둘러싸인 오래된 목조건물 본당이 보였다. 페인트가 칠해진 함석지붕은 갈색으로 변색되었고 오래된 나무 외벽이 회색으로 변해 있었다. 전쟁 전부터 있던 절일까. '진종대곡파 광현사'라는 간판이 본당 현관 기둥에 걸려 있었다.

"절에 위패가 많이 있어요. 오래전부터 있었는데 아무리 기다려도 찾으러 오는 사람이 없어요. 방치하기도 그렇고, 좀 봐

주었으면 해요."라고 후미코 씨가 말했다.

광현사는 1960년대까지 주지가 있는 절이었다. 하지만 인구가 급격히 감소해 주지의 포교 활동이 위축되었다. 신도가 줄자 생활이 어려워진 주지는 어쩔 수 없이 절을 떠났다. 그 후 지금까지 10년 남짓 신도들이 절을 지켜 왔다. 지금 신도 수는 15가구 정도이다. 아사히카와旭川에 있는 절의 주지가 광현사 주지를 겸직하고 있었다. 아사히카와와 슈마리나이는 80킬로미터쯤 떨어져 있어서 아사히카와 주지도 좀처럼 오기 힘들었다.

본당 정면 현관에는 5단 정도의 나무 계단이 있어서 마루높이는 지표면으로부터 1미터 이상 위에 있다. 눈이 많이 오는 슈마리나이에 걸맞은 마루 방식이다.

신발을 벗고 미닫이문을 열어 본당에 들어서자 갈색으로 변한 다다미 정면에 접이문 대신 보라색 커튼이 쳐있었다. 후미코씨가 커튼을 젖혔다.

불단이 보이고 정면에 아미타여래가 안치되어 있었다. 우리 두 사람은 합장을 했다. 불단 옆 통로를 지나자 불단 뒤편의 문으로 통해 있었다. 법요식을 할 때 승려가 출입하는 통로 복도였다.

두 사람을 뒤편으로 안내한 후미코 씨는 탈부착 창살문을 열었다. 뿌연 먼지가 앉은 장식장에는 사용하지 않는 불교 용품과 여러 도구가 들어 있었다. 후미코 씨가 그 옆의 커다란 종이 상자를 복도에서 꺼내어 뚜껑을 열었다.

조선인 희생자 위패
© 동아시아 시민네트워크

어두컴컴한 복도에 높은 창을 통해 햇빛이 겨우 들어왔다. 어슴푸레한 빛을 통해 상자 안의 검게 변한 위패들이 보였다. 위패는 겹쳐져 들어 있었다. 위패라고는 하지만 조잡해 보였다. 목공 작업을 하고 남은 나무판을 겹쳐서 만든 듯했다. 모두 갈색으로 변했고 먹으로 쓴 글자는 읽기도 힘들었다.

그중 하나를 손에 들었다.

석현신釋顯信* 쇼와 15년[1940년] 8월 13일 입적(앞면)

속명 김○○ 33세(뒷면)

흠칫했다. 일본인 이름이 아니다. 조선인 이름일까. 위패는 모두 80개 남짓이었다. 일본인과 조선인의 이름이 섞여 있었다. 위패에 쓰인 사망 연월일은 1935년부터 1945년까지 10년간이 대부분이었다. 1931년에 시작해 15년간 계속된 아시아·태평양 전쟁 속 망자들의 위패인 것이다.

전망대 콘크리트 위령비에 적혀 있던 '순직자'라는 글자가 뇌리를 스친다. 그러고 보니 이 절은 댐에서 가장 가까운 절이다. 방금 전에 본 댐이 전쟁 때 건설되었다면 이 위패는 댐 공사 희생자의 것이 아닐까.

* 일본에서는 법명에 석가모니의 '석'釋을 앞에 붙인다.

7. 매·화장 인허증을 조사하다

소라치 민중사를 이야기하는 모임이 처음 시작한 일은 슈마리 나이 우류댐 공사 희생자를 조사하는 일이었다. 다나카 후미코 씨의 안내로 광현사에서 본 위패는 우리를 강렬하게 잡아당기 고 놓아주지 않았다. 광현사를 나와 위패에 적힌 이름과 사망 연월일을 옮겨 적는 것으로 조사를 시작했다. 채만진 씨에게 물 어보자 다카도마리 제국사백금광산에 있을 즈음, 슈마리나이에 가본 적이 있다고 했다. 거기에서 조선인 여러 명이 희생된 것 이다.

전시에 우류댐 공사를 실시했던 자본은 미쓰이三井 휘하의 제지 회사 왕자제지였다. 전망대 '위령비'에 적혀 있던 우류전 력주식회사라는 회사는 왕자제지가 우류댐 건설을 위해 100퍼 센트 출자해 만든 자회사였다. 공사를 하청받은 토건업자는 도 비시마구미(현재 도비시마건설)였다. 도비시마는 메이지 시대에 후쿠이현에서 토건 사업으로 성장했다. 쇼와 시대에는 '수력水力 의 도비시마'라고 불릴 만큼 공들여 우류댐 공사를 수주한 것이 었다.

댐 공사가 착공된 것은 중일전쟁이 시작된 이듬해인 1938년 이고 완성된 것은 1943년이다. 6년간에 걸친 전시의 대규모 토 목공사였다. 그러나 그 이상의 정보는 들어오지 않았다. 도비시 마 지사가 삿포로 시내에 있다고 해 자료 조사를 위해 방문했지

만 우리를 만난 직원은 귀에 말뚝을 박은 것 같은 자세로 자료
는 아무것도 없다고 말하면서 무뚝뚝한 표정으로 사사社史를 복
사하는 것조차 거부했다.

『호로카나이정사』에 댐 공사에 대한 기록이 조금 있었다. 공
사 기간 희생자는 175명으로 기록되어 있었다. 그러나 175명
에 대한 자료는 발견되지 않았다. 근거가 틀림없이 있을 텐데
『정사』 편집에 관여한 사람들은 남아 있지 않았고 175명의 이
름도 알 수 없었다.

호수 전망대의 거대한 '위령탑', 광현사 본당에서 발견한 80
개 남짓한 위패, 『호로카나이정사』에 나온 공사 희생자 수 175
명. 희생자의 이름과 노동 실태는 전혀 모습을 보이지 않았다.
희생된 날로부터 30여 년의 세월이 지났다.

『정사』에 따르면 우류댐은 1943년 완성될 때까지 약 8000
만 엔의 비용이 들었다. 완성 당시는 전시라서 국가가 전력을
통제해 일본발송전이라는 국책회사에 일원화되어 있었다. 왕자
제지는 완성한 댐을 일본발송전에 매각했다.

그 후 전후 재벌 해체로 자본이 분할되면서 생긴 홋카이도전
력의 소유가 되었다. 현재는 댐과 발전소 모두 홋카이도전력 나
요로 전력사무소의 관리하에 있다. 희생자에 대한 자료를 조사
하기 위해 홋카이도전력에도 방문했지만 남아 있는 것은 없다
는 말만 들었다. 기업 웹사이트에서도 자료를 찾을 수 없었다.
절에 남겨진 위패만 바라볼 뿐 희생자를 조사하는 일은 요원해

보였다.

기타미의 고이케 요시타카에게 전화를 걸었다.

"희생자 자료가 나오지 않습니다. 홋카이도전력에서도 희생자 자료는 없다고 합니다. 이런 상태로는 조사가 어려울지도 모르겠어요."

풀죽은 내 목소리에 고이케 씨가 조언해 주었다.

"시정촌에 '매·화장 인허증'이라는 것이 남아 있는 경우가 있습니다. 사망한 사람의 매장과 화장에 관해 행정기관이 허가한 기록이죠. 그것이 남아 있다면 희생자에 관한 중요한 기록이 될 테니 조사해 보면 어떻겠습니까."

한 줄기 서광이 보였다. 10월 5일, 나, 미야카와, 그리고 후카가와의 호시노가 호로카나이를 방문했다. 주민계장에게 '우류댐 공사에서 희생된 사람들을 조사하고 싶다. 보관하고 있는 호로카나이의 과거 매·화장 인허증을 보여 달라.'고 요청했다.

조금 기다려 달라고 하더니 계장이 가져온 것은 한 사람이 들기에는 무거울 정도의, 전쟁 전 매·화장 인허증 다발이었다. 등사지를 겹쳐 기입하고 교부한 뒤에 그 아래 종이를 남겨 둔 것이다. 표지에는 검은 글씨로 '매·화장 인허증 호로카나이정'이라고 되어 있고 연도별로 묶여 있었다. 과거 호로카나이 사망자 기록을 남겨 놓은 종이 묶음은 조금 색이 바래 과거의 냄새와 먼지를 묻힌 채 등장했다.

쇼와 초기 기록부터 조사해 보니 철도 공사, 댐 공사 희생자

로 보이는 기록이 발견되었다. 사망자 직업란에는 '토공부'土工夫
라고 써있었다. 사망 장소는 '우류선 철도 공사 제2 공구', '슈
마리나이 전력 공사 제3 공구' 등이었다. 일본인 이름이 많았지
만 1937년부터는 조선인 이름이 나왔다. 호로카나이의 협조로,
희생자로 생각되는 사람의 기록을 매·화장 인허증에서 찾아 복
사할 수 있었다.

1932년 10월, 후카가와에서 연장한 호로카나이선 철도 공
사는 슈마리나이까지 78.8킬로미터가 완성되면서 종결되었다.
이어서 슈마리나이부터 우류댐 건설 예정지를 우회해 나요로까
지 연결하는 건설 공사가 메이우선名雨線(이후 신메선) 철도 공사
라는 명칭으로 착공되었다. 이 공사도 도비시마가 하청을 받았
다. 완성된 것은 1939년이었다.

1938년에 착공한 우류댐과 메이우선 철도 공사는 공기가 겹
쳐 있었으며 공사 현장도 가깝고 하청 회사도 도비시마였다. 양
쪽 모두에서 희생자는 있었고 위패는 광현사에 봉안했다.

매·화장 인허증에서 발견된 사망자의 출신지는 전국에 걸쳐
있었다. 구마모토, 이시카와현, 교토, 요코하마, 군마현, 이바라
키현……. 다코 노동자를 현지나 홋카이도가 아니고 전국 각지
에서 모았다는 사실을 알 수 있다.

다코 노동자를 모집하는 것은 알선소의 일이다. 도내에 그전
부터 있던 큰 알선소는 혼슈의 도시에도 알선소가 있었다. 실업
자와 고학생 등에게 '좋은 일자리가 있다.'며 달콤한 말로 속여

홋카이도에 데려왔다. 알선소는 그들로 하여금 요릿집이나 사창가에서 돈을 쓰게 해 불법 사채를 덮어씌우고 다코베야에 팔았다.

홋카이도에서 겨울에는 일할 수 없으니 다코베야 두목은 '반년짜리'라고 말하며 여름에만 다코 노동자를 샀다. 다코 노동자는 빚을 지고 일하기 때문에 숙소에 감금된 채 노동했다. 다코베야 두목은 여름 동안 반드시 돈을 벌어야 했기 때문에 다코 노동자를 혹사했다.

홋카이도 탄광과 토목공사, 철도 공사 등의 현장은 마을과 떨어져 있었고 다코베야도 산속 등에 지어져 사람들의 눈에 띌 확률이 희박했다. 두목과 반장, 그리고 두목이 부리는 감시원 등이 다코베야를 감독했다. 감시원은 1.8미터 길이의 각목으로 다코 노동자를 때리며 사역했다. 구타도 끊이질 않았다. 시대에 따라서는 다코 노동자를 방에 가두고 도망가지 못하게 하려고 밖에서 자물쇠를 걸었다.

다코베야라고 부르는 이유는 노동자가, 다코(문어) 항아리에 들어간 문어가 자기 힘으로 밖으로 나가지 못하는 모습과 비슷하기도 하고, 갇힌 문어가 자신의 다리를 먹는 것이 [혹사당하는 노동자의 처지와] 비슷하기 때문이라고도 한다. 다코베야에서 희생자가 발생한 것은 구타 때문이기도 했지만 가장 큰 원인은 중노동 때문이었다.

아침에 선 채로 급하게 밥을 먹고 줄줄이 엮어 정렬한 뒤 현장에 끌고 갔다. 도구는 대체로 삽 한 자루였다. 저녁 늦게까지 10시간 이상 노동이 이어졌다. 하급 계급인 하반대 노동자는 도망을 못 가게 한다는 이유로 충분한 식량을 배급받지 못하는 경우가 많았다. 빨간 광목천 속옷(훈도시褌) 하나만 입고 일을 시킨 것도 도망가지 못하게 하기 위해서였다.

지역 주민들은 다코 노동자를 볼 일이 있어도 멀리 떨어져 두려워하거나 차별 어린 시선으로 바라볼 뿐이었다. '열심히 공부하지 않으면 다코 노동자가 된다.'며 어른들이 아이들을 위협하기도 했다. 그러나 정작 많은 다코 노동자가 속아서 끌려온 사람들이었다.

다코 노동자는 종종 노동을 견디지 못하고 도망쳤다. 그러면 총과 각목을 든 감시원이 말을 타고 다니며 수색했다. 들켜서 숙소에 끌려가면 무시무시한 구타가 그를 기다리고 있었다. 경찰도 종종 두목 편에 서서, 빚에 쪼들려 도망친 다코 노동자를 잡는 데 협력했다.

도망친 다코 노동자는 농가에 숨어들었다. 주민들은 다코 노동자를 불쌍하게 여겨 숨기고 먹을 것을 주었는데, 그 덕에 무사히 도망친 경우가 많았다. 그렇다 해도 다코베야 간부에게 들키면 무슨 일을 당할지 모를 일이었다. 양쪽 다 필사적으로 도망쳤고, 필사적으로 숨겼다. 잡힐 것을 두려워한 다코 노동자는 상당수가 산속으로 도망치고는 했는데, 길을 헤매다 결국 다시 내려온 경우도 있고 불곰을 만난 사람도 있었을 것이다.

메이지 시대 중기에 시작되었다는 다코베야에는 다코 노동자를 매매하는 전문 알선인도 있었다. 그들은 서로 두목(오야붕 親分), 부하(코붕子分)라고 부르며 의리를 다졌다. 솜씨 좋은 다코 노동자는 노동량이 초짜의 세 배였고 토목 기술도 익혔기 때문에 두목이 중요하게 여겼다.

그러나 계약 기간을 채우지 못하고 도망치는 노동자도 있었다. 잡히지 않고 도망친 노동자는 알선소에 숨어들었다. 알선소는 도망쳐 온 노동자를 숨겨 주거나 유흥가에서 놀게 해주고 다른 다코베야에 팔기도 했다. 팔려 간 노동자가 한 달 안에 그전 알선소로 도망쳐 오면 '금시계를 주웠다.'라고 표현하기도 했다. 그러나 그런 프로 다코 노동자는 아주 일부였다. 많은 이들이 속아서 끌려온 초짜였으며 그들 사이에서 희생자가 나왔다.

초짜 다코 노동자는 '도쿄 공원', '오사카 공원' 등 끌려온 장소로 이름이 불렸다. 사망한 많은 다코 노동자들이 매장당했다. 이들이 사망하면 인도자, 즉 유족이 나타나지 않는 한 화장하지 않는 것이 원칙이었다. 많은 다코 노동자는 저마다 사정이 있었으며 그중에는 신분을 숨기고 들어온 경우도 많았기에 사망해도 유족이 인도하러 오는 것 자체가 불가능했다. 많은 다코 노동자의 시신이 묘지의 땅속에 묻혔다.

메이우선 공사, 우류댐 공사 희생자들이 매장된 장소는 대부분 슈마리나이 공동묘지였고, 그간 몇 명의 유족이 찾아와 개장해 유골을 고향에 모셔 갔을 것이다. 그러나 많은 사람이 고향에서 멀리 떨어진 땅에 매장된 채 세월이 흘러간 것은 아닐까.

노동인구가 부족한 식민지 홋카이도를 개척하기 위해 메이지 시대 중기 이후에는 수형자 노동을 활용했는데, 그것을 이어받은 하층 노동자들이 다코 노동자들이다. 이들은 아시아·태평양전쟁이 끝날 때까지 존재했으며, 도내 토건업자는 이들의 노동으로 부를 축적했다.

우류댐 공사 계획은 다이쇼 시대부터 시작되었다. 도쿄 대학 토목학부를 졸업한 미조구치 기요오라는 청년 기사가 홋카이도를 답사해 댐 공사에 적합한 부지를 조사했고, 그 과정에서 우류강 상류 슈마리나이 삼각지를 발견했다. 부도카마베쓰강 등 세 개 강이 합류하는 교차점에 댐을 건설하면 거대한 저수지가 생긴다. 지형이 댐 건설에 딱 맞았다.

그 물을 데시오강에 방류해 150미터의 낙차를 이용해 발전시키자는 것이 미조구치의 계획이었다. 그가 댐 계획을 미쓰이의 후지와라 긴지로에게 가져갔을까. 후지와라가 들었을까. 당시 왕자제지 사장이었던 후지와라는 이 계획으로 슈마리나이의 나무와 전기를 모두 손에 넣었다.

8. 메이우선 철도 공사, 우류댐 공사

댐 공사의 사전 작업에 해당하는 수량水量 조사는 다이쇼 시대 말기부터 은밀히 시작되었다. 1926년에 정부가 우류강의 수리 시설권 불하를 위해 기업들의 신청을 받았다. 1929년에 왕자제지가 100퍼센트를 출자해 댐 공사 목적의 자회사인 우류전력주식회사를 설립했다.

슈마리나이 일대는 홋카이도 대학 농학부의 연습림이다. 댐 공사를 하려면 연습림을 불하받아야 했다. 1927년에는 사토 쇼스케 홋카이도 대학 총장으로부터 당시 관할청인 문부성의 대신에게 토지를 매각하는 신청서가 제출되었다. 미쓰이의 후지와라 긴지로가 기민하게 일처리를 한 덕에 이후 과정도 신속하게 진행되었다.

후지와라와 사토는 절친한 사이였다. 우류전력은 1928년부터 1941년까지 총 여섯 차례에 걸쳐 홋카이도 대학으로부터 약 60.5제곱킬로미터의 산림을 구입했다. 슈마리나이산에는 사람이 들어가 본 적도 없는 광활한 활엽수림과 침엽수림이 펼쳐져 있다. 펄프 원료를 찾던 왕자제지는 댐보다는 막대한 목재에 매력을 느꼈을 것이다. 벌목은 가미카와임업이 하청받아 1938년에 시작했다.

한 번도 도끼를 댄 적 없는 산림이라 큰 나무 천지였고 그중에는 직경 2미터짜리 나무를 온종일 벌목한 적도 있었다. 나도 일한 적 있는 이곳은 가미카와 원시림에서도 볼 수 없을 만큼 규모가 엄청 났고 산을 바라보는 것 자체가 일생의 행운처럼 느껴졌다.

_산림 벌목 관계자의 증언.

그 정도로 엄청난 산림이었다. 후카가와를 기점으로 슈마리 나이로 연장해 1932년에 개통한 철도는, 후지와라의 정치력이 발휘된 데다가, 삼림 벌목에 활용하기 위해 서둘렀다고 말해도 좋겠다. 산림 벌목은 홋카이도의 겨울에 진행되었다.

그즈음 농가에는 반드시 농사용 말이 한 마리 이상 있었다. 지금의 트럭 같은 존재였다. 말의 장점은 강력한 힘이다. 봄부터 여름까지 농가에서는 논 갈기부터 써레질 등에 이용했고, 겨울에는 수레를 연결해 산에서 목재를 운반했다.

그 일을 말몰이꾼, 마부 등이 했다. 힘세고 좋은 말이 있고, 능숙하게 말을 부리고, 월등히 많은 작업량을 해내는 솜씨까지 갖추면 일류 마부였다. 벌목한 통나무를 수레에 실어 도로가 없는 산속에서 끌어내는 일은 매우 위험했다. 말을 몰아 능숙하게 산을 내려오려면 숙련된 기술과 배짱이 필요했다. 어디어디의 누구는 홋카이도 겨울 산에서 이름을 날린 유명한 마부라고 말하기도 했다.

겨울이면 눈 때문에 길이 없어지지만 바닥이 눈 평원이 되면 어디든지 길이 된다. 벌목하기로 결정하면 산에서 마을까지 눈 위에 길이 만들어진다. 논도 밭도 갈대밭 평야도 전부 도로가 된다. 강에는 얼음 다리가 걸쳐진다. 얼어붙은 강에 눈을 넣고 버드나무 가지를 엮어 놓은 뒤 그 위에 다시 눈을 넣고 물을 뿌린다. 이를 반복하면 얼음이 두꺼워지는데, 두께가 1미터가 넘으면 말이 꽤 무거운 화물을 실은 수레를 끌고 자유자재로 왕래할 수 있다.

필요에 따라 마음에 드는 곳에 다리가 만들어진다. 얼음으로 만든 다리라서 빙교氷橋라고 불렀다. 주로 배가 건너는 장소에 만들어졌지만 안전을 위해 널빤지를 깔거나 밧줄을 쳤다. 말이 지나다니는 길에는 말똥이 깔려 있어 하얀 눈길이 누런 똥색으로 보였다. 눌린 눈 위로 누런 말똥 길이 산에서 길게 이어진 광경은 봄이 가까워졌다는 것을 의미한다.

슈마리나이에도 도내의 유명한 마부가 모여들었다. 밥집이 생기고 밥 짓는 사람이 고용되고 벌목이 시작되었다. 눈 위에서 화물을 싣고 옮기는 수레를 '바치'라고 불렀다. 바치를 목재 앞과 뒤에 걸어 '바치바치'라는 말수레에 싣고 목재를 운반하기 시작했다.

나무를 베는 일은 벌목공이 한다. 벌목공도 솜씨에 따라 보수가 다르다. 슈마리나이 벌목공은 아키타에서 오기도 했다. 슈마리나이에 많을 때는 1000명 이상의 노동자가 일했다.

산에서 벌목한 목재는 계류장에 모아 놓고 슈마리나이역에서 화물열차에 실어 도마코마이苫小牧 왕자제지까지 직송했다. 벌목한 목재는 5년간 150만 석에 달했다. 앞서 이야기했듯이 슈마리나이의 겨울은 무시무시한 추위와 엄청난 적설량을 자랑한다. 둘 다 홋카이도에서 최고 수준이다. 1월부터 2월까지 영하 30도를 밑돌고, 눈은 3미터 가깝게 쌓일 때도 있다.

나무 그루터기는 벌목공이 나무를 베어 낸 흔적이다. 아까운 벌목 방법이다. 좀 더 아래쪽을 베어 내는 것이 좋지만 눈이 3미터 이상 내리는 겨울에 슈마리나이에서는 일부러 눈을 치워 가면서까지 베어 낼 여유도 없었겠지만 그럴 필요도 없었을 것이다. 한겨울 숲에는 혹독한 자연뿐만 아니라 풍요로운 자연도 있다. 두 사람이 양팔을 벌려도 껴안을 수 없을 만큼 큰 나무가 널렸던 것이다.

댐이 만들어진 뒤 우류강 주변의 지형이 달라지자 노선 부설 계획을 변경해 급하게 철도 공사가 재개되었다. 1935년에 시작된 슈마리나이부터 나요로까지의 철도 부설 공사는 1939년에 완성되지만 많은 다코 노동자들의 희생이 따랐다.

최초 철도 공사 희생자로 확인된 것은 1936년에 사망한 다카노 헤이고로(가명)였다. 사망 장소는 '메이우선 공사 제2 공구 철도 공사 슈마리나이 기점 7800미터'라고 기록되어 있다. 병명은 '화농성 봉와직염 + 심장마비'라고 되어 있다. 상처가 난 곳에 포도상구균이 침투해 증식하는 급성 감염병이다.

항생제도 없던 당시에 상처를 그대로 방치해 고름이 생겼을 것이다. 그 결과 심장마비를 최후의 사망 원인으로 써넣었던 것일까. 30세에 사망한 다카노의 죽음이 그 뒤 철도 공사와 댐 공사의 희생을 예감하게 한다.

철도 공사에서 희생된 최초의 조선인은 이○○, 본적은 적혀 있지 않았다. 1937년 4월 1일 사망, 39세. 사망 장소가 슈마리나이 철도광업주식회사 집결소 내라고 되어 있다. 사인은 변사, 질식사. 직업은 토공부. 공식적으로 슈마리나이 철도광업주식회사라는 이름은 존재하지 않는다.

신고인은 미쓰하시 다메노스케라고 되어 있다. 미쓰하시는 벌목에 관여했을 가능성이 있다. 당시는 철도 선로 공사를 위해 벌목 공사를 벌이던 시기였다. 이○○는 철도 공사보다 벌목 일을 했을지도 모른다. (일본인은 학대받아 죽는 일이 거의 없었기 때문에) 사인이 변사이며 질식사라는 것은 조선인 희생자라는 것을 의미한다.

1935년부터 1937년까지 희생자가 속출했다. 전부 철도 공사 희생자로 36명에 달한다. 한 달에 세 명씩 죽어 나갔다. 사인에는 '각기충심'이 많았다. 영양실조로 각기병에 걸리고 심근 장애를 일으켜 심부전에 이른 것이다.

의사에게 물어보니 옛날에는 원인 불명 사망의 경우 대체로 각기충심이라 썼다고 한다. 많은 희생자의 사망 원인이 병이라기보다 영양실조를 동반한 원인 불명의 사망이었다는 말이다.

1938년 6월, 우류댐 공사 기공식이 열렸다. 그 전후로 벌목이 완료되었다. 10월 14일, 댐 공사의 최초 희생자로 보이는 일본인 사망자 두 사람이 나왔다. 이즈미 미키(가명) 19세, 아라야마 우시키치(가명) 37세. 두 사람은 같은 날, 같은 시각인 오후 2시에 사망했다. 사인도 두개골 골절로 동일했다. 함께 슈마리나이 공동묘지에 매장되었다.

이즈미는 지바현 출신이었고, 아라야마는 후쿠시마현 출신이었다. 두 사람은 왜 같은 날 같은 사인으로 죽었을까. 이 두 사람의 유골은 사망한 지 60년이 지난 1997년 8월 한국과 일본의 젊은이들에 의해 발굴되었다(이 이야기는 뒤[4장]에 다시 쓰도록 하겠다).

9. 공동묘지 저편의 조릿대 풀숲에

매·화장 인허증에서 발견된 우류댐 공사와 메이우선 철도 공사의 희생자 수는 110명이고 그 가운데 조선인 희생자는 15명이었다. 매·화장 인허증에는 매장인지 화장인지를 구별해 기록되어 있었다. 대부분의 시신은 매장되었다.

분명 어딘가에 매장지가 있을 것이다. 광현사 신도회장 야마구치 히사이쓰와 다카야마 아사지로에게 물으니, 시신이 매장된 곳이 있으며, 그곳으로 안내하겠다고 했다. 시신 매장지를 안내받은 것은 1976년 10월 하순 첫눈이 내릴 즈음이었다.

슈마리나이 시내를 통과해 댐으로 향하는 언덕길을 오르면 구시가지다. 그 언덕길 중간에서 왼쪽으로 접어들면 산속으로 낙엽송에 둘러싸인 조그만 오솔길이 이어져 있다. 조금 어두운 오솔길을 올라가자 탁 트인 장소가 나왔다. 그곳은 예전부터 묘지로 사용되었고 지금도 슈마리나이 주민이 사용하는 슈마리나이 공동묘지다.

석물과 비석이 많았다. 야마구치 씨와 다카야마 씨는 비석 사이를 지나 묘지 뒤편 조릿대 덤불 앞까지 우리를 안내했다. 큰 자작나무와 미루나무가 무성하고 조릿대가 나무를 둘러싸고 있었다. 다카야마 씨는 주저하지 않고 조릿대를 헤쳐 가며 안으로 들어갔다. 나도 들어갔다. 찬찬히 보니 발밑에 움푹 주저앉은 곳이 있다.

그곳에 발을 들여놓을 때 옆에 있던 다카야마 씨가 "거기에 시신이 묻혀 있겠군."이라고 말했다. 나는 얼른 발을 빼냈다. "음, 여기다. 여기가 틀림없어."라며 다카야마 씨가 구덩이 앞에 쭈그려 앉았다. 구덩이는 한두 개가 아니었고 여기저기에 있었다. 그러나 그곳은 묘지가 아니다. 조릿대 덤불 속이다. 나중에 조사하며 알게 됐지만, 그 주변 토지는 비후카 사람이 소유한 사유지였다.

묘지도 아닌, 조릿대 덤불이 자란 땅 아래에 시신이 잠들어 있는 듯했다. 다카야마 씨의 증언이 신빙성을 더했다. 다카야마 씨는 전쟁 중 댐 공사에 관여했고 우류전력 고용인으로 일했던 사람으로, 당시의 일을 선명히 기억하고 있었다. 희생된 시신은 관에 넣거나 거적에 싸서 우선 광현사에 옮겼다고 한다. 본당에 옮겨진 시신은 광현사 주지가 추도 독경을 한 뒤에 묘지로 운반되었다.

지하에 묻힌 시신은 이미 썩어 없어지고 관도 썩어 뼈만 남아 있다. 그렇게 되면 매장한 표토와 유골 사이에 공간이 생긴다. 지표면에서 얕은 곳에 매장되었기 때문이기도 하다. 매장 당시 묘지의 범위가 명확하게 구획되어 있지 않았기 때문에 주변 일대를 묘지로 쓰지 않았을까. 전후 구획 정리와 함께 슈마리나이 공동묘지의 범위가 확정되었다. 그 결과 희생자가 매장된 곳이 묘지 용지 외의 구역이 되었다. 그래서 결국 사유지에 시신이 묻혀 있는 것이다.

"조선인들은 '아이고, 아이고.'라고 했었지."

다카야마 씨는 조선인 노동자의 일도 선명하게 기억하고 있었다. 희생자가 잠든 조릿대 덤불로 안내를 받고 난 며칠 후 슈마리나이에 첫눈이 내렸다. 홋카이도는 눈으로 덮여 유골이 묻혀 있는 조릿대 풀숲도 눈 밑에 깔리고 이듬해 봄까지 깊은 잠에 빠져들었다.

희생자의 이름과 출신지가 기록된 매・화장 인허증의 복사본 110장을 확보했지만, 소라치 민중사강좌 회원들은 시신이 잠들어 있을 것으로 추정되는 공동묘지 조릿대 풀숲이 뇌리에서 떠나지 않았다.

전쟁과 조선 식민지 지배가 초래한 강제 연행과 강제 노동의 결과 희생자의 유골이 슈마리나이 조릿대 풀숲 땅속 깊은 곳에 잠들어 있다. 그 일을 지역 개척자들은 알고 있지만 그 기억이 공유되기까지 전후 30년이라는 세월이 흘렀다.

그러나 기억은 전달되고 희생 사실이 현대사에 모습을 드러 내려 하고 있다. 언젠가는 누군가가 이 사실을 밝혀 줄 것을 희 생자들은 기다리고 있었을까. 그들의 유해는 그냥 거기에 존재 해 왔던 것이다.

우리와 슈마리나이의 인연은 우연히 드라이브 삼아 호수에 들른 데서 시작되었다.

슈마리나이 주민이 우리에게 희생 사실을 알려 주려고 광현 사로, 공동묘지 뒤편 조릿대 풀숲으로 이끌었다. 그 또한 우연 한 업보다. 이것은 불교에서 말하는 억겁의 인연이다. 단순한 우연히 아니라 그곳에 당도한 우리에게 업보를 일깨운 것이다.

모든 과거가 반드시 업보의 자각으로 인도되지는 않을 것이 다. 어둠 속에 묻힌 채 흙으로 변해 버린 사람이 압도적으로 많 을지도 모르겠다. 그러나 슈마리나이의 희생은 과거를 기억하 는 지역 사람과 우리의 만남을 통해 드러나려 하고 있다. 숨겨 진 과거와 마주한 우리는 조릿대 풀숲에 섰을 때 망자의 부름이 있었다고 생각할 수밖에 없었다.

그러나 유골이 세상 밖으로 나오기까지는 여전히 긴 시간이 필요했다.

10. 개척자들과 광현사

광현사 신도로서 슈마리나이에서 생활해 왔던 사람들은 대부분 기후현으로부터 집단 이주한 사람들이다. 왕실 소유지였던 슈마리나이 토지가 민간에 불하되어 1913년부터 이듬해까지 다나카 씨, 야마다 씨 등 개척 농가 다섯 가구가 슈마리나이에 들어왔다.

극한의 산속에 들어온 사람들의 고생은 말할 나위가 없었다. 감자·조·옥수수·유채·박하 등 여러 작물을 시험 재배하면서 부업으로 사금을 채취했다. 1928년 부도카마베쓰강 연안에 우류전력주식회사 사무소가 생겼지만 개척자들에게는 아무런 보고도 없었고, 생활의 변화도 없었다.

벌목으로 슈마리나이가 번성하기 시작했지만 마을 사람들은 댐 건설에 대해 들은 바가 없었다. 사람들은 1937년 3월 『홋카이도 타임스』가 '우류댐 착공'을 보도한 기사를 보고 깜짝 놀랐다. 개척자들과는 연관이 없는 철도 공사 및 댐 건설 관계자가 슈마리나이에 넘쳐 났다.

1916년 이주해 온 가구가 22호였지만 1936년에는 200호를 넘었고 댐이 완성되는 1943년에는 450호를 넘었다. 호로카나이정은 밤에 호롱불을 켜고 생활했는데 슈마리나이에서는 전등을 썼다. 우류전력과 도비시마, 하청업자의 건물이 늘어서고 여관·음식점 등이 줄지어 생겨나 불야성을 이루었다.

광현사 낙성식(1934년)
ⓒ 동아시아 시민네트워크

기후현에서 이주한 사람들은 대부분 정토진종 신도였다. 그들은 철도나 댐 공사와는 관련이 없었고 슈마리나이의 번성을 옆에서 보며 정성껏 밭을 일궜지만 번번이 흉작이었다. 3년에 한 번꼴로 냉해를 입었다. 1931년과 1932년에는 2년 연속 흉작으로 수확량이 전무했다. 그래서 댐 공사에 취직하는 사람들이 생겨났다. 다카야마 씨도 그랬다.

심각한 흉작이 계속되었지만 1931년 아사히카와시旭川市 가무이정神居町 문광사의 주지 다니모토 보쿠호가 포교하러 와서 포교소를 만들었다(1958년 발행된 『호로카나이정사』에는 1933년 건립했다고 적혀 있다). 조촐한 건물 한 채는 진종대곡파 미쓰마타三股 설교소라는 이름이 붙어 있었다. 이것이 나중의 광현사이다. 건립 장소가 우연히 댐 공사 현장 근처였기 때문에 희생된 시신을 이곳에 안치한 것이다.

1934년에 본당 낙성식이 있었다. 이해에도 냉해로 먹을 것이 없는 지경이었지만 야마구치 씨 일행들의 신앙심으로 겨우 본당 건립이 완성되었다.

댐 공사가 진행되면서 연이어 시신들이 미쓰마타 설교소에 안치되었다. 광현사에 남겨진 순직자 과거장과 매·화장 인허증을 조사해 1937년부터 1943년까지 7년간 100구 이상의 시신이 광현사에 안치되었다는 사실을 알 수 있었다. 댐 공사 전성기인 1939년에는 27명, 1940년에는 28명의 시신이 안치되었다. 모두 다코 노동자와 조선인 노동자의 시신이었다.

그때마다 작은 위패가 만들어졌고 주지가 법명을 붙여 위패에 기록했다. 위패를 만든 것은 작업반의 주택과 사무소, 식당 건설에 관여했던 목수들이다. 목수는 건물을 지었지만 망자를 위한 관과 위패도 많이 만들어야 했다.

시체는 천에 둘둘 말리거나 관에 넣어져 본당 불단 아래 다다미에 놓였다. 주지가 추도 독경을 짧게 읊은 뒤 작업반 간부의 명령을 받은 반원이 시체를 공동묘지로 가져갔다. 매일 시체를 운반하느라 신축 건물인 본당의 깨끗한 새 다다미가 얼룩지고 다다미에 구멍이 나자 신도들이 항의했다.

"생긴 지 얼마 안 된 우리 절이 다코 노동자들과 조선인들의 장례식장이 되었다. 참을 수 없다. 다른 곳에서 해주길 바란다."

필사의 노력으로 건립한 절이 자신들을 위하지 않고 다른 곳에서 온 이들의 시체로 더럽혀진다는 불만의 목소리가 커져 갔다. 그러나 광현사 다니모토 주지가 화난 얼굴로 반론했다.

"다코 노동자도 조선인도 죽으면 모두 부처가 된다. 누가 뭐라든 장례 의식을 치를 것이다. 절대 차별하지 않겠다."

언젠가 주지의 남동생 야스시가 절에 있을 때 다코 노동자가 도망쳐 절로 숨어들었다. 야스시는 다코 노동자를 숨겨 주었지만 작업반 간부에게 발각되고 말았다. 야스시는 간부에게 맞아 크게 다쳤고 결국 사망했다.

이 사실은 전후에도 오랫동안 알려지지 않았지만 다니모토 주지의 장남으로 문광사의 후계자였던 사토 류겐 씨가, 민중사

운동의 일환으로 광현사에 모여 워크숍을 하는 젊은이들에게
들려주었다. 다니모토 주지도, 동생 야스시도 염불을 하는 정토
진종 승려로서 생명 평등을 설법하고 실천하는 양심을 가진 훌
륭한 사람들이었다.

3장.

유족을 찾아서

1. 일본인 유족을 찾아서

우리는 매·화장 인허증 복사본 110장을 앞에 두고 가혹한 노동과 희생을 상상하면서 앞으로 무엇을 할 수 있을지 이야기했다. 희생자 대부분이 슈마리나이 공동묘지에 매장되어 있다. 대부분이 젊은이다. 15세를 시작으로 21세에서 40세까지가 80퍼센트이다. 모두 남성이다. 철도 공사에서 41명, 댐 공사에서 66명. 그 시점에 일본인 95명, 조선인 15명의 희생자가 판명되었다. 사람마다 사인, 병명과 함께 본적이 적혀 있다. 희생자들의 출신지는 전국에 걸쳐 있으며 홋카이도는 2퍼센트를 넘지 않는다. 본적은 혼슈의 여러 현에 걸쳐 있다.

이 사람들에게는 유족이 있을 것이다. 고향에는 사망 소식이 전해졌을까. 유족은 지금도 이들이 돌아오기를 기다리고 있을까. 매·화장 인허증에 적힌 희생자의 본적에 문의하면 소식을 들을 수 있을지도 모른다. 일본인 희생자들을 조사할 방법이 있을 듯도 했다. 어쩌면 희생자의 본적 행정기관에 조사를 의뢰할 수도 있을 것이다.

희생자의 유족을 조사하기 위해 조사표를 작성하기로 했다. 조사표에는 희생자의 이름과 본적, 사망 장소, 사망 연월일을 기재하고, 희생자 본적에 본인 이름이 있는지, 있다면 사망으로 기록되어 있는지, 그리고 유족이 있다면 소개해 달라는 부탁을 적었다. 일본인 95명의 본적으로 기재된 해당 시정촌에 조사표를 보냈다.

조사표가 발송된 지 얼마 되지 않아 희생자 본적 시정촌에서 연이어 답장이 왔다. 답장을 보내 준 시정촌은 80여 개소에 이르렀다. 전쟁 전 호적 기록을 조사하려면 많은 시간과 노력이 필요했을 텐데 대부분의 호적 담당자들이 성실하게 답장을 보내 주었다.

요코하마에서 온 답장에는 "이 조사표는 〈호적법〉 제10~12조의 규정에 따라 교부되지 않는 경우도 있습니다. 또한 수수료가 드니 소정의 수수료 및 반송료를 동봉해 답변을 청구하는 것이 좋습니다."라는 조언도 적혀 있었다. 그러나 요코하마시도 "해당자를 찾을 수 없음"이라고 답장 한쪽에 적어 보내 주었다. 답장 비용을 동봉하지 않았음에도 대부분의 지자체가 희생자 유족을 조사하는 일에 무상으로 협력해 주었다.

문의한 시정촌에 해당하는 본인의 호적 또는 재적在籍 등 일체 기록이 없다는 답신을 보내온 곳이 26개소에 이르렀다. 희생자의 3분의 1이 주소 불명이었던 것이다. 다코 노동의 실태가 그대로 드러나는 상황이었다. 물론 본인이 거짓 주소를 제출했을 수도 있고, 고용한 두목이 주소를 대충 기입했을 수도 있다. 어쨌든 세 명 중 한 명은 주소 불명이었다. 본적과 소재를 감추고 들어오는 곳이 다코베야였기 때문이다.

그렇지만 희생자 45명의 본적이 판명되었다. 그 가운데 유족의 존재를 알려 준 답장이 38통이었다. 우리는 확인된 유족

에게 편지를 썼다. 희생자의 기록을 알리고 "철도 공사와 댐 공
사로 귀하의 친족이 홋카이도 슈마리나이에서 사망했습니다.
귀하는 사망자의 유골을 인도하러 오시겠습니까. 유골이 지금
도 공동묘지에 매장되어 있다면 우리가 유골을 개장할 때 유골
을 인도할 의향은 없으십니까."라는 편지를 보냈다. 몇 명으로
부터 답장이 왔다. 편지를 받은 유족이 꽤 놀란 것이 틀림없었
다. 유족들의 반응은 여러 가지였다.

하네다 미노루(가명)

본적 : 이바라키현 히가시이바라키군

1936년 10월 9일 메이우선 철도 공사 제2 공구에서 사망하여 매장됨.

사인 : 병사(급성복막염), 27세

망자의 형의 셋째 아들로부터 전화가 왔다.

죽은 본인의 여동생이 70세로 건강하게 살아 있습니다. 슈마리나
이에서 사망한 것은 알고 있었지만 당시에는 전보를 받은 것뿐이
어서 유골을 수습하러 가지 못했습니다. 고모님은 몸이 불편해 갈
수 없지만 발굴할 때에는 반드시 연락해 주십시오. 부탁드립니다.

우키시마 지로(가명)

본적 : 아키타현 히라시카군

1936년 9월 20일 메이우선 철도 공사 제2 공구에서 사망하여 매장됨.

사인 : 자살(익사), 18세

도쿄에 사는 친족에게서 전화가 왔다.

아이치현에 여동생이 있습니다. 유골을 인도하고 싶습니다. 발굴 시 꼭 연락 주십시오.

역시나 30년이 지났어도 홋카이도에서 사망한 사람을 찾고 있는 가족이 있었던 것이다. 하지만 이런 답장이 많이 온 것은 아니었다. 많은 유족들에게 연락이 닿지 않은 것일까.

연락되었어도 그 사람이 맞는지 모르겠다는 답장이 대부분이었다. 유족에게 편지를 발송한 지 한 달이 지난 뒤 한 희생자 유족으로부터 편지가 도착했다. 여성이었다.

오쿠다 다이라(가명)

본적 : 효고현 리쓰메군

1937년 9월 20일 메이우선 철도 공사 서구 2공구에서 사망하여 매장됨.

사인 : 병사(각기충심), 36세

저는 고베의 오쿠다 기쿠코(가명)라고 합니다. 제 남편은 오쿠다 세이지(가명)라고 합니다만 귀하로부터 세이지 부친의 사망과 유골에 대한 연락을 받았습니다.

　남편은 부친이 홋카이도에서 죽은 사실은 알고 있었지만 사망 장소가 슈마리나이인지는 몰랐습니다. 귀하의 연락을 받고 나서 처음 알았습니다. 남편이 부친의 사망 장소를 가보려고 합니다. 언제 찾아뵈면 좋을까요.

　희생자가 매장된 장소는 확인되었지만 바로 유골을 발굴하지는 못했다. 여러 가지 준비도 필요했고, 무엇보다 먼저 슈마리나이 마을 주민과도 대화해야 했다. 우리를 광현사로 인도해 공동묘지를 안내해 준 사람은 광현사의 신도 다나카 후미코와 야마구치, 다카야마였다. 오래전부터 슈마리나이에서 살아온 사람들이다. 이들은 유골을 발굴하려는 우리를 이해하고 있었다. 오히려 철도 공사와 댐 공사의 실제를 봐온 본인들이 더 희생자들의 유골을 개장하고 싶어 했다.

　그러나 이런 생각이 광현사 신도 모두에게 공유된 것은 아니었다. 호로카나이정과의 대화도 필요했다. 발굴 예정 장소가 공동묘지 바깥쪽 사유지이므로 소유주는 물론이고, 슈마리나이 주민의 양해도 얻어야 했다. 따라서 발굴이 현실화되려면 상당한 시간이 필요했다.

2. 망자에게 편지를

매·화장 인허증에는 조선인 희생자 15명의 이름이 있었다. 모두가 현재 한국에 속하는 지역의 출신자들이다. 당시는 한국과 일본이 국교를 회복한 지 10여 년이 지났을 때였지만 군사정권인 박정희 정부가 계속 집권하고 있었다. 경제력이 생긴 일본인들이 관광을 목적으로 한국을 방문하는 일이 조금씩 늘고 있었지만 한국에 간다고 하면 아직은 이상한 눈으로 보던 때였다. 하물며 한국인이 일본을 방문하는 일은 없었다.

한국은 군사독재하에서 경제성장을 시작했고, 1973년에는 김대중 납치 사건이 일어났다. 간신히 목숨을 건진 김대중 씨는 자택 연금 중이었다. 그런 한국에 가서 유족을 조사한다는 것은 상상할 수도 없는 일이었고, 한국의 중앙정부와 지방행정기관에 편지를 써 희생자의 유족을 조사해 달라고 의뢰하기도 어려워 보였다. 결국 한국의 유족을 조사하는 일은 난망했다. 방법이 없을까 대화하던 중에 채만진 씨가 말을 꺼냈다.

"한국에 갈 수 없다면 죽은 본인에게 편지를 보내 보면 어떨까요. 매·화장 인허증에 적힌 건 희생자 본인의 이름과 본적뿐이니, 그 주소로 편지를 보내는 방법밖에는 없을 것 같은데요."

"채 선생, 그건 무리예요. 희생된 본인이 죽은 지 40년이 넘었어요. 본인은 슈마리나이에서 죽어 공동묘지 뒤에 묻혀 있고요. 슈마리나이에서 죽은 본인 앞으로 한국에 보낸 편지가 전해

알립니다.

　　이번에 일본북해도에 사는 일본사람들
이 중심으로 소라쩌지방의 민중사를 조
사하는 조직, 《소라쩌노 민슈시오 가
따르까이(空知の民衆史を語る会)》를 통
해서 소라쩌의 민중사, 특히 일본에 끌
려온 조선동포들의 력사를 조사한 결과
〈슈마리나이뗌(朱鞠内ダム)〉공사에서
씨가 희생된것이 확인되였습니다.

　　상세한 내용에 대해서는 하기 조직앞
으로 련락해주기 바랍니다.

　　　　　　　이상 알립니다.

　　※ 련락소
〒074-01　日本国　北海道　深川市多度志町
　　　　　　　　　　市街一乘寺気付
　　　空知の民衆史を語る会　前.

아시는분은

　　　　　　　　　　　　　北海道深川市2条11番7号
이 주소열락 하여주면감사합니다.　蔡　晚　鎭

망자 이름 앞으로 보낸 편지
ⓒ 동아시아 시민네트워크

질 리 없어요. 말이 안 돼요."

이런 부정적 의견도 있었지만 채만진 씨는 편지를 보내자고 말하고는 들은 체도 하지 않았다. 잘되리라고 확신했던 걸까. 생각해 보면 달리 방법이 없었다. 결국 보내 보자는 쪽으로 결정되었다.

유족 앞으로 쓴 편지는 고등학교를 막 졸업한, 채만진 씨의 차남 채홍철 씨가 한글로 작성했다. 한국인 희생자 본인에게 보낼 편지 내용은 다음과 같았다.✤

알립니다. 이번에 일본 홋카이도 주민들을 중심으로, 소라치 지방의 민중사를 조사하는 단체인 '소라치 민중사를 이야기하는 모임'을 통해 소라치 민중사, 특히 일본에 끌려온 조선 동포들의 역사를 조사한 결과 슈마리나이댐 공사에서 '○○○ 씨'가 희생된 것이 확인되었습니다.

상세한 내용은 아래 단체로 연락해 주길 바랍니다.

연락처 : 일본 홋카이도 후카가와시 다도시 일승사 소라치 민중사를 이야기하는 모임 앞

✤ 한글로 적어 보내거나 받은 편지는 지금의 표기법에 맞게 조정했고, 의미를 훼손하지 않는 선에서 일부 내용을 조정했다

그리고 희생자의 매·화장 인허증에서 확인된 정보를 써넣었다. 내용은 다음과 같다.

희생자 : 김○○

호주 : 김○○

본적 : 조선 충청남도 ○○군 ○○면

생년월일 : 1907년 11월 22일

주소 : 호로카나이정 슈마리나이

사망 장소 : 슈마리나이 6406번지

직업 : 토공부

1940년 8월 13일 오전 9시 30분 사망

32세

매장 장소 : 슈마리나이 공동묘지

신고인 : 이○○

사인 : 병사(뇌진탕)

지금은 이렇게 표기하고 있지만 당시 편지에는 일본 연호로 표기했을 뿐 생년월일과 사망 연월일도 서기로 고치지 않았다. 지금 생각해 보면 조금 성의 없는 편지였다. 채만진 씨는 편지 끝에 "아시는 분은 이 주소로 연락해 주시면 감사하겠습니다." 라고 써넣고 자신의 주소를 스탬프로 "홋카이도 후카가와시 2조 11-7번지 채만진"이라고 찍었다.

어떻게든 답장이 오기를 바라는 그의 마음이 나타나 있었다. 혹시 일본인 단체라서 믿지 못한다면, 조선인인 자신에게는 답장을 보내 주지 않을까 생각했을 것이다. 편지의 발신인은 채만진 씨였다. 이렇게 해서 조선인 희생자 15명 가운데 주소가 확인된 14명 앞으로 '망자에게 보내는 편지'가 1977년 2월 18일에 후카가와 우체국에서 발송되었다.

3월 즈음에 한국에서 답장이 도착하기 시작했다. 한국 우체국 소인을 보면 제일 빠른 것은 2월 25일이었다. 편지가 발송되고 일주일 만에 답장을 보낸 것이다. 3월에 들어서자 연이어 편지가 도착했다. 반송처는 모두 채만진 씨 앞으로 되어 있었고 일곱 통이 도착했다. 수취인 불명으로 되돌아온 편지는 서너 통이었다.

일곱 통의 편지를 받은 채만진 씨는 울먹이며 편지를 읽었다. 답장을 보낸 사람은 물론 죽은 본인이 아니다. 유족이 받아 답장한 것이다. 한글로 된 편지는 채만진 씨의 친구가 일본어로 번역했다. 한국인 희생자 유족의 마음이 처음으로 홋카이도 땅에 전달된 것이다.

태평양전쟁이 종결된 뒤 희생자의 사망 소식과 함께 유골이 유족에게 전해지기까지는 여러 경로가 있었을 것이다. 당시에 유족들이 직접 유골을 받으러 오기도 하고, 귀국하는 친구와 친척이 전해 주기도 했다.

그러나 전후 일본 정부와, 강제 연행을 한 기업이 공식적으로 유골을 조사하거나 반환하려는 시도가 없었으므로, 일본 국내에 조선인 희생자들의 유골이 남아 있던 것은 당연한 일이다. 일본 시민들이 그 사실을 알고 유골의 유족을 찾아 반환하려는 시도도 그동안 볼 수 없었다. 따라서 일본에서 한국의 유족에게 편지를 보내 희생 사실을 전한 일은, 작지만 일본과 한국을 연결하는 새로운 운동의 시작이었다.

한일조약이 체결되고 12년 만의 일이었다. 유족은 일본 정부나 연행한 기업으로부터 어떤 연락이나 사죄, 보상도 받지 못한 채 한국에서 살아왔다. 답장 일곱 통 가운데 한 명은 직접적인 피해자가 아니라고 판단해 여섯 통을 소개하겠다.

① 희생자 : 윤○○

경상북도 ○○군

1873년 10월 18일생. 1940년 1월 12일 사망

67세

토공부

사인 : 다발성 관절류머티즘

사망 장소 : 호로카나이

화장

신고인 : 나카미나미 도시

답장을 보낸 이 : 손자 윤××

신춘을 맞이해 '소라치 민중사를 이야기하는 모임' 임원 여러분의 노고에 충심으로 감사드리며, 아울러 채만진 선생님도 소식을 전해 주셔서 대단히 감사합니다. 그리고 알리는 말씀은 다음과 같습니다. 윤○○은 본인(윤××)의 조부 되시는 분입니다. 소싯적에 본인의 부친을 여의고 조부님은 생전에 고생하시다가 일본 홋카이도로 가셔서 20년간 거주하실 때 어린 마음이나마 편지를 올려 고향으로 오시라고 했고, 또 직접 모시고 올 생각으로 여행권을 마련하고자 힘쓰던 차에 천만뜻밖에 별세했다는 소식을 접하고 여권까지 수속을 하여 본인이 가서 그곳 분들의 주선으로 조부님을 가매장한 묘를 파서 화장하여 해골을 모시고 돌아와 안장했습니다. 그때 수고를 끼친 분들께 감사하다는 말씀을 전하지 못해 대단히 죄송하게 생각하고, 지금도 그때 수고하신 분들이 살아 계신다면 만수무강을 기원하며 이만 글을 마칩니다.

1977년 3월 2일 윤○○의 손자 윤××

---

② 희생자 : 우메모토[진] ○○

경상남도 ○○군

1923년 1월 15일생. 1943년 1월 4일 사망

20세

토공부

사인 : 변사(폐 내출혈)

매장

신고인 : 스즈키 자이콘

답장을 보낸 이 : 조카 진××

회답 전하옵니다.

엄동설한에 일본에 계시는 동포 여러분 안녕하십니까.

수십 년 세월이 흘렀지만 언제 어디서 어떻게 사망했는지 알 길이 없었는데 오늘에야 편지를 받고 감격했으며, 일본에 계신 동포 여러분의 노고에 진심으로 감사드립니다.

우메모토 씨의 가족과 친지들은 일본에 계신 동포 여러분이 항상 염려해 주시는 덕분에 농사에 힘쓰고 있습니다.

자세히 알아봐야 할 일들이 있으면 편지를 보내 주시는 대로 바로 알려 드리겠습니다.

그럼 일본에 계신 동포 여러분의 건강을 축복하면서 두서없는 글로 소식을 전하옵니다.

안녕히 계십시오.

소식 있기를 바랍니다.

---

③ 희생자 : 김○○

경상북도 ○○군

1909년 11월 15일생. 1942년 3월 7일 사망

33세

토공부

사인 : 병사(뇌진탕)

매장

신고인 : 마쓰시게 우메타로

답장을 보낸 이 : 아들 김××

회답합니다.

　소라치 민중사를 이야기하는 모임 여러분께서 수고가 많습니다.

　소식을 듣고 갑자기 눈물겨운 생각이 간절합니다.

　슈마리나이댐에서 사망한 부친은 사망 시에 아무런 보상도 받지 못했습니다.

　그러나 보상 대상인지 여부를 알 수가 없습니다. 그리 아시고 구체적인 내용을 알려 주시면 감사하겠습니다.

　그리고 채만진 씨는 어떤 직장을 갖고 계시는지 알려 주시면 감사하겠습니다.

사망자 장남 김××

---

④ 희생자 : 가나자와[김] ○○

경상북도 ○○군

1918년 10월 10일생. 1942년 5월 31일 사망

24세

토공부

사인 : 자살(익사)

매장

신고인 : 야쓰가와 지쓰고로

답장을 보낸 이 : 아들 김××

회답서

　일본 홋카이도에서 서신이 왔기에 열어 보니 부친인 김○○ 씨가 노무자로 끌려가 사망했으나 원인은 알 수 없고 그쪽 형편대로 처리되어 사체만 고국으로 운송되어 매장하고 왜정 치하라 식민지 민족이 일언반구도 할 수 없이 고아가 되고 말았습니다. 이번에 선생님의 서신을 보니 대한민국으로부터 무슨 보상 제도라도 요구할 수 있는지요. 자세한 내용은 보고 들을 수도 없고, 아는 것은 수천 리 떨어진 타국에서 사망한 사실뿐이올시다. 국가가 무슨 대책이라도 수립하여 노력해 주시면 감사하겠습니다.

　　　　　　　　　　1977년 3월 4일 김○○의 아들 김××

---

⑤ 희생자 : 김○○

전라남도 ○○군

1922년 1월 16일생. 1942년 10월 16일 사망

20세

토공부

사인 : 변사(두개골 골절, 두개골 내출혈)

매장

신고인 : 야나세 규조

답장을 보낸 이 : 동생 김××

계속되었던 추위는 어느덧 지나고 온갖 초목들이 춤추고 싹이 트
는 이즈음 존체만강하시기를 빕니다.

귀회에서 보낸 소식은 잘 받아 보았습니다.

감사합니다.

밤낮 없이 우리 동포를 위해 고생하고 있으신 점, 어떻게 감사
드려야 할지 모르겠습니다. 감사합니다.

귀 단체가 서신으로 김○○의 사망을 확인해 주셔서 호적을 대
조해 보니 그 당시의 통지에 의해 호적이 정리되어 있어서 앞으로
참고가 되실까 싶어 별지 호적등본을 한 통 보냅니다. 사망한 김
○○의 동생 김××가 부모를 봉양하고 있으니 앞으로 잘 이끌어
주시기 바랍니다.

끝으로 귀 단체의 번영을 축원합니다.

서기 1977년 3월 16일 김○○의 동생 김××

⑥ 희생자 : 박○○

충청북도 ○○군

1915년 5월 20일생, 1943년 7월 23일 사망

28세

토공부

사인 : 병사(간경변)

매장

신고인 : 다카미 사카에

답장을 보낸 이 : 조카 박××

회답합니다.

　보내 주신 소식, 잘 받아 보았습니다.

　드릴 말씀은 다름이 아니옵고 (박○○) 작은아버지의 장례는 어떻게 치르셨는지요. 이곳에 사는 조카의 마음 같아서는 본적인 대한민국 충북 ○○군으로 모셔 영혼이라도 위로하고 싶습니다.

　이곳 조카로서 무슨 말씀을 올려야 좋을지 모르겠군요.

　조카로서 알고 싶은 것은 숙부님이 아이를 몇 두셨는지요.

　조카인 저는 형제가 여럿이며 자녀 삼남매를 두었습니다.

　이 편지를 받는 대로 답장 주시면 감사하겠습니다.

　이상 알립니다.

1977년 3월 9일 조카 박×× 올림

이 편지들은 40여 년 전에 슈마리나이에서 사망한 조선인들의 유족이 보낸 답장이다. 답장을 손에 쥐고 나는 다시 한번 스스로를 되돌아본다. 편지를 보내 볼까 했을 때, 나는 왜 '편지는 유족에게 전달되지 않겠지. 답장 같은 것은 오지 않을 거야.'라고 생각했을까.

어느 날 모집원이나 경찰이 들이닥쳐 일본에 강제로 끌려온 사람들은 물론이고, 스스로 일본으로 건너간 사람들도 슬픔과 고통 속에서 사랑하는 사람들과 이별했을 것이 틀림없다. 게다가 본인은 다시는 돌아가지 못했다.

고향에는 그가 돌아올 날만 기다리는 가족이 있었지만 전후 일본에서는 식민지 지배하의 그 기억은 해방 후 40년이 지나 망각의 늪에 빠져 버렸다. 전후 40년 동안 타국의 산속에 묻힌 조선인이 있다는 사실을 아는 일본인이 몇 명이나 될까.

전후 학교와 가정에서도 한반도에 있었던 식민 지배의 역사를 떠올리게 하는 교육이나 대화는 존재하지 않았다. 약 60만 명의 한국인·조선인이 일본 각지에서 생활하고 있지만 대부분은 통명, 즉 일본 이름을 사용하고, 자신의 출신을 스스로 은폐해 왔다. 출신을 은폐하지 않으면 안 될 정도로 기억을 지우게 하는 강한 사회적 압력이 있었기 때문이다.

한국에서는 그렇지 않았다. 강제 연행의 기억이 선명히 남아 있다. 그러나 (일본인이) 가보지 못한 한국은 상상하기 어려운 곳이었고, 한국에서 격렬한 민주화 운동이 있었다는 정보도 그

(3)

회 답전 하옵니다.

시하 엄동지절에 일본국에 계시는 동포 여러분

안녕하십니까

수십년의 세월이 흘러 가도록 언제 어데서 어떻케

사망 되었는지 알길이 없었는데 오늘에야 편지

를 받고 그 감격 일본국에 계시는 동포님의

노고를 진실으로 감사드리는 바입니다.

梅本 (우매모도)씨의 가족 친지들도 일본

국에 계시는 동포님의 항상 염려 해주시는 덕택으

로 농사에 열중하고 있읍니다.

상세하게 알아야 할일들이 있으시면 항시

편지를 보내주시면 즉시 알려 들이겠읍니다.

그으면 일본국에 계시는 동포님의

건강을 축복 하면서 두서 없는 글로서

소식 전하옵니다   안 (당히 계십시오

소식 있기를 바랍니다.

년   월   일

유족의 답장 편지

ⓒ 동아시아 시민네트워크

다지 알려지지 않았다. 잡지『세카이』에 나오는 '한국의 소식'◆
이 유일한 정보처였을 뿐이다. 한국에 가본 적도 없고, 아는 한
국인도 없는 일본인은 한국에 대해 아는 것이 전혀 없었지만 한
국에서는 일본 식민 지배의 기억이 가슴 깊이 남아 있었다.

　식민 지배를 벗어난 한국에서 강제 연행은 국민적 기억으로
남아 전해졌고 재생산되었다. 조선인들은 일본으로만 연행된
것이 아니었다. 한반도 내부, 만주 개척지, 사할린, 남양군도에
도 연행되었다. 홋카이도에 끌려온 뒤 지시마 열도千島列島와 사
할린으로 끌려갔다가 다시 홋카이도로 끌려오는 2중, 3중의 강
제 연행도 있었다.

　그럼에도 일본인들은 조선인에 대한 강제 연행이 기억에서
사라졌다기보다 처음부터 없었다고 기억하는 것은 아닐까. 물
론 강제 연행이 비밀리에 이루어진 것이 아니기 때문에 조선인
이 노역을 강요당했고 그것이 가혹한 강제 노동이었다는 것을
많은 일본인들이 알고 있다.

　그러나 그것은 일본인도 마찬가지로 가혹한 노동을 강요당
한 시대의, 가혹한 전시 노동의 하나로 약간의 차별과 동정을
동반한 기억으로만 남았다. 일본인들에 대한 징용과는 별개로,
인접국 사람들을 강제로 연행해 노동을 시켰다는 인식은 없다.

◆「T·K生」이라는 이름으로 1973~88년에 연재.

당시 조선인은 [일제강점기인] 36년 동안 일본 국적을 가진 일본 국민이었다는 사실, 1945년 식민 지배가 끝나자마자 일본 국적이 소멸하면서 조선적朝鮮籍이라는 일종의 기호 같은 국적으로 편입되었다는 사실조차 일본인의 기억 속에는 없었다.

전후, 타이완과 함께 조선에 대한 식민 지배의 기억은 펌훼되었고 마치 아무 일 없었던 것처럼 전후사의 어둠 속에 묻혔다. 존재의 역사성을 빼앗긴 재일코리안은 일본 국적을 취득하려 하지도 않았고 귀찮은 주변인으로서 권리 없는 상태로 방치되어 시시때때로 정치적 탄압의 대상이 되었다.

일본에서는 지우개로 지워 버린 과거를 모든 한국인은 기억하고 있다. 한국인 중에는 강제 연행의 참혹한 체험을 기억하는 사람들과 희생된 가족을 기억하는 유족이 많다.

이렇게 전쟁에 대한 경험이 피해자와 가해자에게 전혀 다른 기억으로 남은 경우는 적지 않다. 강제 연행의 경우에도 양자의 기억은 시간차가 크다. 일본에서는, 조선인 일본군 '위안부' 여성이 자신의 아픈 기억을 털어놓으면서, 전쟁 당시 저지른 가해의 기억을 발굴하고 계승하자는 움직임이 일어났는데, 이런 움직임이 본격화된 것은 소련이 붕괴하고 냉전이 종식된 1990년대에 이르러서였다.

전후 일본에서는 오랫동안 전쟁과 식민 지배를 통한 가해의 기억을 들추어내는 것이 억압받아 왔다. 아시아 전쟁 피해국과 우호 관계를 맺을 필요 없이 미국과 동맹해 반공의 방파제라는 명분으로 시대를 넘겨 왔기 때문이다. 한국과는 1965년 국교를 회복할 때 경제협력금 5억 달러를 지불하고 과거 식민 지배 문제를 황급히 마무리해 버렸다.

중국과도 1972년 국교를 회복하면서 정부 간 교섭으로 배상 문제를 해결했다. 어디까지나 정치적인 방법으로 보상 문제를 해결한 일본 정부는 상대국 국민과 피해자에게 전혀 사죄와 보상을 하지 않았기 때문에 최근 피해자로부터 피해 보상 소송을 당하고 있는 것이다. 조선민주주의인민공화국과는 국교가 회복되지 않았으므로 식민지 피해자 보상 같은 전후 보상 문제는 전혀 해결되지 못한 상태이다.

시대가 그랬기 때문에 한국 유족에게 연락해 답장을 주고받았음에도 소라치 민중사강좌 회원들은 구체적인 내용을 파악하고 움직이기에는 기초적인 지식도 부족하고 마음의 준비도 되어 있지 않았다.

우메모토 ○○ 씨 유족은 "수십 년 세월이 흘렀지만 언제 어디서 어떻게 사망했는지 알 길이 없었"다는 답장을 보내왔다. 박○○ 씨 유족은 "작은아버지의 장례는 어떻게 치르셨는지요. 이곳에 사는 조카의 마음 같아서는 본적인 대한민국 충북 ○○군으로 모셔 영혼이라도 위로하고 싶습니다."라는 답장을 보내왔다.

두 통의 편지에는 고인이 일본에 끌려가 홋카이도에서 사망한 사실에 놀라고 유골을 고향에 모시고 싶다는 마음이 적혀 있었다. 그러나 유족에게 편지를 보낸 시점에는 슈마리나이 공동 묘지 뒤편에 묻혀 있는 유골을 발굴할 계획만 있을 뿐이었다. 오히려 유족이 쓴 답장을 받고 나서, 희생자의 고향에서 유골을 기다리는 사람이 있으므로 유골을 발굴해야 한다고 생각하게 되었다.

김○○ 씨 유족은 "소식을 듣고 갑자기 눈물겨운 생각이 간절합니다. 슈마리나이댐에서 사망한 부친은 사망 시에 아무런 보상도 받지 못했습니다."라고 답장했고 가나자와 ○○ 씨 유족은 "이번에 선생님의 서신을 보니 대한민국으로부터 무슨 보상 제도라도 요구할 수 있는지요."라고 답장했다. 피해자 유족의 보상이 언급되어 있었던 것이다.

한일조약이 체결될 때 일본 정부는 식민 지배에 대한 개인 차원의 보상은 전혀 고려하지 않았고, 한국 정부에 전달한 것은 독립 축하금, 경제협력금이라는 명목에서였을 뿐 식민 지배에 대한 사죄와 보상은 없었다.

박정희 정권은 일본으로부터 받은 돈을 고속도로와 제철소를 만드는 데 사용했고 일부를 제외하고는 강제 연행, 강제 노동 희생자와 유족에 대한 보상에 사용하지 않았다. 유족들은 어떤 보상도 받지 못한 채 해방 후 한국 사회에서 살아왔다. 생계를 이어 나갈 사람을 빼앗긴 가정은 경제적 곤궁을 겪어야 했을 것이다. '한 집안의 기둥이 있었더라면.' 하는 생각을 얼마나 많이 했을까.

우리는 이런 유족들의 마음에 부응해 바로 활동을 시작하지 못했다. 유족들의 전후 보상 요구가 일본에 직접적으로 전해진 것은 우리가 편지를 받은 지 10년 넘게 지난 뒤였다. 유골을 고향에 모시고 싶다는 박○○ 씨 유족의 바람으로 1992년 2월 방한을 통한 유골 봉환이 이루어질 때까지는 답장을 받은 날로부터 15년이라는 세월이 걸렸다.

유골 문제가 일본과 한국의 정치적 과제가 되어 노무현 대통령이 고이즈미 총리에게 '한반도 출신자의 유골을 반환받고 싶다.'고 요청한 2004년 한일 정상회담까지 전후 59년의 세월이 흘렀다. 지금까지도 해결에는 미치지 못한 채 군인·군무원의 유골 반환이 시작되었을 뿐 강제 연행 희생자의 유골을 봉환하는 문제에 대해 일본 정부는 손을 놓고 있다.

일본 정부도 일본인들도 아직까지 충분히 아시아 피해자의 목소리를 듣지 않고 있으며, 목소리를 들으려는 자와 듣지 않으려고 귀를 막는 자들이 대립하는 중이다.

1977년 당시, 우리는 유족의 답장에 다시 편지를 보냈지만 두 번째 편지에 답장을 보낸 유족은 없었다. 어찌된 영문인지는 모르지만, 유족에게 유골을 돌려줄 수 있을지를 예측하기 어려운 시기였다.

3. 채만진 씨의 활약

매·화장 인허증이 발견되어 거기에 적혀 있는 희생자의 본적을 찾고 지자체에 연락해 유족의 소재가 확인되었다. 유족에게 편지를 보냈고 일본 유족에게서 연락이 왔다. 한국 유족으로부터는 간절한 부탁이 담긴 답장이 왔다.

그러나 유골은 아직 조릿대 덤불 속 깊은 곳에 그대로 묻혀 있었다. 1977년 10월 추도 법회 당시, 채만진 씨가 광현사 본당에서 추도문을 읽었다.

사죄문

동포 여러분,

악질적인 제국주의자들에게 강제로 끌려와 각종 군사시설 공사에 동원되어 40년 동안 엄동설한의 눈보라치는 산속에 잠들어 있는 것도 모른 채 지금에 이른 과거를 부디 용서해 주십시오.

저는 여러분과 함께 고생해 온 채만진이라고 합니다.

여러분,

우리 민중은 조국을 잃어버린 채 36년을 살아왔습니다.

해방을 맞이했지만 불행히도 현재 남과 북이 갈라져 있는 통한스러운 상황입니다.

이제까지 우리 조국이 통일을 맞이하지 못하고 여러분이 따뜻한 내 고향, 아름다운 내 고향에 가지 못하고 처참하게 차가운 풀밭 아래 잠들어 있는 모습조차 참혹하기 그지없습니다.

여러분,

지금 고향에서는 가족들이 오늘이나 내일이나 소식이 오려나, 기다리는 속에 금년 2월에 여러분의 고향에 14통의 편지를 보냈습니다.

그리하여 일곱 통의 답장을 받은 것에 감사와 감격을 금할 길 없습니다.

답장으로 받은 일곱 통 가운데 한 통을 지금 풀숲에 잠들어 계신 여러분의 무덤 앞에서 읽어 드리겠습니다.

부디 편안히 잠드십시오.

(김○○ 씨의 유족에게 받은 편지를 소개)

1977년 10월 15일

재일조선인 60만 동포 대표 채만진

전후에 후카가와에 살았던 채만진 씨는 [재일본조선인총연합회의 전신인] 재일본조선인연맹 결성에 참가하고 재일본조선인총연합회(이하 조총련) 홋카이도 위원회 활동에도 참가한 민족운동 원로이다. 채만진 씨는 소라치 민중사강좌가 시작한 우류댐 공사 조선인 희생자 조사와 유골 발굴 계획에 자신이 소속되어 있는 조총련도 참가해 주길 바랐다.

그러나 조총련은 조선인 희생자 유골 발굴 운동에는 직접 관여하려 하지 않았다. 식민 지배하 희생자의 유골 문제는 일본 정부가 책임져야 하므로 조선인 단체가 손댈 일이 아니라고 판단했을 것이다. 일본 정부와 정치적으로 대립하는 재일코리안 조직으로서는 당연한 것일지도 모르겠다.

채만진 씨는 화가 났지만 어쩔 수 없었다. 그는 동포의 유골을 발굴하는 일은 조총련도 해야만 하는 일이라고 주장했다. 그러나 조총련은 그 뒤에도 일본인들의 운동과 거리를 두었으며, 재일코리안 협력자도 늘지 않았다.

추도 법회에서 채만진 씨가 읽은 추도문에는 죽은 동포에 대한 마음과 발굴 운동이 동포들에게 널리 알려지지 않는 것에 대한 서운함이 담겨 있었다. 한국으로 보낸 편지에 답장이 오고 희생자의 유족을 가깝게 느낀 채만진 씨는 유골 발굴에 정성을 쏟았다. 강제 노동 경험자로서 자신의 과거 체험을 이야기하고, 이 문제를 많은 사람들에게 전하는 활동에 힘을 쏟았다. 고등학교 학생들과 시민들의 부탁을 받으면 기쁜 마음으로 달려가 자신의 경험을 이야기했다. 민중사 운동에 참가한 1977년 여름, 고교생들의 부탁에 다음과 같은 문장을 남겼다.

여러분.

지금까지 제 인생은 그야말로 고생의 나날이었습니다.

특히 조선인이라는 이유로 심한 시달림을 당했고, 이제 되돌아보면 잘 견뎌 왔구나 하는 마음입니다.

많은 동포들이 목숨을 잃었습니다.

저는 항상 제가 정직하게 살아왔다고 생각합니다.

제 삶의 방식이 틀리지 않았다고 생각합니다.

저는 지금 확신을 가지고 여러분에게 전합니다.

인간은 모두 평등하다는 것을 말입니다.

거지든, 대단한 사람이든 신분이 달라도 평등합니다.

평화의 우정에는 국경이 없습니다.

제가 살아온 날을 들은 고교생이 "일본 사람에게 원한은 없습니까?"라고 질문한 적이 있습니다.

저는 그때 "없습니다. 우리가 고통받은 시대는 여러분의 아버지, 어머니도 다 같이 고생하며 살았습니다."라고 말했습니다.

이 말은 진실이며 진심입니다.

자신만을 위하지 않고 함께 고생한 동료를 위해, 동포를 위해, 이웃을 위해 살면 언젠가 자신에게 돌아오는 것입니다.

채만진

1982년에 소라치 민중사강좌 부회장 모리오카 다케오가 채만진 씨의 증언을 듣고 그의 파란만장한 생애를 엮어 『출렁거리는 해협 : 채만진 이야기』를 출판했다(소라치 민중사강좌가 경비를 지원했다). 이 책을 통해 채만진 씨가 겪은 고난과 역경을 한층 많은 사람들에게 알릴 수 있었다. 책에는 고난의 기억뿐만 아니라 채만진 씨의 전후 활동과 인품을 드러내는 일화 등이 담겨 있다.

1949년 채만진 씨는 후카가와에 살고 있던 일본인 아키쓰키 야스코와 결혼했다. 전남편과의 사이에서 낳은 딸을 데려왔고 채만진 씨와 아이 셋을 낳은 야스코 씨는 자식 넷을 키우면서 조총련 활동을 응원해 왔다. 그녀는 자신도 조선적을 취득하고 조선어를 익혀 조선인으로 살려 노력했다. 1968년 야스코 씨는 44세의 나이로 명을 다했다. 그녀가 조선어를 공부한 노트의 마지막 장에는 시 한 편이 적혀 있었다.

정말로 사랑하는 사람, 그것은 나의 남편

하루하루를 평온하게 해주었다.

해를 거듭할수록 깊어 가는 사랑

그것은 혼자만의 생각이 아니다.

남편도 같은 생각이라고 굳게 믿는다.

국경을 초월한 사랑

단단한 두 사람의 사랑에는

국경의 간격은 조금도 없다.

그냥 그렇게 동지의 단단한 사랑인 것이다.

그 사랑 속에서

싹을 틔운 네 개의 보석

닦으면 닦을수록 빛나는 네 개의 보석

훌륭한 조국에 멋진 미래를 약속한 자식들
그 보석을, 진정으로 사랑하는 남편과
함께 닦아 보자고.

당시 일본인과 조선인의 결혼에는 많은 어려움이 따랐다. 전후 일본 사회의 차별과 억압을 헤쳐 나갈 각오를 단단히 해야 했다. 많은 어려움과 함께 결혼 생활을 시작했을 것이다.

1950년 6월 한국전쟁이 발발하자 재일코리안들이 처한 상황은 더욱더 힘들어졌다. 채만진 씨 일가는 절반은 비합법적인 일을 해야 했고 경제적으로도 곤궁했다. 많은 고난을 겪고 있을 때의 마음이 "하루하루를 평온하게 해주었다."라는 한 구절에 표현되어 있다.

고난을 함께 겪었던 남편 채만진 씨에 대한 야스코 씨의 사랑은 깊어 갔다. "동지의 단단한 사랑"으로 둘은 하나가 되었다. "네 개의 보석"은 야스코 씨가 데리고 온 아이와, 두 사람이 낳은 세 아이를 의미한다.

그러나 "훌륭한 조국에 멋진 미래를 약속한 자식들"이라는 구절은 실로 복잡한 부분이다. 당시 군사정권하의 한국에 비해 상대적으로 경제적 우위에 있던 북조선은 유토피아로 묘사되었고, 모든 조선인을 끌어들이는 귀국 운동이 시작되었다. 일본 정부는 이때 성가신 조선인들을 일본에서 내보내려는 심산으로 귀국 운동을 부채질했다.

하지만 채만진 씨는 암으로 쓰러졌고, 반년가량 투병하다가 1984년 8월 27일 73세의 일기로 운명했다. 임종 직전에 삿포로 병원에 문병을 간 우리 소라치 민중사강좌 회원에게 유언을 남겼다.

나의 장례는 동포와 민중사강좌, 주민회와 상의해 주길 바란다. 그리고 슈마리나이댐 공사에 희생된 사람들의 추도비를 만들지 못한 것이 한이 된다. 반드시 여러분이 실현해 주기를.

후카가와 대룡사에서 치른 장례에는 재일코리안과 한국인뿐만 아니라 후카가와시 안팎에서 많은 조문객이 줄을 이었다. 나는 승려로서 조문을 하고 발인 독경을 했다. 독경이 끝나고 조문객을 향해 법문을 했다. 채만진 씨에게서 들은 구사일생 강제노동의 기억을 이야기했다.

발인 전날 밤 유족들과 술잔을 기울이며 이야기할 때 채만진 씨의 장녀가 옆자리에 앉아 "스님께서 법문에서 이야기하신 일은 아버지가 우리 가족 모두에게 몇 번이고 들려준 이야기입니다. 모두 기억하고 있습니다."라고 말했다.

그날 밤 잠자리에 든 나는 잠을 이루지 못했다. 채만진 씨는 억울하지 않았을까. 전하지 못한 마음을 남기고 떠난 것은 아닐까. 그렇게 생각하자 눈물이 하염없이 흘렀다.

4. 험난한 유골 발굴 여정

슈마리나이에는 다이쇼 시대에 이주해 농사를 짓는 사람들이 있다. 그 사람들이 광현사의 신도들이다. 철도 공사, 댐 공사 현장에서 노역자들과 조선인 노동자들의 비참한 노동을 가까이서 본 그들은 되도록 유골을 발굴해 망자의 혼을 조금이라도 위로해 주기를 바랐다.

그러나 개척자가 아닌, 전후에 슈마리나이로 들어온 사람들은 댐 공사 당시의 일을 잘 알지 못했다. 이들은 옛날부터 살아온 광현사 불교 신도들에 비해 소수파였지만, 그럼에도 희생자를 조사하고 유골을 발굴해 보자는 소라치 민중사를 이야기하는 모임의 주장에 동조하지 않았다.

당초 개척자들과 함께 호로카나이 행정 당국자도 희생자 문제에 관심을 보였고 진솔하게 협력하는 자세를 취했지만 많은 유지들이 희생자 조사에 회의적이었다. 마을 의회町議會 의원 중에는 추도 법회에 참가하면서도 우리 활동을 의심하는 사람도 있었다. 그들은 채만진 씨가 읽은 추도문 속의 "악질적인 제국주의자들"이라는 표현을 놓고 '좌익'이라고 의심했다.

그 후 유골 발굴 활동에 참여한 야마구치 히사이쓰는 마을 모임 등에서 면장과 지역 유지를 만날 때마다 불평을 들어야 했다. 그들은 "저것들은 유골이다 뭐다 하지만 다른 목적이 있는게 틀림없다. 이제 그만 손을 떼는 것이 어때?"라며 야마구치 씨를 몰아세웠다. 그때마다 야마구치 씨는 "죽은 사람이 불쌍하다고 생각해서 시작한 일이다. 저 스님들은 아무런 속셈도 없다."라고 반박했다.

그러나 야마구치 씨는 마음이 몹시 불편했다. 우리를 만나자 볼멘소리를 했다. "지난번에도 면장한테 당했다. 지지 않으려고 되받아쳤지만 내가 왜 따돌림을 당해야 하는가. 당신들의 추진 방식이 틀렸기 때문이다."라며 화를 냈다.

호로카나이 슈마리나이도 보수적인 분위기가 지배하는 시골이다. 전쟁 전부터 좌익을 혐오하는 정서가 있어서 누군가를 부정적으로 말하고 싶으면 "저 녀석은 빨갱이야."라고 하면 그만이었다.

그들로서는 이웃 마을에서 갑자기 찾아온 우리가, 오랫동안 침묵하며 잊고자 했던 전쟁의 기억을 굳이 다시 들추는 무리였던 셈이다. 대놓고 아니라며 부정하지는 않았지만 정치적으로 보수적인 행정 당국자와 지역 유지들에게 우리는 늘 불편한 존재였다.

그래서 '제국주의'라는 사회과학 용어를 물고 늘어지는 것이다. 채만진 씨의 추도문에 어떤 불만의 말이 있었는가. 그에게 강제 노동을 강요해 죽음 일보 직전까지 몰고 간 것은 틀림없이 일본의 제국주의·식민지주의이며 전쟁 정책이다.

강제 연행 희생자의 유골을 발굴하는 것은 '악랄한 제국주의자들의 짓거리'라는 진실을 땅속으로부터 인도해 분명하게 밝히는 일이다. 그러나 마을 사람들에게 그것을 이해시키기는 매우 어려웠다. 슈마리나이 사람들이 유골을 발굴하는 데 협력하기까지는 오랜 시간과 설득이 필요했다.

5. 박남칠 씨의 증언

1976년 가을, 다나카 후미코 씨의 안내로 미야카와와 함께 슈마리나이 광현사에 있던 위패를 대면하고 나서 얼마 지나 9월 하순에 슈마리나이를 방문했을 때였다. 후미코 씨의 아들인 다나카 후지오 씨가 명함 한 장을 건네주었다.

"얼마 전, 호숫가에 갔다가 우연히 이 사람을 만났어요. 그 사람이 '얼마 만인지 모르겠네요. 옛날에 이곳에서 일한 적이 있었지요.'라고 하기에 명함을 받아 두었어요."

명함에는 아라이 남칠이라고 적혀 있었다. 아라이는 일본 성씨이지만 재일코리안이 많이 사용하는 성씨 가운데 하나다. 남칠은 희귀한 이름이다. "아마도 한국인일 거예요."라고 후지오 씨가 말했다.

나는 바로 명함에 있는 번호로 전화했다. 만나기로 약속하고 찾아간 것은 10월 4일이었다. 아사히카와에 사는 아라이 씨는 한국인이었다. 본명은 박남칠. 나와 호시노를 맞아 준 박남칠 씨는 단발머리 스타일의 혈색 좋은 50대 후반 남성이었다.

슈마리나이에서 일했었지요. 아마 제2 공구였을 겁니다. 우시나이 댐을 만들었어요.

옛날 기억을 이야기하는 박남칠 씨에게, 댐 공사에서 희생된 사람들의 유골을 발굴하는 활동을 하고 있다고 말하자 흔쾌히 도와주겠다고 했다.

그는 1920년 조선 경상도에서 태어났다. 본가는 농사를 지었지만 지독히 가난했다.

학교에 가고 싶었는데 보내 주지 않았어요. 동생들을 돌봐야 해서 친구들과 놀지도 못하고 힘들었지요. 애들을 돌보고 있으면 학교를 마치고 돌아오는 친구들이 지나가요. 얼굴을 마주치지 않으려고 길가 풀숲에 들어가 똥 누는 시늉을 했어요. 그래서 지금도 글을 못 읽어요. 공부를 하고 싶었어요. 일본에도 가고 싶었어요. 돈을 벌고 싶어서요.

1939년 20세에 모집 광고를 보고 가볼까 했지만 모집 인부가 일본에 도착하면 말했던 것과 조건이 전혀 다르고 속아 넘어간다는 말을 듣고 그만뒀지요. 1941년에 부친의 친구가 놀러 왔던 차에 부탁해 홋카이도 후라노富良野에 함께 왔습니다.

그곳에서 일했지만 6월에 아사히카와역에서 만난 동포가 슈마리나이에 가면 돈을 많이 벌 수 있다고 해서 동료 후지무라藤村와 기차를 타고 후렌風連역까지 갔습니다. 거기에서 800미터쯤 걸어서 발전소 건설 현장까지 갔습니다. 아는 사람이 없었기 때문에 직접 현장 식당에 말하니 일하게 해준다고 했습니다.

저를 데리고 간 곳이 제2 공구였어요. 현장 식당이 세 곳이었고 제가 들어간 현장은 50명 정도 있었지요. 저는 신용인부信用人夫 였지만 옆방과의 사이에 합판 한 장으로 벽이 쳐져 있는 곳에 묵었어요. 옆방은 정말 심한 다코베야였는데, 오줌을 눌 때도 허락을 받지 않으면 안 되는 그런 곳이었어요. 뭔 일인지 몰라도 맞는 소리가 들리곤 했습니다. 저는 그 소리가 듣기 싫어 식당 한구석에 처박혀 있던 것이 생각납니다.

먹을 게 거의 없었어요. 생선은 주 1회, 연어 절임이 나오면 그나마 좋았지요. 매일매일 단무지와 된장국이어서 지금도 그런 것은 목구멍에 넘어가질 않습니다. 개나 고양이도 못 먹는 것이었어요. 배고파서 참을 수가 없었지요.

[오후] 2시가 되면 아침에 남은 밥에 전분 가루를 뿌려 솥에 쪄서 주었습니다. 일하면서 선 채로 밥을 먹으면서 한숨을 쉬었습니다. 얼마나 허기지던지 물만 들이켜 대는 바람에 뱃속이 꿀렁꿀렁거렸지요. 숲에 있는 머위와 풀도 먹었어요.

당시에는 등 지게로 흙을 운반했어요. 등 지게를 맨 어깨가 부어올라 살이 찢어지고, 등과 가슴에 피가 흘러내려 새까맣게 말라

❖ 빚을 지거나 강제로 끌려오지 않고 스스로 돈을 벌기 위해 온 인부.

붙었어요. 목욕도 할 수 없어서 찢어진 상처에 균이 들어가 목이 돌아가지 않을 정도로 부어올랐습니다. 한쪽이 부어서 다른 쪽을 쓰면 똑같이 부어올랐습니다. 그래도 일을 시켰습니다. 다치면 다쳤다고 혼냈습니다.

현장 일은 아침 일찍 시작되었고 7월에는 안개가 자주 껴서 주변이 잘 보이지 않기 때문에 다코 노동자가 도망가는 일이 자주 있었습니다. "도망친다!"라는 소리가 들리고, 이어서 간부들이 뒤를 쫓았습니다. 그럴 때면 꼭 내 일인 것처럼 머리가 복잡했습니다. 도망친 노동자가 붙잡히면 현장 식당으로 끌고 갑니다. 얻어터지는 소리를 듣는 것 자체가 곤욕이었습니다.

잊히지 않는 일이 있습니다. 합판 너머 다코베야에 동포가 있었습니다. 합판 때문에 얼굴은 볼 수 없었지만 말을 주고받을 수는 있었습니다. 젊은 사람이었던 것 같습니다. 밤이 되면 벽 너머로 이야기를 주고받았습니다. 그 남자는 나날이 약해졌습니다.

"이젠 틀렸어……."

"어이, 그렇게 죽으면 안 돼. 힘내고 정신 차려."라고 위로했지만…….

여기까지 이야기하고 박남칠 씨는 말을 끊었다. 손으로 뒤통수를 어루만지며 눈을 감고 고개를 떨어뜨렸다. 그때 일이 눈앞에 떠올랐던 것일까.

어느 날 그 남자의 목소리가 들리지 않았습니다. 그 후로 벽 너머에 그 남자는 나타나지 않았습니다. 한참 지난 어느 날 다코베야가 없어지고 합판을 헐어 버렸습니다. 걷어 낸 합판 구석에 한국어로 자식과 아내의 이름, 그리고 "어머니, 안녕히."라고······.

박남칠 씨는 또다시 고개를 떨구었다. 박남칠 씨는 시베쓰시 士別市로 이사해 여관을 운영한 뒤, 몬베쓰시 紋別市에서 파친코를 경영했다. 그는 유골 발굴을 시작으로, 2008년 10월 향년 88세로 운명할 때까지 30년 남짓 소라치 민중사강좌 운동에 빠지지 않고 함께했다.

조선인과 중국인 등에 대한 강제 연행은, 아시아·태평양전쟁을 일으켜 일본 젊은이를 징용하는 과정에서 일본 국내와 점령지 등에서 노동력이 부족해지자 이를 충당하기 위해 일본 군국주의 정부가 실시한 전시 노동정책 가운데 하나였다.

물론 일본으로 건너온 조선인이 모두 강제 연행된 것은 아니다. 강제 연행되어 끌려온 사람이 있는가 하면 스스로 일을 찾아서 온 사람도 있었다. 박남칠 씨의 경우는 강제 연행을 피해 아는 사람을 통해 홋카이도에 왔다. 그러나 일을 해보니 말로나 자유 인부였을 뿐 실제로는 강제 노동이었다.

조선인에 대한 강제 연행과 관련해서는, 1939년 〈조선인 노무자 모집 요강〉이 실시된 이후 법률적 제약이 있었다. 강제 연행된 조선인은 일반적으로 '협화요'協和寮라고 부르는 건물에 수용되었고, 현장에 따라서는 다코 노동자와 강제 연행된 조선인은 숙소가 달랐다고 하지만 중노동과 노동의 강제성에서는 같지 않았을까.

홋카이도의 경우 토건업을 중심으로 다코베야가 존재했다. 다코베야에서도 징병은 일어났다. 일본 젊은이가 징병을 당해 노동력이 부족해지자 이를 대신해 연행해 온 조선인을 다코베야에 수용하는 경우가 많았고, 그때 조선인들은 다코 노동자로 취급받았다.

조선인 강제 연행 경험자들에게 무엇이 가장 힘들었냐고 물어보면 많은 이들이 중노동과 배고픔이라고 증언했다. 장기간 노동을 강요당해 구금 장소에서 노동의 자유는 없었다. 조선인들은 1년 또는 2년의 계약 기간이 끝나면 조선으로 돌려보내야 했지만 계약은 무시되었고 다음 현장으로 다시 강제 연행되는 일도 많았다.

다코 노동자는 중노동에서 벗어나려고 다코베야를 탈출했다. 조선인도 강제 노동에서 벗어나려고 종종 숙소를 탈출했다. 홋카이도에서 생활한 경험도 없고 지리에도 어둡던 그들의 도망은 실패하기 일쑤였다. 잡혀 오면 혹독한 구타가 기다렸다.

6. 댐 공사의 증언자들

저는 1942년 슈마리나이 우체국에서 근무했습니다. 종전 즈음에는 대부분 조선인들뿐이었고 종전과 함께 해고당한 조선인들의 귀국 수속이 늦어져 폭동이 나기도 했습니다. 1942년과 1943년에는 우체국에서 고향으로 송금하던 조선인들도 있었습니다만 대부분 간부급이었습니다. 강제 연행된 사람들은 송금 같은 것을 할 수 없었겠지요.

때때로 슈마리나이역에 도착한 차량에 조선인이 잔뜩 타고 있기도 했습니다. 도비시마구미의 하청업자가 조선까지 건너가 모집해 온 것 같았습니다.

당시에는 전보 배달부가 두 명 있었습니다. 이례적으로 댐 공사 관련 연락이 많았습니다. 배달부는 밤 배달을 싫어합니다. 탈주 때문입니다. 누군가 탈주하면 슈마리나이 주변 도로와 온네배쓰恩根別 양쪽에 파수꾼이 지키고 있었고 대부분 바로 붙잡혔습니다. 탈출한 조선인은 농가에 숨어들었습니다. 그러면 농가에서 며칠간 숨겨 주고 보내곤 한 것 같습니다.

1942년 무렵, 다케다 냇가에 철쭉을 꺾으러 갔는데 냇가 상류에서 조선인 두 사람이 나타나 50전을 내놓으며 "과자를 사다 주면 좋겠다."라고 했습니다. 사가지고 오니 여기가 어디냐고 물어보기에 댐에서 400미터쯤 떨어진 곳이라고 하니 놀랐습니다. 한참 멀리 도망쳤다고 여긴 것이겠지요.

어떤 때는 배수장에 뛰어들어 도망친 조선인도 보았습니다. 헤엄을 치며 도망가는 모습이 수영을 잘하는 사람이었던지 한 시간을 헤엄쳐 갔습니다. 그렇지만 결국 붙잡혔습니다.

어느 날 제가 전보 배달을 하러 갔더니 현장 식당에서 간부가 "재미있는 걸 보여 줄 테니 안으로 들어와."라고 하더군요. 처참한 광경이었습니다. 도망친 다코 노동자를 불로 지지고 있었습니다. 그날 밤은 밥도 넘기지 못했습니다.

많은 사람들이 영양실조로 각기병에 걸렸습니다. 하지만 환자도 방에서 쉬게 하지 않았습니다. 전원 현장에 끌고 갔습니다. 각기병에 걸린 사람은 아침 이슬을 밟으며 운동을 시켰고 언제부터인가 점점 사람 수가 줄고 있었습니다. 초봄, 조릿대 덤불 속에서 백골이 자주 발견되었습니다. 겨울에는 땅이 얼어붙어 깊게 묻을 수 없어서 봄이 되면 아이들이 관속에 발이 빠지는 일도 있었습니다. 일본인 묘지에는 비석이 있었지만 조선인은 어디에 묻혀 있는지도 몰랐습니다.

_댐 공사 당시 슈마리나이에서 우편배달을 하던
오쓰미 쓰토무 씨의 증언(소라치 민중사강좌 증언 조사).

(탈출해서) 붙잡혀 오면 모두가 보는 앞에서 구타를 당합니다. 얼마나 심한지 차마 입에 담기도 힘들 정도였습니다. 정신을 잃을 정도로 때리고, 물을 끼얹어 깨어나면 또다시 때렸습니다. 반복된 매질로 죽음에 이르는 일도 있었어요.

또한 겨울에 광산에서 일할 때였는데, 제일 추운 바람이 부는 갱도에 선 채로 벌거벗겨 물을 끼얹는 것을 봤습니다. 보통 그곳에 한 시간 동안 세워 두면 동사하는데, 거기에 15분을 세웠습니다. 동상에 걸려 죽은 사람도 있습니다.

병에 걸려 일하지 못하면 식사를 줄이니 참고 일합니다. 다치거나 병에 걸린 사람을 숙소에 놔두지 않고 등 지게에 메고 작업장으로 끌고 갑니다. 작업장에 앉히고 볏짚으로 새끼를 꼬거나 등 지게를 수선하는 일을 돕게 했어요.

대부분 각기병 같은 질병, 영양실조에 의한 아사, 사고로 상처가 곪거나 구타당하며 난 상처로 죽음에 이르는 일이 많았습니다. 하루에 두세 명이 죽었습니다.

_댐 공사를 체험한 야마모토 요시히데(재일코리안)의 증언

(나요로 전문대학 나카지마 세미나 증언 조사).

내 앞으로 편지가 한 통 왔다. 60대 여성이 보낸 것이었다. 강제 연행 희생자를 조사하는 소라치 민중사강좌에 대해 『홋카이도 신문』이 보도한 글을 읽고 보낸 편지였다. 편지를 보낸 하타케야마 도키(가명) 씨는 댐 공사가 있던 즈음 슈마리나이에 살고 있었고 가혹한 노동과 학대를 지켜본 체험자였다.

갑자기 연락을 드려 송구합니다.

한여름 태양이 이글거리는 무더운 나날입니다.

전날 『홋카이도 신문』을 보고 아득한 때에 꺼림칙한 슬픔과 분노, 비정非情…….

당시 열예닐곱 살이었던 저는 어찌할 수 없는 공포에 휩싸인 나머지 복도를 뛰쳐나가거나 화장실에 숨어 소리 죽여 울었습니다.

저는 대동아전쟁이 시작될 즈음 당시 슈마리나이 초등학교를 다녔습니다.

아버지는 목수였고 철도 공사와 댐 공사의 기술 요청을 받아 슈마리나이에 이주했습니다.

작은 마을임에도 두 공사 현장으로 활기가 가득했습니다.

우리 부녀도 평온한 가운데 평화로운 날들을 보내고 있었습니다.

때때로 아버지가 모르는 사람을 데리고 들어와 보살피기도 하고 어떤 때는 갑자기 뛰어들어 도와 달라는 사람도 있었습니다.

부모님은 이들에게 목욕하게 한 뒤 깨끗한 옷을 주거나, 목수들이 입는 누비옷을 입혀 도구 상자를 쥐어 주기도 하고, 어떤 때는 회사원처럼 변장시켰습니다. 어머니는 얇은 김으로 큰 주먹밥을 잔뜩 만들어 주기도 했습니다.

그리고 언제나 무사히 도망쳤을까 염려했습니다.

생각지도 못한 답례의 소식도 왔었고, 한번은 옴에 걸린 사람이 다녀가서 가족 전부가 옴에 걸리는 일도 있었습니다.

학교에 가면 '옴 걸린 애'라고 놀림을 당해 매일 서글펐던 적도 있었습니다.

공사 현장은 1공구부터 5공구로 나뉘어 수천 명의 노동자가 일했던 것 같습니다.

그것이 알고 계시는 다코베야입니다.

[여기서의 노동이] 힘든 나머지 도망을 치는 것입니다.

운 나쁘게 붙잡히기라도 하면 차마 볼 수 없는 가혹한 고문을 받았습니다.

제가 본 것은 도망치다 붙잡혀 온 사람을 잠깐 세워 둔 장면이었지만, 콘크리트로 된 마루에 무릎을 꿇리고 양손에는 물을 가득 담은 세숫대야를 들게 하고 조금이라도 자세가 흐트러지면 닥치는 대로 허리띠를 휘두르거나 의자를 던졌습니다.

정신을 잃으면 물을 퍼붓고 손과 발을 묶어 허리띠로 그 위를 후려쳐 몸부림치는 광경은 정말 눈뜨고 볼 수 없을 정도였습니다.

이것은 시작에 불과했으니 다코베야에 돌아가면 상상하기도 힘든 일이 일어났겠지요.

지금, 여러분이 진혼의 사명을 띠고 조사한 희생자 중에서 자연사한 사람이 불과 몇 퍼센트네요. 대부분은 억울하고 분해하면서 고향을 그리워했다고 생각합니다.

당시 현장을 보고 들은 증언자의 이야기는 구체적이고 생생했다. 증언자는 다코 노동자와 조선인 노동자를 구별해 증언하지는 않았다. 슈마리나이에서는 두 말이 동의어였다. 다코베야에서 자행된 학대에 조선인에 대한 차별이 겹친 노동 실태를 증언해 주었다.

신메선 철도 공사 및 슈마리나이댐 공사 희생자 위패
ⓒ 동아시아 시민네트워크

슈마리나이댐 공사는 1938년에 시작되었는데 그때만 해도 주로 일본인들이 노동력을 제공했다. 원청으로 공사를 낙찰받은 것은 도비시마구미였지만 1940년에는 공사비를 다 써버려 손을 뗐다. 그 후, 댐이 완성되는 1943년까지 우류전력주식회사 직영으로 공사가 진행되었다. 조선인 강제 연행이 본격화한 것은 우류전력이 직영하면서부터였다.

1940년 무렵, 도비시마구미에서 우류전력으로 공사 담당자가 교체되고 공사도 정체되었다. 그다음 재개된 공사에 일본인 대신 조선인이 등장했다. 1941년 이후 조선인들의 수가 압도적으로 늘어났다. 노동자가 다코베야에서 조선인 노동자로 바뀌었어도 슈마리나이의 노동 형태는 변하지 않았다. 도비시마에서 우류전력으로 원청만 바뀌었을 뿐 실제로 노동자를 부리는 하청 다코베야는 그대로 남았기 때문이다.

박남칠 씨는 본인이 다코베야에 들어가지 않았기 때문이기도 하지만 양쪽을 구별해 표현했다. 그러나 신용인부라 해도 그가 자유로웠다고 할 수는 없다. 중노동과 조악한 식사가 이어졌으며, 도중에 계약을 해지하고 다른 현장으로 옮길 자유도 없었다. 박남칠 씨가 슈마리나이에서 일한 기간은 6개월이었지만 그동안 많은 동포의 희생을 보고 들었다. 그는 평생토록 매년 두 차례씩 광현사를 방문해 본당에 머리를 조아리고 죽은 동포를 생각하며 눈물을 흘렸다.

7. 첫 발굴

슈마리나이의 노인에게 안내받아 당도한 슈마리나이 공동묘지 깊숙한 곳 조릿대 덤불 밑에는 틀림없이 댐 공사와 철도 공사 희생자의 유골이 묻혀 있을 것이다. 그러나 유골이 묻혀 있는 곳은 현재 묘지가 아니라 사유지다.

조사해 보니 슈마리나이 북쪽, 비후카정에 살고 있는 사람이 소유한 토지라는 사실을 알게 되었다. 소개를 받은 나는 땅 주인을 만나 땅을 파고 희생자의 유골을 꺼내고 싶다고 했다. 땅 주인은 흔쾌히 발굴을 허락해 주었다.

그러나 사유지라 해도 슈마리나이 주민들 입장에서는 자기 가족들의 묘지 바로 옆을 발굴하는 터라, 아무 이야기도 없이 진행할 수는 없었다. 주민이 200명도 안 되는 슈마리나이이지만 주민들의 양해 없이는 발굴이 불가능했다. 유골 발굴에 협력해 준 야마구치 씨와 다카야마 씨가 슈마리나이 주민을 설득하기로 했다. 그러던 중 야마구치 씨가 뇌내출혈로 쓰러져 호로카나이 병원에 긴급 입원했다.

광현사 불교 신도 유지가 야마구치 씨의 일을 이어받아 모임을 만들었다. 언젠가는 유골을 발굴할 수 있으리라 생각해 협력 단체를 결성한 것이다. 이쓰노 아키노리, 다카야마 아사지로, 야마구치 하지메, 다나카 후미코, 다나카 후지오 등이 중심이 되어 '슈마리나이 추도법회협력회'가 탄생했다.

본당 뒤쪽에 놓여 있던 위패는 본당 불단에 모셨고 협력회가 커다란 위패를 만들었다. '신메선 철도 공사, 우류댐 공사 희생자 신위'라고 쓰고 본당 불단 위에 위패와 같이 안치했다.

추도법회협력회를 구성한 사람들은 광현사 불교 신도 중에서도 다이쇼 시대에 이주한 개척자와 그 가족이 중심이 되었다. 그들은 슈마리나이 개척에 엄청난 노력을 기울였고, 3년에 한 번꼴로 겪은, 냉해에 따른 흉작을 이겨 왔으며, 댐 공사 현장의 노동 실태를 기억하는 사람들이기도 하다. 그렇기 때문에 댐 공사와 철도 공사에서 희생된 사람들을 방치할 수 없다며 마음을 다잡았다.

그러나 앞서 이야기했듯이 전후에 슈마리나이에 들어와 광현사의 불교 신도가 된 사람들 중에는 유골 발굴 계획에 찬성하지 않는 사람들도 있었다. 유골 발굴을 위한 운동은 이 슈마리나이 주민들과 의견 대립 중이었다. 1976년부터 발굴은 하지 못하고 추도 법회만 5년째 이어지고 있었다.

발굴을 선뜻 시작하지 못하게 하는 걱정거리도 있었다. 발굴 예정지는 사유지였지만 공동묘지와 이어져 있어 해석에 따라서는 공동묘지를 발굴하는 일로 비칠지 몰랐다. 그럴 경우 발굴은 위법행위로 보일 수도 있었다. 발굴 계획을 차가운 시선으로 바라보던 사람들도 있었다. 신중하게 계획을 진행해야 했다.

연락이 닿은 일본인 유족 중에서 유골 발굴을 희망하는 가족이 있었다. 그 유족으로부터 개장 허가원을 받아야 발굴의 정당성을 주장할 수 있었다. 소라치 민중사강좌의 편지에 답장을 보내온 유족은 34명. 그 유족에게 개장 허가원을 받으려고 연락한 결과, 여섯 명의 희생자 유족으로부터 개장 허가원을 받는 데 성공했다. 호로카나이정은 개장을 허가했다. 준비가 서서히 진행되었다.

소라치 민중사강좌는 홋카이도 도내 민중사강좌와 고교생들에게 슈마리나이 공동묘지 희생자를 발굴하는 일에 참가해 주기를 호소했다. 1980년 5월 25일 쾌청한 아침, 참가자 101명이 우류댐 전망대 앞에 모였다.

슈마리나이는 눈이 많이 내리는 곳으로 그해 5월 황금연휴에도 1미터 정도의 눈이 남아 있었다. 그날은 슈마리나이의 눈이 녹아내린 지 일주일 남짓 되는 날이었다. 눈에 덮였던 풀들이 낙엽 사이로 작은 싹을 틔우고 있었다.

슈마리나이 추도법회협력회 사람들과 지역 불교회 승려들도 참가했다. 소라치 민중사강좌의 부름에 홋카이도 각지에서 온 것이다. 고등학생들도 보였다. 후카가와 니시 고등학교 연극부 학생들이었다. 참가자는 제1 댐 제방 근처 순직자 위령탑에 모여 주최자의 인사말을 듣는 등 발굴 사전 의식을 거행했다.

광현사 불교 신도 다카야마 아사지로 씨가 댐에 대해 설명했다. 다카야마 씨는 댐 공사 체험자다. 자세한 설명을 듣겠거니 했는데 "많은 일들이 있었지만 아주 옛날 일이라 잘 생각이 나질 않습니다. 이상입니다."라며 끝내 버렸다.

채만진 씨가 마이크를 들었다. 그로서는 [땅속에서] 동포를 꺼내는, 기다리고 기다리던 날이다. 그의 이야기가 길게 이어졌다. 사무국은 시간이 흘러가는 것에 안절부절못했다.

공사 초기, 콘크리트 제방 건설 예정지 위에 와이어를 걸쳐 50미터 높이에 구름다리를 만들었습니다. 구름다리에 레일을 깔고 언덕 위에서 시멘트 믹서로 섞은 콘크리트를 궤도 협차에 실어 날라 다리 중간에서 아래 거푸집으로 콘크리트를 부었습니다. 얼음이 얼어붙어 자칫 구름다리에서 추락하는 노동자도 있었습니다.

채만진 씨의 이야기가 끝나자 댐 구조물을 견학했다. 콘크리트 제방 속으로 연결된 계단을 따라 10미터 아래까지 내려갔다. 아래에는 댐의 상태를 관찰하는 점검로가 제방 끝에서 끝까지 터널로 연결되어 있었다.

댐 관리 사무소에 이야기하니 안내인과 함께 터널을 견학할 수 있었다. 내부 기온은 10도였다. 여름에도 겨울에도 같은 온도로, 여름에는 시원하고 겨울에는 따뜻하다. 안내해 준 홋카이도전력 직원은 "와인 저장에 최적이죠."라며 농담을 던졌지만 웃는 사람은 없었다. 폭 5미터, 높이 5미터의 콘크리트 터널 벽에는 폭 30센티미터 정도의 거푸집 흔적이 선명히 남아 있었다. 이 현장에서 노동하며 신음한 노동자의 흔적이다.

점검로를 견학한 뒤 참가자들은 댐에서 1킬로미터쯤 떨어진

슈마리나이댐 공사 현장(1940년)

© 동아시아 시민네트워크

발굴 현장으로 향했다. 어제까지 조릿대 덤불이었으나 추도법 회협력회 회원이 예초기로 깨끗하게 깎아 놓았다. 조릿대가 없어지자 여기저기 움푹 팬 곳이 드러났다. 그곳에 말뚝이 박혀 있었다. 협력회가 표시해 둔 것이다.

다행히 날씨가 쾌청했다. 봄바람이 기분 좋게 뺨을 스쳤다. 웅성거리는 가운데 자연스럽게 발굴 장소가 정해지고 참가자가 삽으로 지면의 조릿대 뿌리를 걷어 내기 시작했다. 깊게 박힌 뿌리는 쉽게 뽑히지 않았다.

악전고투가 이어졌다. 간신히 30센티미터 깊이까지 파 들어가자 물이 솟아올랐다. 눈이 녹은 지 얼마 되지 않아 손이 시릴 정도로 차가웠다. 물을 퍼내어 가며 발굴이 이어졌다. 한 시간쯤 지났을까, 발굴 그룹의 구덩이에서 목소리가 들렸다. 삽으로 1미터쯤 파내려 가던 호시노 씨의 목소리였다.

"있다!"

일순간 주변이 술렁거렸다. 취재 왔던 방송국 팀이 달려갔다. 1미터 50센티미터가량 파내려 가던 구덩이 아래에서 작업이 계속되었다. 구덩이에는 흙탕물이 계속 고였다. 흙탕물 속에 손을 넣자 두개골이 만져졌지만 좀처럼 꺼내기가 쉽지 않았다. 양동이로 흙탕물을 퍼내면서 작업해 갔다.

간신히 양손에 쥔 두개골이 땅위로 나왔다. 거의 완전한 형태의 두개골이었다. 검붉게 변한 머리의 둥근 부분이 햇빛 아래 반사되었다. 이어서 대퇴부·쇄골·늑골 등이 밖으로 나왔다. 전문가가 아니어서 유골이 완전한 형태를 이루고 있는지는 알 수 없었다. 가능한 한 유골을 전부 꺼냈고, 양동이에 물을 담아 와 유골을 씻었다.

근처 발굴 현장에서도 유골이 나왔다. 도시락으로 점심을 때우며 오후 1시 무렵에는 여섯 구를 발굴했다. 유골은 준비한 관에 넣었고, 발굴에 참가한 호로카나이 불교회 승려의 독경을 들은 뒤, 고교생들의 손으로 광현사 경내로 옮겼다. 협력회의 사전 준비로 장작을 쌓아 놓고 화장 준비를 했다.

검은 연기가 피어오르고 오렌지색 불빛이 피어올랐다. 향로 앞에서 호로카나이 불교회 승려 다섯 명이 독경하는 가운데 참가자 분향이 시작됐다. 유족 여섯 명에게서 받은 개장 허가원에 딱 맞게 유골이 수습되었다. 허가원을 받은 것은 일본인이었으므로 한국 유족에게는 연락할 수 없었다.

조릿대 덤불 땅속에서 발굴된 여섯 명의 희생자 유골은 철도 공사 희생자인지 댐 공사 희생자인지 알 수 없다. 조선인인지 일본인인지도 알 수 없다. 생전에 어떤 공사 현장에서 일했던 것일까. 병사일까, 사고사일까, 구타는 없었을까. 위패라도 만들어 주었을까. 광현사 주지가 짧게 독경이라도 해주었을까. 사망 사실을 알고 유족이 매·화장 장소를 찾아왔다면 개장해 화장한 유골을 모시고 가지 않았을까.

매장된 채 남아 있었다는 것은 유족이 슈마리나이를 찾아오지 못했다는 것이다. 보통 일본의 장례는 시신을 화장장으로 옮겨 화장하고 유족이 유골을 수습해 유골함에 넣어 장례식장에 돌아가 왕생 법회를 끝으로 마친다. 슈마리나이 공동묘지 뒤편에서 출토된 유골은 화장장에 옮겨지기 전이니, 장례 절차도 끝나지 않은 상태인 셈이었다.

❖

전시에 슈마리나이에서 사망했지만, 오랫동안 중단된 망자의 장례가 40년 만에 재개되었다. 우리는 60명의 희생자 유족에게 유골 발굴 사업이 있음을 알리고 참석해 달라고 요청했다. 도쿄의 유족으로부터 발굴에 참석하겠다는 연락이 있었고, 희생자 우키시마 지로의 숙모 우키시마 스에(가명) 씨가 발굴에 참가했다.

스에 씨는 연이어 발굴되는 유골을 양동이에 담긴 물로 정성스럽게 씻어 관에 넣었다. 초봄의 찬물은 손을 담그기만 해도 시렸지만 스에 씨는 맨손으로 유골을 씻었다. 화장이 끝나고 유골을 유골함에 넣어 광현사 본당에서 추도법회를 마친 후, 발굴 유골 가운데 하나를 조카의 유골로 받고 싶다고 말했다. 보자기로 싼 유골함은 스에 씨의 품에 안겨 지로 씨의 고향, 아키타현 요코테시橫手市 보제사에 안치되었다.

스에 씨에 따르면 1936년 9월에 우키시마 지로가 사망했다는 전보가 왔다고 한다. 아마도 회사 측에서 연락한 것이리라.

저는 15세 정도였지만 그때 지로의 부친은 행방불명이었고 지로의 형도 사망해 유골을 인도하러 갈 형편이 아니었습니다. 지로의 집안은 논밭을 가진 큰 농가였지만 사기를 당해 재산을 전부 빼앗겼습니다.

그즈음 부친과 지로의 방랑이 시작되었습니다. 지로는 상점에서 점원 노릇을 했지만 아마도 소개업자에게 속은 것 같습니다. 홋카이도에 건너간 것은 알고 있었지만 그것을 끝으로 영영 만나지 못했습니다. 여동생이 아키타에 있으니 유골을 가지고 돌아가면 기뻐하겠지요.

스에 씨가 가지고 돌아간 유골이 실제 누구의 것인지는 알수 없다. 희생자의 유골이지만 발굴된 여섯 구를 식별할 정보는 아무것도 없었다. 발굴 유골 가운데 하나를 가져가는 것 말고는 방법이 없었다. 그래서 스에 씨는 유골 여섯 구 가운데 한 구를 가지고 갔지만 조금도 의문이나 불신을 나타내지 않았다.

유골은 그냥 유골이 아니다. 반드시 누군가의 유골이다. 사망 직후에는 그것이 누구의 유골인지 알 수 있지만 매장당하고 화장당하면, 식별할 수 있는 특징은 사라진다. 본인의 시신이지만 시간이 흐르면서 그의 특징이 사라져 어느덧 그냥 어떤 사람의 유골로 남아 버리는 것이다.

최근에는 DNA 감정으로 유골과 유족의 관계를 판명할 수 있다. 그러나 화장한 유골에서 DNA를 추출하기는 매우 어렵다.

화장하지 않았다면 가능하겠지만 그 경우에도 비교할 대상의 샘플이 필요하다.

우키시마 지로는 고향에 여동생이 살아 있었기에 DNA 감정이 불가능하지는 않았다. 그러나 DNA 감정으로 개체를 식별할 수 있게 된 것은 1995년 영국 『네이처』Nature에 논문이 발표되면서부터이다. 우리가 발굴을 진행한 1980년대에는 생각도 할 수 없었다.

스에 씨는 왜 조카의 것이라고 확신할 수 없는 유골을 거리낌 없이 고향으로 가지고 돌아갔을까. 스에 씨는 조카의 유골을 인도받기 위해 도쿄에서부터 홋카이도에 와주었다. 그리고 유골 발굴에 참가했다. 그곳에서 마주한 것은 댐 공사와 철도 공사에서 희생된, 40년 가까이 조릿대 덤불 밑에 묻혀 있던 유골을 발굴하기 위해 모인 사람들과, 발굴된 유골들이었다.

참가자들의 손으로 유골을 발굴했을 때, 그와 발굴된 유골 사이에는 발굴이라는 행위를 통해 어떤 관계가 발생한다. 그것은 발굴자의 상상력을 매개로 성립되는, 그 유골에 잠들어 있던 목숨과의 관계이다.

땅속에서 인간의 매·화장 유골이 나오면 꺼림칙한 기분이 들고 범죄나 병과 관련이 있다고 생각해 경찰관·검시관·의사만 손을 댈 뿐 보통 사람은 가까이하지 않는 것이 일반적이다. 하지만 슈마리나이 희생자 유골 발굴 현장에 참가한 사람들 가운데 유골이 꺼림칙하다며 손대지 않은 이는 없었다. 모두 애지중

지 유골을 땅속에서 꺼내어 정성스럽게 씻겼다.

얼음이 녹아 차가운 물이 솟아오르는 땅속을 파내다가 유골이 만져졌을 때 왠지 사람들은 그 유골이 자신을 꺼내 주기를, 발굴하는 사람의 손에 닿기를 기다렸다는 듯이 느낀다. 참 희한한 감정이다. 유골을 사이에 두고, 희생된 목숨과 자신이 연결됨을 느낀다. 억울하게 시신이 된 그 목숨을 애처로워한다. 나와 관계없는 목숨이라고 생각하지 않게 되는 것이다. 스에 씨도 분명히 유골과 그런 만남을 실감했으리라.

그 순간 유골의 개별성에 대해 의문을 품을 필요가 없어진다. 발굴된 유골과 나 사이에 생긴 만남의 감정만이 유효하며, 그때 유골은 개별성을 넘어, 유골을 손에 쥔 사람과 유골이 된 억울한 죽음과의 만남이 된다. 발굴에 참여해 유골을 지상으로 인도한 사람은 유골과 관계를 맺고, 유골에 특별한 마음을 품는다. 1980년대 발굴 작업 당시 유골을 손에 쥐면 참가자들은 서둘러 화장해 본당에 안치해 드리고 싶다는 마음에 사로잡혔다.

그들의 선의에도 불구하고 이런 감정은 위험한 측면도 있다. DNA 감정까지 가지 않더라도 매장된 유골은 많은 정보를 가지고 있다. 발굴은 본래 고고학적 방법을 바탕으로 신중히 진행해야 하며, 법의학자나 인류학자에 의해 과학적으로 감정되어야 유골의 개별성이 판명되며 유족과의 관계도 명확해진다. 그런 과학적 검증은 강제 연행의 역사를 해명하는 중요한 자료가 된다. 우리가 이런 사실을 깨닫고 발굴 작업에 전문가와 함께한 것은 1990년대부터였다.

그러나 발굴한 사람과 발굴된 유골 사이 인연의 감정을, 발굴자의 주관적 감정일 뿐이라고 치부할 수는 없다. 이 감정은 역사의 어둠 속에서 희생된 기억을 불러내는 중요한 요소다. 고고학적 관심으로 발굴에 참가한다고 해서 역사에 참여한다는 의식이 자연스럽게 생기는 것은 아니다. 과거 강제 노동으로 목숨을 떨구고 오래도록 잊혔던 사람에 대한 마음이야말로 역사의 어둠에 맞서는 힘이 된다.

❖

1983년 7월 10일, 네 번째 발굴에는 고교생들의 참여가 두드러졌다. 쾌청한 일요일이었다. 후카가와 니시 고등학교 연극부 학생들이 많았다. 대부분 여학생들이었다. 그해 연극부에서 다코의 희생을 주제로 창작극을 만들기로 하고 유골 발굴을 체험하고자, 지도교사가 학생들을 인솔해 발굴에 참여한 것이다. 친구들과 어울려 온 것이 즐거운지 학생들은 시작부터 들떠 소풍이라도 나온 듯했다.

날이 더워지면서 모두들 땀을 흘리며 발굴했다. 조릿대 덤불을 걷어 내며 발굴이 이어졌다. 머지않아 점토질의 흙 속에서 유골이 발굴되었다. 까맣게 변해 버린 두개골이 나무뿌리와 흙이 엉긴 채 구덩이에서 지상으로 인도되었다.

이제까지 왁자지껄하게 얘기를 나누며 삽을 잡고 있던 학생들이 갑자기 침묵에 빠졌다. 여학생들은 꺼림칙한 듯 발굴된 유골에서 떨어지려 했다. 마침 그 자리에 있던 나는 물이 든 양동이를 발견하고 "학생들, 이 유골을 씻어요."라고 말했다. 학생 한 명이 놀란 듯했다.

"앗, 저요?"

"그래요. 정성을 다해 씻어 주세요."

나는 물러서 있는 여학생 앞에 양동이를 내밀었다. 여학생들은 얼굴을 찌푸리며 더러운 것을 억지로 만지는 모양새로 유골을 손에 쥐었다. 무리한 일을 시킨 것일까 생각했지만 소풍이라도 나온 듯한 분위기가 신경이 쓰여 그냥 맡겼다. 거기까지 보고 나는 그 자리를 떠났다.

그날 발굴한 유골은 두 구였다. 유골을 관에 담아 광현사 경내에서 다비식을 했다. 유골이 타는 동안 참가자들은 본당에 들어가 둘러앉아 그날의 감상을 나눴다. 사회를 본 나는 무리하게 유골을 씻게 한 여학생들에게 순서가 돌아가는 것이 내심 신경 쓰였다. 현장에서 학생들은 무서워했다. 억지로 씻게 한 것에 화가 나 두 번 다시 오지 않을지도 모른다. 그러나 둘러앉아 순서대로 말하고 있기에 건너뛸 수는 없었다.

여학생들의 차례가 되었다. 마이크를 건네받은 여학생이 발언했다.

저, 오늘, 발굴 현장에서 뼈를 씻으라는 말을 들었습니다. 그때는 정말 깜짝 놀랐습니다. 유골은 한 번도 만져 본 적이 없어요. 저희 할아버지가 돌아가셨을 때도 무서워서, 화장된 유골을 쳐다보지도 못했습니다. 하지만 오늘, 유골을 씻으면서 점점 유골이 친근해졌습니다. 땅 밖으로 나오게 되어 다행이라고 생각했습니다. 두 번 다시 이런 일이 일어나지 않기를 바라는 마음이 들었습니다. 다시 발굴이 있으면 반드시 참가하겠습니다.

유골과의 만남, 유골을 만지고 그 차가움에 희생의 슬픔이 공감되어 학생들의 상상력을 키운 것이다. 눈앞의 새까만 뼛조각에 붙어 있는 황토 흙을 씻어 내는 경험은 어쩌면 앞으로 평생 잊히지 않는 기억으로 남을 것이다. 그 유골에 잠들어 있던 영혼은 어떤 젊은이의 목숨이었을까. 조선인일까, 일본인일까. 사고사였을까, 학대사였을까. 매·화장 인허증 속의 누구였을까. 어찌되었든 그때 학생들의 손바닥 위에는 희생된 목숨의 흔적이 있었다.

역사는 과학이며 사료史料로 기록되고 남겨진다. 그러나 역사에 참여한다는 것은 남겨진 사료를 조사하고 분석하는 데서 끝나지 않는다. 하물며 그 암울함이란. 학생들은 발굴 현장에서 유골을 접하고 유골로부터 무언의 전언을 들음으로써, 헤아릴 수 없는 유골의 역사를 통해 일본과 한반도의 현대사에 참여하게 된 것이다.

1980년부터 시작된 유골 발굴 작업은 4년간 이어져 16구가 지상으로 인도되었다. 그러나 네 번째, 1983년을 마지막으로 발굴은 중단되었다. 매년 자신들의 묘소 근처에서 발굴하는 것을 싫어하는 슈마리나이 주민들 때문이었다. 네 번째 발굴에는 슈마리나이 추도법회협력회의 헌신적인 노력이 있었다. 하지만 마을의 협력 없이 계속 발굴할 수는 없었다. 지역 사람들이 끝내라고 하면 발굴은 중단될 수밖에 없다.

　아직 이곳에는 유골이 남아 있다. 발굴하면 틀림없이 유골이 나오리라고 생각한 나는 다섯 번째 발굴을 생각했지만 지금은 멈춰 있다. 언젠가 발굴을 재개하리라 생각하면서 슈마리나이 산에서 진행한 최초의 유골 발굴 기획이 끝났다.

4장.

유골을 유족 품으로

1. 한국 유족을 찾아서

한국 유족으로부터 일곱 통의 답장을 받은 것은 1977년 3월이었다. 5월이 되어 소라치 민중사를 이야기하는 모임이 유족에게 다시 편지를 보냈지만 답장은 오지 않았다. 그 상태로 시간이 흘러갔다. 한국 유족과 연락이 닿지 않은 채 시간만 흐르고 있었다.

앞서 이야기했듯이 1980년에 슈마리나이 공동묘지에서 발굴이 시작됐다. 그즈음 한국은 격렬한 정치적 격변을 겪고 있었다. 독재를 타도하고 민주화를 열망하는 마산항쟁으로 학생·시민 투쟁이 고조되는 가운데 1979년 10월 박정희 대통령이 서거했다.

최규하가 대통령 권한 대행이 되었지만 12월에 전두환이 군사 쿠데타를 일으켰고, 1980년 5월 광주민주화운동을 탄압해 많은 사상자를 냈으며 제5 공화국 대통령에 취임했다. 민주화운동은 더욱 첨예해지고 군사 독재 정권의 탄압은 거세졌다.

유골 발굴 과정에서 일본 유족은 소라치 민중사강좌의 연락으로 슈마리나이를 찾아와 유골 발굴에 참여하고 유골을 고향으로 모셔 가기도 했지만, 한국 유족에게는 전혀 연락이 닿지 않았다.

그렇다고 한국에 연줄이 있지도 않았다. 군사 독재 정권하의 한국에 입국하는 일은 그리 간단한 문제가 아니었다. 한국을 방문하는 일본 방문객은 거의 남성이었고, 경제 격차를 이용한 유흥 관광으로 비난받는 창피한 상황이었다.

이런 상태가 계속되면 결국 한국 유족과는 만나지 못한 채 끝나 버릴지 모른다는 생각에 초조해졌다. 한국과 연락할 방법을 고민했다. 누구라도 좋으니 한국인과 만나 유족을 방문할 방법을 상의하면 좋겠다고 생각하던 차에 반가운 소식이 들렸다. 1981년 5월이었다.

한국인 승려인 효란 스님이 일본 정토진종 사원에서 포교 활동을 하고 있다는 것이었다. 나는 소식을 듣자마자, 효란 스님이 포교하고 있다는 도야마현의 절을 방문했다. 효란 스님과는 일면식도 없었다. 한국 스님이라면 내 이야기를 들어주지 않을까 하는 생각뿐이었다.

도나미시砺波市의 진종대곡파 절에 효란 스님이 머물고 있었다. 전화 한 통만 하고 갑자기 방문했음에도 주지는 흔쾌히 효란 스님을 만나게 해주었다. 효란 스님은 풍모가 좋은 사람이었다. 전쟁 전에 와세다 대학을 졸업하고, 일제강점기에 독립운동을 하다 투옥된 경험도 있었다.

효란 스님을 만난 나는 홋카이도 슈마리나이에서 강제 연행 희생자 유골을 발굴해 온 일, 한국의 유족 일곱 명으로부터 답장을 받은 일을 말하며, 연락처에 적힌 한국 유족을 방문해 유골을 전하고 싶으니 연결해 달라고 했다. 효란 스님은 흔쾌히 그 역할을 해주겠노라고 했다. 아무튼 적극적으로 유골을 반환하도록 힘써 보자고 말했다.

다음 해인 1982년 8월, 홋카이도를 방문한 효란 스님을 슈마리나이로 안내했다. 답장한 유족의 명단을 들고 귀국한 효란 스님은 직접 유족 몇 명을 찾아갔고, 우리가 한국을 방문할 수 있도록 준비해 주었다.

나와 미야카와가 김포공항에 도착한 것은 1982년 10월 4일이었다. 학생을 중심으로 격렬한 민주화 운동이 한창인 가운데, 3월에는 부산 미 문화원 방화 사건이 일어났고, 정권과 운동이 첨예하게 대립하는 등 긴장이 고조된 상황이었다.

한일 교과서 문제의 여파도 채 가시지 않은 상태였다. 우리 둘 다 몹시 긴장했다. 입국 비자는 '관광'이었는데, 강제 연행된 희생자 유족을 방문하는 일을 관광이라 말할 수 있을까. 군사정권의 상황이 나쁘면 바로 체포당할지도 모를 일이었다.

한국을 방문하기에 앞서 우리는 삿포로 한국 영사관과 민단 홋카이도 본부를 찾아가, 강제 연행된 희생자의 유족을 조사하러 갈 뿐 다른 목적이 없다는 사실을 몇 번이고 설명했다. 예전에 교토에서 학생운동을 한 적이 있고 지금은 민중사 운동에 관여하고 있는 두 사람을, 반공을 국시로 삼은 정권이 달가워하지 않는다 해도 할 말이 없었다. 우리는 효란 스님에게 매달릴 수밖에 없었다.

나리타 공항을 떠난 대한항공 여객기가 김포공항에 도착했다. 로비로 나가자 마중 나온 사람들의 무수한 한국어 피켓 속에 효란 스님의 모습은 보이지 않았다. 북적거리는 인파 속에 있던 우리에게 효란 스님이 다가왔다. 나도 모르게 "스님!" 하고 크게 외치며 손을 잡았다.

서울 시내는 번잡했고 군인과 경찰이 제 세상인 양 활보하고 있었다. 일본 자위대는 시민 앞에 좀처럼 나타나지 않지만 한국 군인은 총을 들고 거리를 활보했다. 특히 청와대 근처는 가지도 못했다. 그날 밤, 택시에 오르니 실내등이 켜져 있었다. 누가 타고 있는지 식별할 수 있게 등을 켜둔 것이라 했다.

우리는 서울 북쪽에 있는 효란 스님의 절로 안내받았다. 처음으로 한국을 방문한 나는 '동'洞이라는 주소가 무엇을 의미하는지 몰라 동굴로 안내하는 걸까 하고 생각했다. 마을 길에서 좀 더 들어가자 절이 있었다.

현관을 들어서니 바로 본당이 있었고 아미타여래불이 모셔져 있었다. 본존불상 좌우에는 신란과 원효의 그림이 걸려 있었다. 불단 아래 커다란 촛대에는 촛불이 타오르고 있었다. 저녁을 마련해 줘서 처음으로 한국 김치를 맛보았다. 매웠지만 정말 맛있었다.

다음 날, 마을을 나서자 효란 스님이 우리를 암시장에 데려다준다고 했다. 환율이 은행보다 좀 더 나은 듯했다. 불법적인 일이긴 했지만 싫다고 말할 상황이 아니었다. 효란 스님을 따라 건물에 들어갔다. 오래된 5층 건물이었다. 계단을 오르는 중간중간 보이는 사무실에는 창문이 없었고 백열전구 아래로 뿌연 먼지가 휘날리고 있었다. 많은 여공들이 미싱을 돌리고 있었다. 층마다 미싱 소리가 요란했다.

5층 사무실에는 책 다섯 권 정도를 올려놓고 점쟁이 같은 모습으로 앉아 있는 사람이 있었다. 효란 스님의 재촉에 일본에서 가져온 달러를 꺼내 환전했다. 100달러짜리가 인기 있는 모양이었다. 상대는 건네받은 달러를 전구에 비춰 보고는 한국 돈으로 바꿔 줬다.

환전을 마친 세 명은 건물 밖으로 나갔지만 우리는 한국의 법률을 위반한 것이었다. 들키기라도 하면 한국 경찰이 언제라도 우리를 잡아넣을 수 있을 터였다. 암시장 환전은 당시 일본 관광객에게는 드문 일이 아니었을지 모르지만 긴장한 우리 두 사람은 발이 떨어지지 않았다. 몸에 독이 들어와 온몸으로 퍼지는 기분이었다.

그렇게 효란 스님과 우리의 유족 찾기가 시작되었다. 처음으로 향한 곳은 천안시 교외에 있는 망향의동산이었다. 재일 한국인 재단인 민단이 주로 자금을 대어 완성한 곳으로, 국외에서 사망한 한국인들을 위한 국립묘지였다.

드넓은 묘지에 길게 묘비가 늘어서 있었다. 나중에 유골을 봉안할 가능성도 있었다. 관장을 만나 인사하고 시내에 나오니 저녁이 되었다. 식당에서 한국 전통 갈비를 먹고 천안역에서 대구로 가는 기차를 기다렸다.

저녁 무렵 역 앞 시장에는 새빨간 고추와 채소를 늘어놓았고, 석양이 시장 사람들을 붉게 물들이고 있었다. 파란 가을하늘의 상쾌한 공기가 주변을 둘러싸고, 사람과 건물의 그림자가 길게 드리워 있었다. 내내 긴장하던 마음이 처음으로 조금 풀렸다. 서로 사진을 찍고 번잡한 시장을 걸었다. 맛있어 보이는 채소와 과일이 기분을 풀어 주었다.

열차가 오기 전까지는 시간이 있다. 산보를 끝낸 둘이 역 입구에 서서 거리를 오가는 사람들을 보고 있을 때였다. 갑자기 중년 사내가 정면에서 우리를 향해 성큼성큼 걸어왔다. 분명히 우리를 향하고 있었다. 둘은 "앗!" 하며 숨을 죽였다.

우리를 노리는 걸까 싶어 급히 대합실로 들어갔다. 그곳에는 효란 스님이 있었다. 마침 개찰이 시작되었다. 효란 스님은 우리를 데리고 플랫폼으로 향했다. 이윽고 부산행 새마을호가 들어왔다. 열차에 올라타 자리에 앉았다. 우리를 쫓아오던 사내를 피했다고 생각했다. 한숨을 돌리던 순간, 대각선 건너편을 보고 기겁했다. 우리를 쫓던 사내가 앉아 있었다. 우리의 동태를 살피는 것은 아닐까 생각하자 등골이 오싹해졌다.

"어이, 아무 말도 하지 말고 가만히 눈 감고 있어."

주변을 살폈다. 효란 스님은 모른 체하는 얼굴로 밤 기차의 차창 밖을 보고 있다. 왠지 효란 스님에게 기댈 수 없다고 느껴지자 우리는 알지 못하는 무리 속에서 고독한 존재가 된 것처럼 가슴이 죄어들었다. 승객의 온기를 품고 특급열차는 밤의 장막 속을 굉음을 내며 질주했다. 한동안 시간이 흐른 뒤 눈을 뜨자 그 사내가 보이지 않았다.

나중에 냉정하게 상황을 되돌아보니 그 사내가 우리를 노렸다고 보기에는 무리인 듯했다. 열차 시간에 쫓겨 급하게 역으로 뛰어든지도 모를 일이다. 그러나 두 사람은 동시에 그가 '덮친다'고 느꼈는데, 그만큼 우리는 한국을 방문한다는 데 긴장하고 있었다.

밤늦게 경상북도 대구에 도착한 우리는 여관에 묵었다. 다음 날 효란 스님의 사제師弟인, 대구 시내 도광사의 젊은 주지 스님의 차를 타고 유족 방문의 첫발을 내딛었다.

한가을 이른 아침, 선선한 공기와 안개에 둘러싸인 대구의 시내 중심부가 희미하게 보였다. 도로변 식당에서 아침을 먹고, 우리 일행을 실은 차는 시내를 빠져나가 교외로 향했다. 길가에는 분홍색 코스모스가 피어 있었다.

가을걷이가 이제 시작일까. 황금 들녘이 평온하게 가을 햇볕을 쬐고 있었다. 홋카이도의 시골처럼, 수확 직전의 벼 냄새가 감돌았다. 식민 지배가 끝나고 37년이 지났지만 이렇게 한국의 시골길을 지나, 일본으로 강제 연행되어 희생된 사람의 유족을 방문하고 있는 일본인이 우리 말고 또 있을까.

대구 시내를 벗어나 한 시간쯤 달리자 아스팔트 국도를 벗어나며 비포장도로로 들어섰다. 뿌연 황토 먼지를 일으키며 산길로 접어들었다. 비가 왔는지 길 군데군데에는 작은 시내처럼 물이 흘러가고 있다. 우리를 태운 차가 덜컹덜컹 길을 빠져나갔

182

다. "택시라면 팁이라도 줘야 갈걸."이라며 효란 스님이 유창한 일본어로 함께 웃었다.

덜컹거리는 길을 30분쯤 달리자 산간 촌락이 눈에 들어왔다. 이런 산골에 사는 사람들까지 강제 연행했던 것일까. 목적지는 산기슭에 있는 집이었다. 진××씨는 희생자 진○○씨의 조카였다.

희생자 : 진○○

본적 : 경상남도 ○○군

사망 연월일 : 1943년 1월 4일(20세)

사인 : 변사

20세 젊은 나이에 연행되었고 게다가 변사라니. 40년 전 유족은 어떤 연락을 받았을까. 아무 연락도 못 받았을지 모른다. 진××씨가 보낸 답장에는 "수십 년 세월이 흘렀지만 언제 어디서 어떻게 사망했는지도 알 길이 없었"다고 적혀 있었다. "자세히 알아봐야 할 일들이 있으면 편지를 주시는 대로 바로 알려 드리겠습니다."라고 했지만, 두 번째 편지에는 답장이 없었다. 어떤 유족이 무슨 생각으로 우리를 기다리고 있을까. 최초의 방문을 앞두고 효란 스님이 우리에게 말했다.

"한국의 시골에는 반일 감정이 심합니다. 유골 이야기는 바로 꺼내지 않는 것이 좋겠어요. 강제 연행에 대한 조사를 하러 왔다고 말합시다."

우리 두 사람은 점점 더 긴장했다. 진×× 씨의 집은 오래된 농가 같았지만 많은 농가가 그렇듯이 집주변이 돌담으로 둘러싸여 있었다. 사립문을 열자 마당이 나왔고 안으로 들어간 효란 스님이 사람을 불렀다. 집 안에서 나온 사람은 여자 분이었다. 효란 스님이 사전에 방문해 우리가 올 것임을 알린 상태였다. 우리의 방문을 알고 있는 진×× 씨가 기다리고 있으리라 생각했지만 본인은 부재중이었다.

진×× 씨의 부인일까. 얼굴에 웃음기가 없었다. 진×× 씨는 일하러 밖에 나갔다고 했다. 말투가 퉁명스러워 말을 붙이기 어려웠다. 효란 스님이 "일본에서 온 스님입니다. 선물을 가져왔는데 받아 주시지 않겠습니까."라고 말했다. 여자 분은 여전히 표정을 풀지 않았다. 일본에서 가져온 과자를 건네려 하자 "선물은 받을 수 없어요. 받지 말라고 했어요."라고 말한다.

경계심을 감추지 않는 태도에서, 일본인을 용서할 수 없다는 분위기가 전해졌다. 그녀는 "진○○ 씨 유골은 고향에 돌아왔어요. 묘지에 매장했어요."라고 말했다. 유골은 반환되어 있었다. 그 밖에는 이렇다 할 이야기가 오가지 않았다. 일본인이 찾아왔다고 들은 것일까, 하얀 치마저고리를 입은 노파 두 사람이 찾아왔다. 한 명은 가슴에 끈을 둘러맸고 다른 한 명은 아기를 업고 있었다. 그중 한 사람이 내게 말을 걸었다.

"당신들 일본인이오? 내 아버지의 형제가 일본에 끌려갔어.

결국 돌아오지 못했지. 일본에서 편지가 온 적도 있었지만 지금은 오지 않아. 당신들이 일본에서 왔으니 형제를 찾아 주지 않겠어?"

일본이라고 하면 꽤 넓은 데다가 장소도 알지 못하는지라 찾아볼 수도 없지만…… 다른 노파도 말했다.

"내 동생은 오키나와에 끌려가 군인이 됐어. 1년 뒤 유골함이 돌아왔지만 함 속에 쓰레기만 들어 있었지."

"마을에 강제 연행으로 일본에 끌려간 사람이 얼마나 있습니까."라고 묻자 이렇게 답했다. "이 마을에서도 꽤 많이 끌려갔지. 아직 돌아오지 못한 사람도 많다고 하더라고."

노파와 대화를 하고 있는데 진××댁의 여자 분이 사라졌다. 노파들도 사라져 우리 일행만 남았다. 이대로 돌아가야 하나. 미처 예상하지 못한 상황이었다. 주변은 강제 연행이 자행된 마을이었다. 지금도 그 상흔이 생생하게 남아 있었다. 지금 일본과 한국의 갈라진 관계의 현실이 그곳에 그대로 있었던 것이다.

한국까지 와서 직접 유족을 만나보고 처음으로 목도한 현실이었다. 식민 지배의 피해자인 한국인들에게 일본은 사죄도 보상도 하지 않았다. 희생을 강요당하고 보상받지도 못한 한국의 서민들이 일본에 악감정을 갖는 것은 당연하다. 게다가 정부는 종종 그 감정을 이용한다. 하물며 교과서 문제로 떠들썩할 때 방문한 터라 어떤 상황이 벌어져도 이상하지 않았다.

세 사람은 진×× 씨 집을 포기하기로 했다. 응대해 준 여자분에게 간다는 인사라도 하려 했지만 그녀는 사라져 버리고 없었다. 당황스러움에 돌아가려는 찰나 그녀가 땀을 훔치며 돌아왔다. 손에는 콜라와 사이다 몇 병이 들려 있었다. 마시고 가라고 했다. 전혀 상대해 주지 않아 의기소침해 있던 터라 생각지도 못한 호의에 놀랐다. 유족 방문길에서 처음으로 사람의 정을 느끼며 미지근한 콜라를 들이켰다.

다음 방문지는 대구에서 거슬러 올라간 경상북도 ○○군이었다.

희생자 : 윤○○

본적 : 경상북도 ○○군

사망 연월일 : 1940년 1월 12일(67세)

사망 장소 : 호로카나이정 1037번지

사인 : 병사

우리를 맞은 것은 윤○○ 씨의 손자인 윤×× 씨. 그는 "조부가 사망했다는 연락을 받고 제가 조부의 유골을 모시러 일본에 갔습니다. 그때 호로카나이 여관 주인에게 큰 신세를 졌습니다."라고 했다. 매·화장 인허증의 신청자가 나카미나미 도시로되어 있었다. 당시 호로카나이에 있던 여관 주인이다. 67세에 사망한 윤○○ 씨는 강제 연행은 아니었다. 화장한 유골은 윤

××씨가 모시고 갔다. 윤××씨와 가족은 웃는 얼굴로 맞아 주었다. 그러나 그곳에서 들은 강제 연행 이야기는 놀라웠다.

그 당시 낮에는 마을에 젊은이들이 없었어. 다들 산속으로 도망가 숨어 있었지. 눈에 띄면 끌려갔으니 말이야. 이 마을에서 네댓 명은 홋카이도와 사할린으로 끌려가 아직도 돌아오지 못하고 있지. 젊은 남자는 모두 당했어. 밭에서 갑자기 끌려간 사람도 있다네.

다음으로 방문한 곳은 경상북도 ○○군 출신 희생자, 김○○ 씨의 동네였다. 대구에서 북쪽으로 꽤 올라가야 했다. 도광사 주지가 운전하는 자가용은 또다시 흙먼지를 날리며 굽은 산길을 달렸다. 사람도 차도 좀처럼 보이지 않았다. 편지를 보낸 이는 김○○씨의 아들이었다. 편지에는 "소식을 듣고 갑자기 눈물겨운 생각이 간절합니다. 슈마리나이댐에서 사망한 부친은 사망 시에 아무런 보상도 받지 못했습니다. 그러나 보상 대상인지 여부를 알 수가 없습니다."라고 되어 있었다.

희생자 : 김○○

본적 : 경상북도 ○○군

사망 연월일 : 1942년 3월 7일(33세)

사망 장소 : 우류전력 제1 공구

사인 : 뇌진탕

마을에 도착해 김××씨 집 앞에 섰다. 오래된 나무 담장 너머로 마당과 집이 보였지만 대문이 잠겨 열리지 않았다. 큰 소리로 불러도 인기척이 없다. 담장을 보낸 김××씨는 김○○씨의 장남이다. 이웃에게 물어보니 오늘은 결혼식이 있어서 일가가 다 나가고 없다고 한다.

만나기를 단념하고 돌아서던 중 노인들이 모여 있는 장소에 다다랐다. 하얀 바지저고리를 입은 노인이 담장 앞에 의자를 꺼내 놓고 곰방대로 담배를 피면서 앉아 있었다. 지켜보던 노인들이 다짜고짜 우리를 에워쌌다.

"일본에서 온 놈들이냐, 일본 놈이야? 나는 오키나와에 끌려갔었다. 일본은 지금껏 아무것도 해주지 않았어. 끌려가 피해당한 사람에게 어떻게 보상할 것인가."

주변의 노인들도 하나둘 말을 꺼냈다. 일순간 주변은 어수선해졌다. 효란 스님이 황급히 우리를 떼어 냈다. 사전 방문을 했을 때도 효란 스님은 노인들에게 에워싸여 "일본 놈 앞잡이냐. 보상은 있냐."라고 규탄당했던 것 같았다. 우리는 황급히 차에 올랐다.

이렇게 한국 유족 방문이 끝났다. 강제 연행 희생자들의 유족을 방문하는 여정은 발걸음이 꽤 무거웠다. 두 일본인을 향한 시선은 차가웠고 준엄했다. 게다가 한국 정보기관의 감시가 있지 않을까 하는 공포는 돌아가는 김포공항까지 이어졌다. 출국장을 빠져나가는데 정말 누군가 지켜보는 느낌이 들었다. 우리는 무사히 귀국할 수 있을까.

일주일간의 여정이 끝나고 우리를 태운 대한항공 여객기가 김포공항을 이륙했다. 하지만 긴장감이 쉽사리 풀리지 않았다. 나리타 공항에 내려 입국장에서 짐을 찾고 로비로 나온 두 사람은 그대로 의자에 주저앉았다. 그때 처음으로 긴장감이 풀렸다. "이제 잡혀갈 일은 없어. 어쨌든 여기는 일본이니까."라는 실감이 들었다. 갑자기 힘이 풀려 30분 가까이 그대로 앉아 있었다.

귀중한 경험이었다. 그러나 당분간은 다시 한국을 방문할 마음이 생기지 않을 것 같았다. 홋카이도에 돌아오니 재일코리안들이 "그 녀석들은 잡아넣으려면 언제든지 그렇게 할 놈들"이라고 말했다.

2. 염원의 상 건립

이때의 한국 여행은 무척이나 중요한 경험이었다. 얼어붙은 마음이 풀리지 않은 채 30년이 지난 상태의 유족과 만난 것만으로도 충분했다. 유골 반환 등은 앞으로의 일이다. 지금은 식민지배와 전쟁의 과거를 잊은 일본인에게 분노하는 한국인 유족이 있다는 사실을 전하는 일부터 시작해야 한다. 우리는 한국과의 관계를 일단 그대로 둔 채 슈마리나이 환경을 정비하는 데 주력했다.

고노 씨와 다카야마 씨 등 슈마리나이 사람들과 소라치 민중 사강좌 회원들이 협력해 '슈마리나이 역사보존위원회'라는 모임을 만들었다. 보존위원회가 철도 공사, 댐 공사에서 벌어진 희생 사실을 기록하고 희생자에게 마음을 전하는 '기념의 상'을 건립하는 운동을 시작했다. 청동상 제작은, 홋카이도를 대표하는 조각가 혼다 메이지 씨에게 의뢰하기로˚했다. 삿포로 마루야마에 있는 혼다 씨의 아틀리에를 방문해, 희생당한 일본인 다코 노동자, 조선인 강제 연행 노동자를 추도하는 상의 제작을 의뢰했다.

1988년 혼다 씨는 작업을 시작했지만 조각상 스케치가 완성된 직후 병으로 쓰러졌다. 문병을 간 내게 그는 퇴원하면 바로 청동상을 만들겠노라고 했지만 병세가 급격히 악화되었다. 죽기 전까지 조각상의 완성을 걱정하던 혼다 씨는 1989년 4월 스케치를 남겨 놓고 운명했다.

혼다 씨의 딸은 조각가 곤도 이즈미 씨다. 부친의 일을 듣고 옥외 전시용 청동상의 제작을 이어받았다. 반년 후, 2미터 남짓한 청동상이 완성되었다. 조용히 고개를 숙이고 무언가를 기원하는 희생자의 모습을 형상화한 단순하고 멋진 조각상이다. 제작비는 많은 사람들로부터 모금했다. 완성된 조각상이 내가 있는 절에 도착했다.

청동상은 완성했지만 많은 사람이 볼 수 있으려면 제1 댐 콘크리트 제방 옆 전망대가 있는 곳이 좋을 듯했다. 호수가 보이고 많은 관광객이 찾는 장소다. 댐과 댐 주변 지역은 홋카이도

전력의 소유지다. 우리가 홋카이도전력을 찾아가 청동상을 세울 장소를 빌려 달라고 하자, 그곳은 홋카이도전력이 호로카나이정에 대여한 토지이므로 호로카나이에 문의해 보라고 했다.

호로카나이에 문의하자 그곳은 홋카이도전력의 소관이라며 담당자가 말끝을 흐렸다. 몇 번 교섭을 진행한 끝에 이제 허가가 나오겠다고 생각할 즈음 이번에는 홋카이도 도립공원 관리과가 제동을 걸었다. 슈마리나이호는 도립 자연공원으로 지정되어 새로운 건조물을 승인할 수 없다고 했다. 하지만 이미 많은 건조물과 시설물이 서있는데, 청동상을 세울 수 없다는 것은 부당했다.

다시 한번 홋카이도와 교섭을 하려던 우리에게 슈마리나이의 농민 다카야마 도모키 씨가 이러쿵저러쿵 말만 많고 장소가 정해지지 않을 바에야 호수로 향하는 도로변에 있는 자신의 땅을 쓰라고 했다. 다카야마 씨의 부친인 아사지로 씨는 댐 공사에서 일한 경험이 있으며 슈마리나이 역사보존위원회 회원이다. 다카야마 씨의 호의에 감사하며 청동상을 호반을 향하는 도로변에 세웠다.

1991년 10월, 여러 해 동안 계획해 온 청동상 제막식이 거행되었다. 많은 사람들의 모금으로 만들었고, '민족의 화해와 우호를 염원하는 상'이라는 이름을 붙인 청동상은 희생 사실을 전하는 비문과 함께, 지금도 얼굴을 호수로 향해 조용히 고개 숙인 채 서있다.

3. 광현사와 사사노보효 전시관

1992년 4월 24일, 나는 광현사 신도들의 부름을 받고 슈마리나이로 향했다. 신도들은 승려인 내게 승복을 가져오라고 했다. 4월 하순의 슈마리나이는 공기에서 봄 향기가 났지만 1미터 넘는 눈이 여전히 남아 있었다.

오전 10시부터 법요식이 시작됐다. 빗속에서 딱딱한 눈을 밟으며 본당에 들어서자 신도들 모두 법요식을 준비하고 있었다. 광현사 주지를 겸직하고 있는 아사히카와 문광사 주지 사토 류겐 씨도 와있었다.

슈마리나이는 과소화 물결로 인구가 격감하고, 예전에 100세대를 넘던 광현사 신도들도 이제는 10세대에 불과했다. 창립한 지 60년 가까이 된 광현사 본당은 지금도 사찰 양식을 갖춘 목조건물이며 옆에 요사채庫裏(절에 있는 승려들이 거처하는 곳)가 붙어 있다.

1962년에 주지가 떠나고 나서부터 30년간 신도들의 노력으로 절이 유지될 수 있었다. 그러나 그 노력도 이제는 한계에 다다랐다고 판단한 것일까. 불과 몇 안 되는 신도들로 두 채의 가람을 유지하기에는 경제적으로도 큰 부담이었다. 그래서 신도들이 모여 논의해 본당을 허물기로 결정한 것이다.

오늘은 본당 해체를 위한 마지막 법요식인 것이다. 건물 주변에 눈이 남아 있는 이때 가람을 허물려는 참이었다. 사토 주지의 집전으로 독경이 시작되고 나도 독경을 이어갔다. 법요식이 끝나고 음식이 나오면서 작은 연회가 시작되었다. 오후부터 해체를 시작할 모양이었다. 갑작스러운 일에 당황한 나는 안타까운 마음에 제안을 하나 했다.

댐 공사가 시작되기 직전에 지어진 이 본당은 역사적 건물입니다. 댐 공사에서 희생된 일본인과 조선인이 이 절로 옮겨져 본당 마루에서 하룻밤을 지내고 공동묘지에 옮겨 매장되었습니다. 그래서 본당에는 많은 위패가 남아 있습니다.

누구에게도 돌봄을 받지 않은 채 죽음을 당한 희생자에게는 광현사 본당만이 망자의 혼을 위로한 유일한 장소입니다. 지금 돌아보면 댐 공사를 떠올리게 하는 건물은 댐 콘크리트 제방 말고는 광현사뿐입니다. 어떻게, 남길 방도가 없을까요?

다카야마 씨가 말했다.

몇몇 신도로는 이 본당을 지킬 여력이 없습니다. 혹시 당신들이 책임지고 유지하겠다면 본당을 물려받아 사용하십시오. 그 대신 허물 때도 당신들이 책임지길 바랍니다.

이렇게 해서 광현사 본당은 소라치 민중사강좌 소유의 건물이 되었다. 1992년부터 소라치 민중사강좌가 관리하게 되었지

사사노보효 전시관(구 광현사)

만 슈마리나이는 후카가와 시내에서 60킬로미터나 떨어져 있었다. 소라치 민중사강좌 회원이 일상적으로 광현사 건물을 관리할 만한 상황이 아니었다.

그래서 광현사 옆에 사는 신도 다나카 후지오 씨가 관리를 맡아 주기로 했다. 후지오 씨의 어머니 후미코 씨야말로 우리를 처음 광현사에 안내해 준 분이다. 후지오 씨가 관리해 주기로 하면서 광현사를 유지할 수 있게 되었다. 후지오 씨는 단순히 관리만 한 것이 아니라 소라치 민중사강좌의 일원으로 운동에 동참하고 지원해 주었다.

광현사를 물려받은 소라치 민중사강좌가 직면한 것은 겨울의 눈이었다. 슈마리나이는 영하 41.2도라는, 일본 관측사상 가장 추운 기온의 기록이 있다. 이곳은 일본 유수의 대설 지대이다. 한겨울인 1월부터 2월까지의 적설량은 2미터를 넘어 3미터 가까이 될 때도 있다.

눈을 치우지 않으면 사찰 건물이 그대로 무너진다. 연말에 한 번, 해가 바뀌어 2월에 한 번 정도, 그러니까 겨울 동안 두 차례 눈을 치워야 한다. 연말 눈 치우기는 다나카 씨가 해주었다. 두 번째 눈 치우기는 강좌 회원들이 담당하기로 했다.

2월 중순, 소라치 민중사강좌 부대표로 후카가와시에 있는, 다쿠쇼쿠 홋카이도 단기대학 조교수 오노데라 마사미 씨가 학생들을 인솔해 왔다. 눈보라를 헤치며 간신히 광현사 앞 도로에 도착했지만 도로에서 광현사로 진입하는 것조차 힘겨웠다. 허리까지 빠지는 눈을 헤치며 절 앞에 당도하자, 2미터가 넘는 눈에 파묻힌 광현사가 보였다. 작은 사다리로는 지붕에 올라가지도 못한다.

어렵사리 기어서 지붕에 오르면 거대한 눈덩이가 콘크리트처럼 딱딱하다. 삽도 꽂기 어렵다. 오후 일찍부터 저녁까지 3분의 1도 못 치우고 내려와 마무리는 다나카 씨에게 부탁하고 말았다. 이렇게 광현사의 눈을 치우는 일이 고민이었는데, 머지않아 눈 치우기는 아시아에서 온 젊은이들의 일이 되었다.

신도들은 본존불을 요사채로 옮기고 본당을 소라치 민중사강좌에 위임했다. 종교 시설이었던 광현사 본당은 구舊 광현사로 부르게 되었다. 본당을 우류댐 공사와 메이우선 철도 공사, 슈마나라이의 유골 발굴, 그리고 홋카이도의 조선인 강제 연행 등의 역사를 전시하는 전시관으로 만들자는 의견이 나와 준비를 시작했다.

신도들이 좀처럼 쓰지 않는 요사채도 소라치 민중사강좌가 사용하게 되었다. 요사채에는 화장실과 주방이 딸려 있었다. 다나카 씨의 도움으로 광현사 본당과 요사채를 정비해 민중사강좌의 회원들과 방문자가 숙식할 만한 공간이 되었다.

1995년 7월, 본당을 활용한 역사 자료관 사사노보효 전시관이 문을 열었다. 관장에는 다나카 후지오 씨가 취임했다. 그해 9월 3일, 후카가와와 나요로를 연결하는 지방선인 신메선이 폐선되었다.

슈마리나이역은 폐선을 기념하는 사람들로 북적거렸다. 승객과 사진을 찍는 사람들로 정신이 없었다. 광현사는 철도 공사 희생자가 안치된 절이며 발굴 유골 중에는 철도 공사 희생자도 포함되어 있다. 우리는 광현사 본당을 행사장으로 해 철도 공사 희생자를 위한 추도 법요식을 열었다. 절 마당에서 민요 가수 이토 다키오 씨의 추도 콘서트가 열렸는데 1000명 이상이 참여했다. 이토 씨는 〈아리랑〉을 한국어로 불렀다.

1999년 10월 5일, 추리소설 작가 모리무라 세이치 씨가 남편과 함께 슈마리나이를 방문했다. 전날인 10월 4일에는 나요로 시내에서 모리무라 세이치의 강연회가 있었고 강연회를 주최한 홋카이도 대학 가누마 긴자부로 교수가 모리무라 씨에게 슈마리나이를 소개한 것이었다.

나는 슈마리나이로 가서 전시관장 다나카 후지오 씨, 전시戰時에 슈마리나이에서 강제 노동을 한 박남칠 씨와 함께 모리무라 부부를 맞이했다. 댐과 공동묘지 등을 견학한 부부를 사사노보효 전시관으로 안내했다. 본당 봉안당에는 전시 강제 노동 희생자의 유골이 안치되어 있다.

본당 마루에 앉아 있던 부부에게 유골을 보겠냐고 물어 보았다. 모리무라 씨가 "괜찮으시다면……"이라고 말했다. 모리무라 씨가 "당신도 볼래요?"라고 남편에게 물어보자 "그럼요."라고 대답했다. 모리무라 부부는 두 시간가량 머물며 유골 발굴의 역사 등을 꼼꼼하게 들었다. 그로부터 20일쯤 지나 10월 하순에 모리무라 씨는 함께 찍은 사진 10여 장을 보내왔다. 사진에는 정중한 감사의 뜻이 적혀 있었다.

그로부터 며칠 뒤 모리무라 씨로부터 전화가 왔다. 모리무라 씨는 슈마리나이에서 일어난 일을 주제로 소설을 쓰고 싶다며, 관련 자료를 받고 싶은데 협력해 줄 수 있는지, 추리소설로 만들면 우리가 해온 활동을 많은 사람에게 전하기가 쉽지 않겠느냐고 말했다.

자료를 제공하기로 약속한 나는 우류댐 공사 및 유골 발굴과 관련된 사료와, 홋카이도가 작성한 강제 연행 및 강제 노동 보고서 『홋카이도와 조선인 노동자』를 보내 주었다. 얼마 지나지 않아 원고가 팩스로 전송되어 왔다. 사실 관계에 틀린 점은 없는지 검토해 달라는 것이었다.

추리소설 「사사노보효」는 잡지 『소설 보석』小說宝石에 2000년 1월호부터 5월호까지 연재되었으며, 이후 고분샤光文社에서 문고본으로 출간되었다. 모리무라 씨는 운동에 써주길 당부하며 인세의 일부를 기부했다.

그즈음 때마침 전시관 주변 토지 2헥타르를, 예전에 슈마리나이에 살던 소유자가 팔려고 내놓았다는 이야기를 다나카 씨로부터 전해 들었다. 아사히카와에 살고 있는 토지 소유자에게 사정을 이야기하자 싸게 넘겨주겠다고 했다. 「사사노보효」를 쓴 모리무라 씨와의 인연이 생각지도 못한 결실을 맺었다. 그렇게 해서 사계절 내내 산나물과 버섯이 나오고 푸른 초원이 펼쳐진 슈마리나이 토지를 소라치 민중사강좌가 소유하게 되었다.

4. 유골을 전하고 싶다

앞서 이야기했듯이, 1980년부터 1983년까지 희생자 유골 발굴 사업은 매년 진행되었다. 네 차례 발굴을 통해 16구의 유골을 지상으로 인도했다. 희생자에 대한 조사도 계속 진행했다. 호로카나이정에 보관되어 있던 매·화장 인허증, 광현사에 남겨진 과거장과 위패, 후렌정風連町에 있던 매·화장 인허증 등에서 집계한 희생자 수는 214명이었다.

슈마리나이 공동묘지에는 약 110명이 매장되어 있었고 그중 46명이 조선인이었다. 매장된 유골이 전부 남아 있다고 볼 수는 없다. 유족이 와서 개장한 뒤 가져간 경우도 있을 것이다. 그러나 지금도 상당수 유골이 매장된 채 시간이 흘러가고 있다.

유골은 한때 그 사람의 육신을 지탱했으며, 그의 목숨이 깃들어 있었다. 과거 어느 날 그는 목숨을 잃었고 땅속에 묻혔다. 침묵의 시간이 흐르는 동안 땅속에서 육체는 분해되어 흙이 되고 유골은 그저 보통의 뼈로 남게 된다. 그리고 어느덧 흙의 일부가 되어 자연 속에서 형태를 잃고 사라져 버린다. 유구한 시간 속에서는 유골만이 아니라 모든 것이 변화한다. 만물은 변한다. 불교에서는 이를 제행무상이라고 한다.

그러나 슈마리나이 공동묘지에 매장된 전시 강제 연행 및 강제 노동 희생자의 유골이 땅속에서 없어져 가는 것을 제행무상이라고 말할 수는 없다. 그 유골에는 과거에 그를 죽음에 이르게 한 원인이 있으며 죽음을 강요한 사람 혹은 기업의 작태, 또는 무작위가 있었다. 일본 정부 및 강제 연행을 수행한 기업들에게 과거를 자각하도록 촉구하고 싶지만 그들이 자각할 것 같지는 않다.

일본인 다코 노동자가 사망하면 유족을 찾아 연락을 취한 뒤 유골을 전해 주는 것이 토건 회사의 의무다. 조선인 강제 노동 희생자의 경우는 연행 그 자체가 전시 일본 정부 및 토건업자가 저지른 불법행위일 가능성이 있다. 그럼에도 유골을 유족에게 반환하는 것은 최소한의 도리다. 일본 정부와, 희생자를 사역한 기업은 그 최소한의 의무를 게을리한 것이다.

유골의 존재를 자각한 것은 홋카이도에서는 민중사 운동을 전개한 시민들이었다. 슈마리나이에서는 주민들과, 유골 발굴에 뜻을 모은 시민들이 협력해 16구의 유골을 지상으로 인도했다. 전후 30년이 지나 발견된 유골을 유족들의 품에 안겨 드리고 싶다고 생각하는 것은 자연스러운 일이다.

그러나 발굴된 유골과 부장품 등에서 개인을 특정할 자료는 나오지 않았고, 일본인인지 조선인인지 확인할 만한 물건도 없었다. 공동묘지 뒤편 조릿대 풀숲 땅속에서 발굴되었으니 댐 공사나 철도 공사의 희생자인 것은 틀림없었지만 유골에서 그 이

상의 정보를 찾을 수는 없었다.

다비식을 하고 하얀 유골 단지에 넣어 광현사 본당에 인도함으로써 단순한 뼈가 아닌 진정한 유골이 되었다. 유골에 잠들던 영혼은 조금이나마 위안받았을까. 그렇지 않을 것이다. 그것에 망자의 마음이 깃들어 있다면 슈마리나이에 있고 싶지 않을 것이다. 틀림없이 고향의 가족 품으로 돌아가고 싶을 것이다.

유골과 함께 발굴된 부장품을 신중하게 조사해 감정하면 매장 당시의 상황, 성별, 연령, 영양 상태, 어떤 노동에 종사했는지 등 여러 정보를 얻을 수 있다. 유족이라고 생각되는 사람이 있으면 DNA를 감정할 수도 있다. 그러려면 발굴할 때부터 고고학과 형질인류학 전문가의 지도와 감정이 필요하다.

고고학에서는 '발굴은 파괴'라고 말한다. 한번 발굴하면 원형으로 되돌리지 못하기 때문이다. 기록도 복원도 불가능하다. 따라서 신중하게 발굴해야 한다. 발굴 유골은 유골로 보존해야 정보가 남겨진다. 다비(화장)를 하면 유골은 태워지고 부스러져 원형이 사라지며 DNA 감정도 불가능하다.

앞서도 이야기했지만, 1980년대 슈마리나이에서 유골을 발굴할 당시 고고학이나 유골 감정 관련 전문가가 참여하지는 않았다. 그래야 한다는 것을 느끼지도 못했거니와 협력을 의뢰할 만한 연구자를 찾기도 어려웠다. 유골 발굴은 홋카이도에서 민중사 찾기 운동이 시작된 지 얼마 안 되었을 때 시작한 터라 전문가의 도움을 요청할 만한 여력이 없었기 때문이다. 발굴에 참여한 사람도 유골을 과학적으로 발굴하겠다기보다 희생자의 슬픔에 응답하고 싶다는 생각이 먼저였다.

땅을 파서 발굴해 유골이 나오면 먼저 지역 경찰에게 연락한다. 발굴된 것이 인골인 경우 범죄 가능성이 있을 수 있기 때문이다. 지역 경찰이 와서 보고 십수 년을 경과했다고 판단하면 알아서 처리해 달라며 손을 뗀다. 슈마리나이에서 발굴을 진행할 때는 미리 연락해 두었기 때문인지 경찰은 현장에 오지 않았으며, 전화로 처리를 맡기는 일도 있었다.

십수 년 만에 땅 밖으로 나온 유골의 상태는 참혹했다. 나무 뿌리가 두개골에 얽혀 있었고 물로 씻어 내면 유골에서 검은 빛이 났다. 발굴에 참여한 이들은 유골을 그 상태로 둘 수 없다고 생각했다. 일본의 전통적인 유골 처리 방식은 화장이었으므로, 유골을 광현사 마당으로 옮겨 장작을 쌓고 다비를 했다. 화장된 유골을 유골함에 넣어 본당 불단에 안치해 주최자와 참가자도 조금이나마 마음의 위안을 가질 수 있었다.

그러나 냉정하게 생각해 보면 그것은 어느 한쪽의 (그것도 불교적인) 장례 관습을 따른 것이다. 한국에서는 유교 문화나 기독교 문화에 따라 대부분 매장을 한다. 유골을 화장하는 것은 한국·조선 사람들의 입장에서는 유골을 정중하게 모셨다기보다는 대충 처리했다고 생각할 수도 있다.

일본에서도 화장은 불교적·지역적인 전통이었고 지역에 따라서는 매장하는 곳도 많다. 근래 들어 화장을 많이 하지만 매장을 금지하지는 않는다. 아이누의 전통 장례는 매장을 한다. 오키나와의 전통적인 방법은 세골장洗骨葬이다. 종교적 이유 또는 고인의 의사에 따라 화장한 유골을 바다나 산에 뿌리는 경우도 있다.

유골을 어떻게 처리할지는 누가 결정하는가. 본인이 어떻게 해달라고 유언으로 남길 수도 있다. 그렇지 않다면 결정 권한을 갖는 이들은 망자의 유족일 것이다.

따라서 망자를 앞에 두고 그 죽음에 책임이 있는 자는 그의 죽음을 유족에게 전하고 장례와 유골 처리에 관해 상의해야 한다. 그렇게 하기 어려우면 관계자가 장례를 치른 유골을 정중하게 보관해 유족이 도착하기를 기다리는 것이 마땅하다.

그런데 조선인 강제 연행 희생자의 유골은 전후 오랫동안 유족에게 그 존재를 알리지 못하고 절의 봉안당 구석, 묘지, 깊은 산속에 매장되어 있었다. 왜 그런 일이 계속됐을까. 정치적 요인으로는, 전후 미국의 점령 정책과 냉전, 전후 일본 보수 정치의 동향을 언급하지 않을 수 없다. 그러나 일본 정부와 기업의 무책임을 지적한다 해도, 매장된 유골이 가까운 산속에 묻혀 있다는 것을 알면서도 하루하루 바쁘다는 핑계로 내버려 둔 우리 시민들의 침묵은 어떻게 설명할 수 있을까.

좀 다르게 보면, 아시아 사람들에게 사죄하고 보상해야 한다는 사실을 자각하지 못한 채 전후의 시간을 지나온 것은 일본의 정치권만이 아니라 다수의 일본인들도 마찬가지였다.

유족뿐만 아니라 망자와 관련된 사람들에게 애도의 마음이 전해지지 않고, 장례 의식도 못 치른 채 망자가 방치되어 있다면, 그것은 인간으로서 존엄을 무시당한 '횡사'이다. 많은 전쟁 희생자가 횡사했다. 강제 연행 희생자 또한 그랬다. 유골이 한국·조선에 돌아가지 못하면 유골을 기다리는 유족들의 한은 풀리지 않을 것이다. 유골 발굴에 관여한 이들이 되도록 유족을 찾아 유골을 전하는 것은 이제라도 당연한 책무이다.

5. 9년 만의 한국 유족 방문

1980년대에는 유골 16구를 발굴해 수습했다. 그중 다섯 구가 일본인 유족의 품으로 반환되었다. 유골을 모셔 가려고 슈마리나이에 온 일본인 유족은 유골 한 구 한 구를 가족의 유골로 받아들였다. 발굴에 참가하면서 망자에 대한 감정을 느낀 유족이 여러 유골 가운데 하나를 모셔 가기로 결심했던 것이다.

한국 유족은 어떻게 받아들일까. 10년 전 나와 미야카와가 한국을 방문했을 때는 유골 반환이 이루어지지 않았다. 분노와 슬픔이 유족의 가슴을 얼어붙게 했기 때문이다. 지금도 상황은 변하지 않았을 것이다. 육친의 유골을 돌려받고 싶기는 하지만 강제 연행의 과거를 떠올리면 또다시 분노와 슬픔을 느낄지도 모른다.

일본 정부와 책임 있는 일본 기업은 조선인들의 강제 연행에 대해 사죄도 보상도 하지 않고 있다. 한일조약 체결로 보상 문제가 해결되었다는 것이 일본 정부의 견해이고 일본 재판소도 정부의 견해를 인정한다. 그래서일까, 식민 지배를 긍정하고 싶어 하는 정치인들의 망언이 되풀이되고 있다.

달라진 것은 한국의 정치 상황이었다. 1987년 노태우의 민주화 선언을 거쳐 88올림픽을 성공리에 개최하고 김영삼 정권 하에서 서서히 민주화가 진행되었다. 1991년에 일본군 '위안부' 김학순 씨가 자신의 존재를 드러내면서 이른바 증언의 시대가 시작되었다. 12월에는 일본군 '위안부'와 태평양전쟁희생자 유족회 회원이 피해자 보상과 관련해 도쿄재판소에 제소했다.

이런 분위기 속에서 우리는 처음으로 한국 유족에게 유골을 봉환하기로 했다. 1991년 2월 4일, 한겨울의 홋카이도를 방문한 한국 승려가 내가 주지로 있는 절을 방문했다. 조계종 승려로 '일제 36년사 연구소'를 운영하는 남현 스님이었다. 그는 강제 연행과 강제 노동의 역사를 조사하기 위해 홋카이도에 왔다. 비바이시美唄市에 사는 역사가 시라토 기미야스 씨가 안내해 주었다.

시라토 씨 부부의 안내로 우리 절에 도착한 스님은 회색 승복 차림을 한, 40대 정도의 건장하고 활동적인 인물이었다. 그는 슈마리나이 관련 자료를 보여 달라고 했다. 15년 정도의 활동 자료와 사진 등을 소개하면서 한국인 유족에게 유골을 반환하는 일에 대한 이야기를 꺼냈다. 15년 전에 한국으로부터 받은 답장이 마음에 걸렸다. 우류댐 공사 희생자 박○○의 조카 박××씨의 편지다.

답장 내용을 봐서는 조카인 박××씨는 작은아버지의 유골을 받지 못한 듯했다. 게다가 1982년 유족 방문 때 찾아가지 못했다. 1990년대 이르러 한국과 새로운 인연이 생길지 모른다는 예감이 들었다. 우선 이 유족을 방문해 보려고 하니 중간에서 다리를 놓아 달라고 했더니 남현 스님이 지원을 약속했다.

1991년 6월, 나는 9년 만에 다시 한국에 갔다. 한국은 크게 변해 있었다. 서울 시내는 9년 전에 비해 완전히 밝아진 모습이었다. 남현 스님이 검은색 현대자동차를 몰고 나타났다. 그는 "이 차는 제 탱크입니다."라고 자랑했다. 우리는 이 차를 타고 충청북도에 있는 유족, 박××씨를 만나러 갈 것이었다.

남현 스님이 운전하는 차는 통역해 줄 사람과 나를 태우고 이른 아침 서울을 출발해 고속도로를 달렸다. 청주를 지나 고속도로를 빠져나와 논밭이 펼쳐진 시골길이 나타났다. 모내기가 한창이었다. 논에는 백로가 우아하게 춤추고 있었다.

주소만 들고 찾기란 매우 어려웠다. 파출소에 물어 보기도 하고 가게에도 물어물어 길을 찾았다. 머지않아 큰 댐의 호반 도로를 달려 강을 건너 산속에서 박××씨의 집을 발견했다.

우리가 그곳에 도착한 것은 저녁 무렵이었다. 농가의 대문에 문패가 걸려 있었다. 우리가 방문한다는 사실을 사전에 알렸기 때문에, 박×× 씨는 동생과 함께 우리를 기다리고 있었다. 부인 성×× 씨도 모내기를 끝내고 돌아온 참이었다. 박×× 씨가 몸이 불편해 부인이 일한다고 했다.

남현 스님이 방문 취지를 설명하고 내가 홋카이도에서 어떤 일을 해왔는지에 대해 간단하게 설명했다. 박×× 씨는 16년 전에 홋카이도에서 온 편지를 기억하고 있었다.

돌아가신 작은아버지 박○○ 씨는 결혼도 못 하고 일본에 끌려갔습니다. 할아버지는 작은아버지가 죽은지도 모른 채 타계하셨습니다. 15년 전에 편지를 받고 놀라서 면장에게 부탁해 답장을 썼습니다. 유골을 찾으러 가지는 못했지만 가져다주신다면 기쁘게 받고 싶습니다.

유골을 받겠다고 승낙한 첫 번째 한국인이었다. 남현 스님이 "유골을 모셔 오면 한국 방식으로 법요식을 엽시다."라고 말했다. 슈마리나이에 남겨진 유골을 한국 유족에게 전할 수 있게 되었다. 운동의 새로운 열매를 맺을지도 모를 일이었다. 희망에 부푼 마음으로 귀국길에 올랐다.

6. 유골을 유족의 품으로

일본에 돌아오자 남현 스님으로부터 연이어 팩스가 도착했다. 삼일절에 유골을 반환하고 법요식을 열자고 했다.

용기를 내어 봉환 준비를 시작했다. 우류댐 공사 희생자 가운데 유일하게 화장해 절 봉안당에 안치되어 왔던 임○○ 씨의 유골과 또 한 구의 유골이었다.

임○○
1942년 5월 26일 오전 7시, 우류전력 제4 공구에서 사망(34세)
본적 : 경기도 ○○군
사인 : 병사(재귀열)
화장 장소 : 슈마리나이 공동묘지

임○○ 씨의 본적은 서울 북쪽에 있다. 10월에 방문했을 때, 나는 남현 스님과 함께 그곳에 가서 유족을 수소문했다. 면사무소에서 호적을 조사했지만 유족의 존재를 확인하지 못했다. 마을을 걷다가 경로당을 발견해 들어가 보니 마을 노인들이 모여 있었다. 임○○ 씨를 아는지 물어보았다. 근처에 모인 노인들에게도 물었으나 아는 사람이 없었다.

경기도 ○○군은 한국전쟁 당시 격전지 가운데 하나였다. 흡사 장기판의 장기 알이 어지럽게 섞인 모양새였다고나 할까. 오래전부터 살았던 이들은 적은 듯했다. 임○○ 씨의 유족을 찾는 데는 실패했지만 슈마리나이에서 유일하게 신원이 확실한 유골인지라 이후 유족을 찾으면 유골 안치 장소를 알려 줄 생각으로 봉환하기로 했다. 봉안 장소는 박×× 씨의 의사를 따라 천안시 교외에 있는 망향의동산으로 결정했다. 봉안 신청은 민단 홋카이도 본부를 통해 수속을 밟았다.

1992년 2월 28일, 홋카이도에서 유골 봉환단 15명이 대한항공 여객기로 치토세 공항을 출발해 서울로 향했다. 유골 두 구는 흰 천으로 둘러 나와 미야카와가 가슴에 안았다. 무사히 유골을 반환할 수 있을지를 여전히 확신하지 못했다. 홋카이도 TV가 동행 취재를 했다. 바다 위 상공은 거친 모습이었다. 일행의 불안한 마음처럼 비행기가 흔들렸다.

유골을 모시고 한국에 건너가는 것은 처음 있는 일이다. 이렇다 할 법적 수속도 하지 않은 채 유골을 모시고 갔다. 특별히 신경 쓸 것이 없다고는 했으나 괜찮은지 어떤지는 모른다. 과연 유골을 모시고 한국에 입국해 통관을 거칠 때 별 탈 없이 통과할 수 있을까. 세관에서 열어 보라고 하면 어떻게 해야 할까. 입국되지 않을 수도 있다. 입국해도 유족이 유골을 받아 줄까. 불안을 떨칠 수 없는 여정이었다.

오후 4시를 넘겨 김포공항에 도착했다. 나와 미야카와는 승복으로 갈아입고 유골함을 광목천으로 감싸 목에 걸고 가슴에 안았다. 터미널 중앙 통로를 지나 입국 심사를 받기 위해 외국인 입국장에 줄을 섰다. 웅성거리는 사람들 속에 있으니 공항 관계자가 성큼성큼 일행에게 다가왔다. 무표정한 얼굴로 한국어로 뭐라 말을 했다. 통역을 겸해 참가한 홋카이도 대학 박사 과정의 이노우에 가오리가 그의 말을 들었다.

유골을 모시고 온 사람이 누군지 묻는 듯했다. 나와 미야카와가 손을 들자 관계자는 우리 두 사람을 옆으로 나오라고 했다. 다른 장소로 데려가려는 것이다. 봉환단 일행과 떨어지면 위험하다는 생각이 들었다. 여기에 있는 13명도 같은 일행이라고 말하자 모두 따라오라고 했다. 심문이나 검사를 받게 될까. 10년 전 한국을 방문했을 때의 긴장감이 되살아났다.

15명은 사람이 없는, 멀리 떨어진 게이트 앞에 줄을 섰다. 단원 모두 불안함을 감추지 못했다. 그러자 관계자가 게이트를 통과시키라는 신호를 보냈다. 심문하려는 것이 아니라 입국을 허가하는 것 같았다. 일행은 체크 없이 게이트를 빠져나와 입국했다. 화물도 검사 절차 없이 찾을 수 있었다. 입국 검사를 생략하고 특별히 입국시켜 주었다.

로비를 빠져나오자 웅성거림 속에 여기저기서 카메라 플래시가 터졌다. 무슨 일인지 어리둥절했다. 방송국에서도 촬영을 나온 듯했다. 눈앞에 승복을 입은 한국 승려들이 서있었다. 유골을 건네 달라는 듯해 유골을 전달했다. 남현 스님이 통역으로 나왔다. 악수를 하자 방송국 카메라가 돌고 신문기자들의 취재가 여기저기서 이어졌다.

생각지도 못한 사이에 갑자기 유골 봉환 의식이 시작됐다. 한국 매스컴은 일본 승려와 시민이 강제 연행자의 유골을 발굴해 직접 유골을 모시고 왔다는 사실을 취재하고 있었다. 텔레비전, 라디오, 신문사 등의 취재가 끝나고 우리가 공항 밖으로 나가자 유골이 돌아왔다. 그렇군! 인터뷰를 하는 동안 유골을 맡아 준 것이었다.

공항 밖에는 비가 내렸다. 까만 고급 승용차가 서있었다. 차 앞에서 뒤로 흑백의 띠가 둘러져 장례 차량임을 알 수 있었다. 우리는 빗속을 달려 서울로 향했다. 두 사람의 가슴에 안긴 유골 두 구는 40여 년 만에 고향에 돌아와 서울 시내를 달렸다. 차창에 뿌리는 비도 망자를 애도하는 듯했다.

도착한 곳은 강남에 있는 고찰, 봉은사였다. 유골은 많은 승려들의 마중을 받으며 대웅전으로 옮겨졌다. 과자와 과일 등 성대하게 차려진 제단에 유골이 놓였다. 유골 앞에는 김이 모락모락 나는 제삿밥이 놓여 있었다. 은은하고 정겨운 향이 피어올랐다. 40년 만에 고국에 돌아온 이들에게 정겨운 고향의 맛을 보려 주려는 마음 씀씀이다. 봉은사 승려의 독경 소리가 법당에 울려 퍼졌다.

다음 날 남현 스님의 일제 36년사 연구소가, 강제 연행에 관한 국제 심포지엄을 주최했다. 내가 유골 봉환에 이르기까지의 일을 보고했고, 일본 측에서는 유골 봉환에 협력하고 동행한 강제 연행 문제 연구자 시라토 기미야스 씨를 시작으로 세 편이 보고되었다. 한국 측 보고는 없었다. 기조 강연을 한 서울대학교 안병직 교수에 따르면, 한국에는 강제 연행의 피해를 직접 입은 사람이 많고 너무도 생생해 역사 연구 대상으로 삼기조차 어렵다. "일본 정부는 유골을 반환하고 사죄하고 보상하라"라는 슬로건을 내건 태평양전쟁희생자유족회 사람들이 머리띠를 두르고 행사에 참가했다.

그다음 날 유골 봉환단 일행은 유골을 모시고 버스에 올라 망향의동산으로 향했다. 국립묘지 망향의동산에는 아침 안개가 자욱했다. 버스에서 내리자 본 적이 있는 나이 든 여성이 있었다. 박×× 씨의 부인 성×× 씨였다. 유족이 와준 것이다. 그를 발견하고 나는 상기되었다. 몸이 안 좋은 남편을 대신해 부인이 온 것이다. "잘 오셨습니다."라고 말을 걸어도 표정은 굳어 있었다. 부인 옆의 남성은 그들이 사는 마을의 이장이었다. 박×× 씨 대신 함께 온 것이었다.

제단에 유골을 안치하고 일본과 한국의 승려들이 독경했다. 그 뒤 조계종 승려들을 필두로 장례가 이루어졌다. '박○○'라고 쓰인 유골은 성×× 씨가 안고 '임○○' 씨의 유골은 태평양전쟁희생자유족회의 여성이 품에 안았다. 홋카이도에서 온 일행도 장례에 참가했다.

한국 승려의 독경으로 인도된 유골 두 구는 묘지로 향했다. 이미 묘지는 안장 준비가 되어 있었고 하관식을 진행했다. 한 사람 한 사람 유골 위에 흙을 뿌렸다. 일본에서 온 사람들도 흙을 뿌렸다. 매장이 끝나자 태평양전쟁희생자유족회의 한 여성이 소리 내어 울었다. "아이고! 우리 아버지 유골도 돌려줘, 아이고!" 그녀의 부친은 징병되어 일본으로 끌려가 돌아오지 못했다고 한다.

마지막으로 한국과 일본 승려의 독경이 흐르는 가운데 성××씨가 묘비 앞에서 합장을 했다. 의식이 끝나고 폐회할 즈음 참가자들을 둘러싸던 긴장감이 사라지고 평온한 분위기를 느낄 수 있었다.

참가자들은 기념 촬영을 마치고 청주시 교외의 한 레스토랑에 갔다. 테이블을 두고 마주한 성×× 씨와 우리는 어느새 서로 웃는 얼굴이 되었다. 성×× 씨는 "유골을 받게 되어 정말 기쁩니다."라고 말했다.

유족의 품에 안긴 유골이 마침내 조국의 땅에 묻혔다. 강제연행으로 희생되어 긴 시간 중단되었던 박○○ 씨의 장례가 이제 60년 만에 끝났다. 승려의 독경과 유족 및 참가자들의 환송속에 조국의 고향 근처 땅에 안장되었다는 사실에 안도감이 북받쳤다.

이는 살아 있는 사람의 감정이긴 하지만, 살아 있는 사람의 노력을 거쳐 희생자가 망자다운 망자가 되었다는 느낌에서 전해진 안도감이 아닐까. 그런 마음이 모두를 안심시켜 웃는 얼굴을 하게 된 것이다. 성×× 씨와 이장의 웃는 얼굴이 그것을 말해 주었다.

일본은 박○○ 씨와 임○○ 씨의 죽음에 대해 책임지지 않으면 안 된다. 이들의 죽음에 대한 역사적 책임은 전시에 강제 연행 정책을 실시한 일본 정부와, 이들을 연행해 혹사하고 죽음에 이르게 한 왕자제지와 토건업자가 짊어져야 한다.

일본 정부와 기업은 언젠가 반드시 책임을 자각하고 사죄하고 보상해야 할 것이다. 그렇다면 정부와 기업이 책임질 때까지 유족은 기다리는 수밖에 없을까. 정부와 기업의 책임과는 별개로 일본 시민과 종교인이 져야 할 책임과 역할이 있다. 시민의 손으로 화해의 시험대를 마련하는 것이다. 유골 봉환도 그런 노력의 일환이다. 일본 시민의 손으로 유족의 품에 유골을 전했을 때 일본인과 한국인의 사이에는 작은, 그러나 소중한 화해가 성립된다. 이런 마음으로, 우리는 일본에서 모금해 마련한 위로금을 남현 스님을 통해 유족에게 전달했다.

7. 한일 공동 워크숍

부슬비가 내리는 1997년 7월 30일 오전 10시, 전날 삿포로에서 묵은 한국인 및 재일코리안 청년·학생·연구자 등이 슈마리나이 광현사 경내에 들어섰다. 전날부터 와있던 일본인 참가자와 스태프의 환영을 받으며 '강제 노동 희생자 유골 발굴 한일 공동 워크숍'(이후 '동아시아 공동 워크숍'으로 개칭)이 시작되었다.

1980년에 시작해 1984년까지 희생자 16구를 발굴한 이래 13년간 중단되었던 슈마리나이에서 발굴이 재개되었다.❖

한일 공동 워크숍은 나와 한국의 정병호 씨, 재일 교포 김광민 씨가 제안하고 계획했다. 정병호 씨는 1970년대에 한국에서 학생운동을 했다. 고교 시절 박정희 정권의 유신헌법 제정에 반대해 유인물을 뿌리고 서대문형무소에 들어가기도 했다. 대학 시절에도 학생운동을 계속했다. 정병호 씨의 부모는 박정희·전두환 정권에서 목숨을 위협받을 만큼 위험을 느꼈던 것일까. 한국에서 모든 것을 정리하고 가족 모두 미국으로 이주했다. 일리노이 대학교에 입학한 그는 문화인류학을 전공하고 보육 시스템을 연구했다.

1987년 일리노이 대학교 일본센터 소장이 되어 일본에 온 그는 같은 대학에서 학생들을 지도한 뒤 1년간 연구년을 받았다. 1989년 보육 연구를 위해 일본의 어린이집을 돌아본 그는 그해 가을 홋카이도에서 내가 운영하는 절 부설 다도시 어린이집을 방문했다. 그는 소개로 우연히 방문한 어린이집이 어린이의 자주성을 중시하고 자연 속에서 독창적인 방식으로 운영하는 것을 보고 흥미를 느꼈다.

❖ [지은이] 한일 공동 워크숍을 개최한 경위와 그 후 발자취에 대해서는『出会う·掘る·学ぶ』(空知民衆史講座), 殿平善彦,『若者たちの東アジア宣言』(かもがわ出版)에 잘 나와 있다.

정병호 씨는 연구를 위해 한 달 정도 묵게 해달라고 요청했다. 한 달 동안 일승사에 머무는 동안 그는 나를 엔초園長(원장)라고 불렀고 나는 그를 병호라고 부르면서 매일 밤 술친구가 되어 이야기를 나누었다. 친한 친구가 된 두 사람은 강제 노동 희생자의 유골을 발굴했던 슈마리나이에 가기에 이르렀다. 나는 1983년 이래 중단된 슈마리나이댐 공사 희생자의 유골 발굴을 재개하는 문제에 대해 그와 상의했다.

그는 "제가 한국에 돌아가면 학생들을 데리고 발굴하러 오겠습니다. 엔초는 일본에서 일본인과 재일코리안 청년을 모아주십시오. 강제 노동 희생자를 한·일·재일 젊은이들이 함께 발굴합시다."라고 제안했다. 이 약속은 그 뒤로 8년이 흘러 [1997년 여름에] 실제로 이루어졌다.

또한 오사카에 사는 활동가 김광민 씨도 합류했다. 한일 공동 워크숍은 2년 넘게 계획해 1997년 7월 30일부터 8월 7일까지 한·일·재일 젊은이들이 구 광현사에 숙박하며 유골 발굴을 재개하는 것으로 이어졌다.

한일 공동 워크숍의 목적은 한·일·재일 젊은이들이 공동으로, 우류댐과 메이우선 철도 공사의 일본인 다코 노동자와 조선인 강제 연행 및 강제 노동 희생자들의 유골을 발굴하는 것이었다. 함께 합숙하면서 학습하고 의견을 교환하며 서로 배우는 과정에서 교류가 깊어지고 우정을 키워 가는 일이었다.

한국에서는 한양대·충북대·서강대·숙명여대·중앙대 등에서 학생 30명이 참여했으며, 컬럼비아 대학교, 플로리다 대학교, 럿거스 대학교 등 미국에서 유학하고 있는 한국인 학생들도 참가했다. 한양대·서울대·고려대 등에서도 연구자 15명이 참가했다. 재일코리안 중에는 오사카 민족교육촉진협의회 회원 등 13명이 참가했다.

이 계획을 신문으로 알렸기 때문에 일본 참가자들도 전국에서 모였다. 홋카이도 대학, 삿포로 대학, 다쿠쇼쿠 대학 등 홋카이도 지역의 대학생과 게이오 대학, 독쿄 대학, 시즈오카 대학, 류코쿠 대학 등의 학생, 거기에 다키가와 니시 고등학교, 후카가와 니시 고등학교 등 지역 학생 40명이 참가했다.

워크숍에 초대된 강사는 강만길 고려대 교수, 모리타 도시오 평화국제교육연구회 대표, 서승 리쓰메이칸 대학 교수, 한국과 일본의 대학 연구자가 약 20명, 아이누도 참가했다. 워크숍 운영 지원 스태프 80명, 매스컴 관계자를 포함해 참가자는 모두 200명이 넘었다.

워크숍의 거점은 구 광현사 본당이었지만 상시 100명 이상이 묵기에는 너무 좁아 광현사 옆 풀밭에 거대한 비닐하우스를 세웠다. 파란 천막으로 10미터가 넘는 비닐하우스 두 동을 세우고 안에 상자를 깔았으며 그 위에 판자를 올려 침대를 만들어 숙박 장소로 썼다. 이동 화장실을 설치했고 세탁기가 늘어섰다. 온종일 발굴 현장에서 땀범벅으로 일한 참가자들이 목욕할 수 있게 하고 싶었으나 욕실을 만들 여유가 없어서 여성용 이동 샤

위실만 설치했다. 광현사 바로 앞에는 깨끗한 슈마리나이강 계곡물이 흘렀는데, 남자들은 발굴 작업이 끝난 뒤 해질 무렵 강에 들어가 씻었다.

한국과 일본, 재일코리안 젊은이들은 그때까지 품었던 응어리와 역사 인식의 차이가 사라진 듯 교류하고, 사전을 손에 쥐고 떠듬떠듬 대화를 이어가며 술잔을 기울였다. 양쪽 언어를 구사하는 재일코리안들이 통역을 담당했다.

발굴을 시작하고 사흘이 지났을 때 첫 번째 유골이 발견되었다. 그때까지 화기애애하게 삽을 쥐고 라디오에서 음악이 흐르던 현장의 공기가 갑자기 달라졌다. "나왔어!"라는 한국말 소리가 들렸고 유골이 나온 구역으로 다들 모였다. 한국 충북대 고고학 전공 학생들이 박선주 충북대 형질인류학 교수의 지도로 유골 주변을 조심스럽게 파기 시작했다. 그때까지 함께 시간을 보내고 우정을 맺은 한·일·재일 젊은이들이 유골을 앞에 두고 서로 다른 감정을 느끼기 시작했다.

한국에서 온 참가자는 할아버지의 유골을 파내는 듯한 마음이었고, 유골이 나왔을 때 놀라움뿐만 아니라 목적을 이루었다는 기분이었을 것이다. 발굴 중 인터뷰에서 한 여학생이 유골을 손에 쥐고 "슬프기도 하지만 발굴에 참가한 것이 자랑스럽습니다."라고 말했다. 반면에 일본인 학생들은 대부분 말이 없었다.

일본인 학생이 워크숍에 참가한 동기는 여러 가지다. 유골 발굴 자체보다 한국 학생과 교류하고자 참가했을 수도 있다. 우류댐 공사 희생자의 유골을 발굴하고 있음을 자각한다 해도 그 역사적 의미에 대해서는 잘 모를 수도 있다. 그렇기에 유골을 발견하자 이들은 놀라움을 느끼는 동시에 침묵했다. 자신이 참여하고 있는 유골 발굴의 의미를 이해하지 못했던 그들은 자신의 기분을 표현할 수 없게 되었던 것이다.

재일코리안 참가자들의 감정은 더 복잡해 보였다. 그들이 일본에 거주하게 된 역사적 이유 가운데 하나는 조선으로부터의 강제 연행이다. 1939년 9월 내각회의에서 조선인에 대한 노무동원이 결정되었고, 1945년까지 조선인 70만 명이 일본으로 강제 연행되었다. 눈앞에서 출토된 유골이 강제 연행의 희생자라면 재일코리안 참가자의 조상이라고 할 수 있다.

자신의 조상이 가까스로 희생을 면했기 때문에 지금 그들이 여기에 서있는 것이다. 실제로 그런 가족사가 있는 사람도 참가했다. 그들로서는 발굴된 유골을 자신의 할아버지라고 느낄 수 있었다. 한국인 이상으로 유골 발굴에 마음을 담아 참가할 법도 했지만 좀처럼 실감이 나지는 않아 보였다.

일본 사회가 과거를 망각하고 있는 가운데 이곳에 살고 이곳의 공기를 마시고 있는 그들은 뿌리에 대한 실감이 한국의 참가자들보다 약하다고 느꼈을지도 모른다. 그런 자신들의 감정에 애가 타는 듯했다.

그날 밤, 앙케트 사건이 일어났다. 일부 한국 참가자들이 일본 학생들에게 앙케트 용지를 나눠 주었다. 질문 가운데 "일본

인은 강한 사람에게는 약하고 약한 사람에게는 강하다는 것이
정말입니까."라는 직설적인 질문이 있었다. 일본인 참가자가 반
발했다. 그동안 키우고 있던 우정이 바로 깨져 버릴 지경이었
다. 이대로라면 워크숍을 계속하기 힘들다고 생각한 참가자들
은 참가 학생 자치회를 급히 주최했다.

다음 날 저녁을 먹은 뒤 광현사 본당에 모인 참가자들은 모
처럼 생긴 우정이 깨질지도 모른다는 위기감을 가지고 밤늦게
까지 논의를 이어갔다. "일본인은 원자폭탄을 투하한 미국을 증
오하지 않는데 왜 한국인은 일본인에게 증오심을 가지고 있나
요?"라는 일본 참가자의 질문에 대해 한국 학생은 "일본인은 역
사를 너무 몰라요. 과거를 알지 못하면 앞으로도 잘못을 저지를
수 있어요."라고 비판했다.

결론은 나지 않았지만 한·일·재일 젊은이들은 출토된 유골
앞에서 다시 한번 과거 식민 지배와, 그 결과로서 지금까지의
한일·북일 관계와 재일코리안의 존재를 실감하고 그것을 자각
하는 것이 어떤 의미인지에 대해 생각했다.

그들은 만남과 우정이 얼마나 약한지를 깨달은 듯했다. 자신
들은 지금 유골을 앞에 두고 무얼 하려는 것일까. 유골을 통해
무엇을 얻을 수 있을까. 이론이 아니고 현실의 만남, 망자를 매
개로 다시 한번 상대와 만나는 경험을 하고 있는 것이다. 그리
고 이 과정에서 생겨난 우정의 소중함과 그것을 잃고 싶지 않다
는 마음을 갖게 되었다.

다음 날 유골 한 구가 또 출토되었다. 유골이 나오면 발굴 작업을 일시 중단하고 희생자 추도 의식을 한다. 내가 짧은 독경을 하고 이어서 한국식 유교 의식이 거행되었다. 기독교 목사가 성경을 읽고 무신론자는 그 나름대로 고개를 숙여 묵념했다. 참가자가 다양한 만큼 다양한 의식이 진행되었다. 워크숍 후반에는 아이누의 종교의식인 이차루파가 거행되었다. 아이누의 에카시가 화로에 둘러 앉아 축문을 외우고 망자의 축원을 빌었다.

출토된 유골은 형질인류학 전문가가 아세톤으로 씻고 감정 결과를 기록한 뒤 보관했다. 이때 발견된 유골의 마모 상태로 당시 중노동의 흔적을 알 수 있었다. 최초로 발견된 유골은 신장 약 160센티미터, 18세에서 20세 전후반의 남성 유골로 추정되었다. 매·화장 인허증에 20세로 사망한 조선인 희생자의 이름이 있었다. 유족을 찾을 수 있다면 DNA 감정도 가능하다. 이 유골은 조선인 희생자일 가능성이 있다고 판단해 자세한 조사를 위해 한국으로 가지고 갔다.

8. 발견된 유골 두 구

나흘째부터 비가 내려 발굴을 중단하고 학습회를 열었다. 다음 날도 비가 그치지 않았다. 워크숍 시간은 정해져 있었다. 비가 그치기를 기다리면 작업을 못 한 채 워크숍이 끝날지도 모른다.

비를 피할 텐트를 치고 발굴 작업을 하기로 했다.

발굴이 한창인 무렵 참가자의 발이 땅속에 빠졌다. 그곳에 큰 구멍이 있었다. 더 아래쪽에는 큰 구덩이가 보였다. 무언가 있어 보였지만 너무 깊어 안이 보이지 않았다. 그 구멍을 중심으로 발굴을 이어갔다. 넓게 파인 구덩이는 깊이가 1미터를 넘었다. 조심스럽게 직사각형으로 판 구덩이임을 알게 되었다. 그런데 비가 그치지 않아 구덩이 안으로 비가 들이쳤다. 진흙탕 속에서 점심시간 때문에 작업을 중단한 동안 30센티미터 가까이 빗물이 고였다.

고인 빗물을 퍼내는 것으로 오후 작업이 시작됐다. 가까스로 빗물을 퍼내자 구덩이 밑에서 엉겨 붙은 모양의 유골 두 구가 나왔다. 두개골은 형체가 없고 둥그렇게 보이는 뼈의 일부가 있었다. 대퇴부 등이 검게 변한 듯했고 절반은 탄 것 같았다. 부장품도 있었다. 곰방대와 함께 도장이 두 개 나왔다. 하나는 이즈미 미키, 또 하나는 아라우시(이후 아라야마 우시키치로 판명)로 보였다.

소라치 민중사강좌가 조사해 온 우류댐 공사 희생자 명부를 보고 확인했다. 매·화장 인허증에 따르면 두 사람은 우류댐 공사의 최초 희생자였다. 같은 날 같은 시간에 희생되어 슈마리나이 공동묘지에 매장된 기록이 나왔다.

이즈미 미키(가명)

다이쇼 원년[1912년] 8월 21일생

본적 : 지바현 아와군安房郡

쇼와 13년[1938년] 10월 14일 오후 2시 사망(26세)

사인 : 변사(두개골 골절)

아라야마 우시키치(가명)

메이지 34년[1901년] 6월 29일생

본적 : 후쿠시마현 이와키군石城郡

쇼와 13년[1938년] 10월 14일 오후 2시 사망(37세)

사인 : 변사(두개골 골절)

　두 사람의 사망 기록이 같았거니와 1938년은 우류댐 공사가 개시된 해이기도 했다. 사망 장소는 우류전력 소유림이다. 같은 시간에 두 사람이 두개골 골절로 사망했다. 무슨 일이 있었을까. 그건 그렇고 감정 결과 남성 노동자의 유골로 판명되었는데, 부장품인 도장으로 본인의 이름이 확인된 경우는 처음이었다. 후일, 법의학자로부터 두 사람의 연령도 확인되었다. 유골의 신원이 확인된 것이다.

　소라치 민중사강좌는 1970년대에 전국 시정촌에 조사표를 보내 희생자의 유족을 조사했다 그때 받은 회답 중에 이즈미 미키와 아라야마 우시키치 유족의 연락처가 있었다. 워크숍이 끝나고 보름이 지난 9월 나는 유족에게 전화를 걸었다.

처음에 연결된 것은 이즈미 미키의 유족이었다. 전화를 받은 것은 미키 씨의 조카인 이즈미 미노루(가명)였다. "홋카이도 슈마리나이에서 당신의 작은아버지인 미키 씨의 유골이 발견되었습니다. 매장지에서 도장이 나왔고 미키 씨로 확인되었습니다. 괜찮다면 미키 씨의 유골을 모셔 가시겠습니까?"라고 말하자 미노루 씨가 말을 잇지 못했다. "잠시 기다려 주세요. 친척과 상의하겠습니다."라고 말하고 일방적으로 전화를 끊었다. 냉담한 반응이라고 생각했다. 시간이 흘러 오래전 사망한 친척에 대한 마음이 흐릿해지는 것도 무리는 아니었다. 그렇게 생각했다.

하지만 일주일 뒤 이즈미 미노루 씨로부터 전화가 왔다. "작은아버지의 유골이 발견되었다는 사실을 형제자매들에게 알리고 상의했습니다. 친척 모두 유골을 받으러 가기로 했습니다."라는 답신이었다.

우리 형제들은 작은아버지를 잘 기억하고 있습니다. 어렸을 때 자주 저를 데리고 산보하곤 했습니다. 홋가이도에 갔다고 들었지만 얼마 안 있어 죽었다는 연락이 있었습니다. 회사의 연락을 받고 아버지는 유골을 받으러 홋카이도에 갔습니다. 공사 현장까지 갔지만 유골을 받지 못했습니다. 왜 그랬는지는 모릅니다.

아버지는 반드시 유골을 찾으러 온다며 자신의 도장을 무덤 속에 넣었다고 합니다. 홋카이도에 다시 가지는 못했지만 아버지는 무덤 속에 도장을 두고 온 것을 제게 이야기했고 아버지를 대신해 너희들이 홋카이도에 가서 작은아버지의 유골을 가져오길 바란다고 말씀하셨습니다.

아버지는 돌아가셨지만 우리는 작은아버지의 유골이 홋카이도 어디에 묻혀 있는지도 몰랐습니다. 도저히 찾을 수 없다고 포기했습니다. 그러던 중 당신에게 전화가 와서 정말 놀랐습니다.

이즈미 미노루 씨와 형제자매 여섯 명이 홋카이도에 유골을 받으러 온 것은 11월 하순의 일이었다. 홋카이도는 눈의 계절로 접어들고 있었다. 슈마리나이에 첫눈이 내렸고 도로변과 들판에는 눈이 깔려 있었다. 워크숍에 참가했던 학생들 가운데 몇 명이 유골을 전달하기 위해 슈마리나이로 왔다. 한국에서는 정병호 씨가 왔다. 광현사에서 법요식을 가진 뒤, 발굴에 참가했던 학생이 워크숍을 대표해 유골을 이즈미 미노루 씨에게 전달했다.

형제들은 광현사 본당에 안치된 관을 열어 관속에 있는 미키 씨의 유골을 보고 합장했다. 두개골은 형태가 없었지만 파편이 있었고 대퇴골과 흉골이 남아 있었다. 이즈미 미키라고 쓰인 직사각형의 도장이 놓여 있었다.

이즈미 미키 씨는 다테야마館山 구 제국중학교를 졸업한 지식인이었다. 미노루 씨의 기억에 따르면 좌익 운동에 관여했던 것도 같았다. 미키 씨는 항상 양복 차림으로 집에 있었다. 그는 매일처럼 미노루 씨를 데리고 산보했는데, 그럴 때면 혼자 노래를 불렀다. 그 노래를 미노루 씨는 기억하고 있었다. 제목이 무엇인지 누구의 노래인지도 몰랐다.

얼마 안 있어 미키 씨는 헌병을 피해 도쿄로 갔다. 그 뒤 홋카이도에 갔다고 들었지만 죽었다는 소식을 들은 것은 그로부터 얼마 지나지 않아서였다. 미키 씨가 부른 노래는 노구치 우조가 만든 당시의 가곡이었다. 고독한 나날을 보내던 그의 마음을 표현하는 듯한 노래였다.

여행자의 노래(작사 : 노구치 우조, 작곡 : 나카야마 신페이)

산은 높고 들은 그냥 넓은데
홀로 터벅터벅 긴 여로

마를 새도 없이 눈물은 흐르고
그리워하는 것은 고향의 하늘

오늘도 석양이 떨어지는 곳이
어느 곳인지 알려 주지 않은 채

흐르는 냇물아 헤엄치는 물새야
먼 고향, 그리운 하늘

내일의 석양이 떨어지는 곳은

어디일까 알려 주지 않은 채

형제자매를 안내해 슈마리나이 공동묘지 발굴 현장에 섰다. 여름 워크숍의 떠들썩함은 사라지고 거짓말처럼 조용했다. 유골이 나온 현장은 엷게 눈이 깔려 있었다. 여섯 명은 들고 온 작은 꽃다발을 그 위에 놓고 명복을 빌었다.

생각해 보면 그 여름, 한국과 일본의 젊은이들이 홋카이도 북쪽 강제 연행 및 강제 노동 현장에 모여 희생자의 유골을 발굴했다. 뜻밖에도 68년 전 슈마리나이 공동묘지에 매장된 일본인 다코 노동자 두 사람의 유골을 지상으로 인도하고 조사한 결과 그들의 개인사를 알게 되었다. 그 인연 속에서 유골은 68년 만에 유족의 손에 의해 고향 지바로 돌아갔다. 중단되었던 이즈미 미키 씨의 장례식이 68년의 시간이 흐른 뒤 재개되어 어렵사리 이루어졌다.

9월, 나는 이즈미 미키 씨와 함께 발굴된 아라야마 우시키치의 친척에게도 전화했다. 우시키치 씨의 3남 히데요시 씨는 기타간도北関東 모처에 살고 있었다. 전화기 너머로 노인의 쉰 목소리가 들려왔다. 갑작스럽게 전화한 데 양해를 구하며 당신 아버지로 생각되는 사람의 유골이 발견되었다고 하자 갑자기 비명이 들렸다.

"꼰대의 유골이라고? 이제 와서 무슨 이야기야! 나는 그런

거 몰라. 받을 마음도 없고 두 번 다시 전화하지 마시오." 그렇게 말하며 바로 전화를 끊었다. 그의 반응에 나는 당황스러웠다. 아버지의 유골이 발견된 것이다. 어떤 사정이 있겠지만 받지 않겠다며 전화를 끊다니 너무나도 당돌한 처사였다. 무슨 오해라도 있는 것일까.

그렇게 생각하고 일주일 후 다시 한번 전화를 걸었다. 이전에 비해 진정된 목소리였다. 갑자기 전화를 끊지도 않았고 자신과 아버지의 과거를 이야기하기 시작했다.

나는 아버지한테 버림받았소. 다섯 살 때 나를 다른 집에 머슴으로 보냈지. 아버지는 돈을 받고 나를 팔았어. 그 후로 아버지, 어머니는 보지도 못했고. 머슴살이가 얼마나 힘든지……. 머슴살이로 나는 한쪽 눈을 잃었소. 전쟁이 끝나고 형제를 만난 적도 있지만 정말 형제라고는 생각하지 않았어.

나는 지금까지 혼자 살아왔고 앞으로도 혼자요. 아버지는 이제 아버지도 아니고 아무것도 아니오. 아버지의 뼈라고 해서 받고 싶은 마음은 조금도 없소. 그쪽에서 알아서 하시오.

그렇게 말하며 전화를 끊었다. 그가 고백한 기막힌 개인사를 듣고 다시는 전화하지 못했다. 그러나 아라야마 우시키치 씨의 유골이 광현사에 남아 있는 것은 아무리 생각해도 마음에 걸렸다. 같이 희생되어 같이 매장된 이즈미 미키 씨의 유골은 고향으로 돌아가 고향 땅에 묻혔다.

하지만 아라야마 우시키치 씨의 유골은 지금까지 슈마리나이 땅을 떠나지 못하고 있다. 히데요시 씨의 입장에서는, 자신을 팔아넘긴 아버지의 유골을 받고 싶지 않은 것이 당연한 마음일지도 모른다. 그렇더라도 아버지의 유골이다. 아버지가 사망한 지 70년 가까운 세월이 흘렀다. 원망을 떠나 받을 수는 없는 것일까. 그러나 전화로는 설득할 수 없을 듯했다.

다음 해 여름 도쿄에 일이 있던 나는 친구와 함께 히데요시 씨를 방문했다. 찌는 듯한 날 오후, 역 앞에서 택시를 타고 주소를 말하자 10분 정도 거리였다. 논밭으로 둘러싸인 한적한 주택가였다. 흐르는 땀을 훔치며 아라야마라는 문패가 걸려 있는 집을 찾았다. 골목 안에 있는 잘 지어진 신축 건물이 보였다.

무더워서였을까 현관문이 열려 있었다. 현관을 향해 "실례합니다."라고 소리를 냈다. 반응이 없었다. 현관에 들어섰다. 걸쳐진 발이 살랑거렸다. 선풍기 바람이 방 안을 도는 것 같았다. 집의 안쪽이 보였다. 어렴풋이 텔레비전 소리가 들렸다. 다시 한번 큰 목소리로 "계십니까?"라고 했다. 방안에 사람이 있었다. 텔레비전을 보고 있는 것 같았다. "누구요!" 목소리가 들려왔다.

나는 홋카이도에서 왔으며, 작년 9월에 전화로 아라야마 씨의 아버지 유골을 모셔 가라고 했던 사람이라고 말했다. 흔들리는 발 너머로, 앉아서 텔레비전을 보고 있는 노인의 모습이 보였다. 잠뱅이 차림에 위는 맨몸으로 어깨에 수건을 걸치고 있었다. 수건 아래 언뜻 화사한 청홍색 문신이 보였다. 문신의 주인 공이 히데요시 씨일까. 노인의 목소리가 들려왔다.

"돌아가시오. 당신에게 볼일 없어요." 쉰 목소리였다. 들은 기억이 있었다. 벼르고 벼러 왔기에, 가라고 해서 그대로 물러 날 수는 없었다.

"하지만 아버지 유골입니다. 작년 여름에 홋카이도에서 한국 과 일본의 젊은이들이 슈마리나이 공동묘지를 발굴할 때 발견 했습니다. 도장이 함께 발견되어 아라야마 씨의 유골로 확인되 었습니다. 정말 우연히 발굴된 것입니다. 모셔 가는 비용은 들 지 않도록 하겠습니다. 제발……."

"돌아가 주시오. 아버지의 유골을 받을 마음이 정말 없소. 그 쪽에서 알아서 처분해 주시오."

그는 정중하게 대답했지만 무뚝뚝하고 감정이 느껴지지 않 았다. 텔레비전을 보면서 이쪽은 쳐다보지 않았으며, 집 안에서 나올 기미가 보이지 않았다. 나도 포기하지 않고 말을 걸었다. 몇 차례 말을 주고받으면서 차츰 분위기가 험악해졌다. 갑자기 히데요시 씨의 말이 거칠어졌다.

"시끄러! 이 자식아! 안 받는다면 안 받는 줄 알아! 더 지껄 이면……." 방 저 멀리서 튀어나오려고 하는 그를 보고 단념할 수밖에 없었다. 엉겁결에 "알겠습니다. 실례했습니다."라고 말 하고 현관 밖으로 뛰쳐나왔다. 한순간 한기가 돌며 식은땀이 흘 렀다.

뛰쳐나온 길 저편에서 서운한 마음으로 아라야마 씨의 집을 보며 물러섰다. 우시키치 씨의 유골은 지금도 아라우시라고 적힌 도장과 함께 광현사 봉안당에 안치되어 있다. 발굴해 이름까지 확인했지만 돌려줄 수 없는 유골도 있다.

1997년 여름에 시작한 워크숍은 한국과 일본, 재일코리안 젊은이들의 모임으로 계속 이어졌다. 여름에는 한국이나 일본에서, 겨울에는 슈마리나이에 모여 광현사 지붕의 눈을 치우며 마주 앉아 이야기하고 노래하고 마셨다. 2000년 워크숍부터는 조선 대학 학생들이 많이 참가했다. 또한 '한일 공동 워크숍'이라는 이름을 '동아시아 공동 워크숍'으로 바꾸어 활동을 이어갔다.

2001년 여름, 두 번째로 유골을 발굴했다. 형질인류학을 전공하는 럿거스 대학교 대학원생 김성곤 씨가 미국에서 건너와 발굴을 지도했다. 새롭게 유골 두 구가 발굴되었는데, 구부러진 모양의 유골 뒤쪽에서 벨트가 발견되었다. 뒤로 손이 묶인 채 매장된 것 같았다.

어쩌면 이번이 슈마리나이에서 진행되는 마지막 발굴이 될 듯해 일정이 끝나기 전날, 유골 발굴 현장의 기억을 계승하기 위해 산소를 만들기로 했다. 한국, 재일코리안, 일본의 젊은이들이 달빛 아래에서 발굴 현장에 큰 산소를 만드는 작업을 했는데, 밤늦게 한국식 산소가 완성되었다. 묘 앞에는 일본식 묘표를 세웠다. 워크숍에 참가한 젊은이들이 함께 만든 산소는 희생자를 추도하는 기념물이 되었다.

동아시아 공동 워크숍(1997년)

ⓒ 동아시아 시민네트워크

이른 봄 발굴 현장은 분홍색 얼레지 꽃이 주위를 물들인다. 슈마리나이를 방문해 사사노보효 전시관을 찾는 사람들은 대체로 공동묘지 뒤편의 발굴 현장도 찾는다. 계절마다 발굴 현장은 정적 속에 있다.

5장.

홋카이도에 남겨진 유골들

1. 본원사 삿포로 별원

4층으로 우뚝 솟은 본원사 삿포로 별원은 하늘을 찌를 듯이 거대하고 당당하게 서있다. 삿포로 별원은 정토진종 본원사파의 홋카이도 중심 사원이며 신도 또한 1000여 가구가 넘는다. 이 별원 내부에 큰 봉안당이 있다. 반지하에 있는 봉안당으로 들어가 정면에 보이는 불단 옆을 열면 불단 아래 마루부터 사방 1미터 크기의 문이 나온다. 평소에는 잠겨 있어서 안으로 들어갈 수 없다.

2000년 12월 오후, 나와 승려 몇 명이 본원사 삿포로 별원 승려의 뒤를 따라 봉안당의 계단을 내려가 유골 합장장에 들어갔다. 홋카이도의 12월은 한겨울이었다. 봉안당에는 난방시설이 없다. 영하의 냉기 속에 오랫동안 켜켜이 쌓인 합장 유골 더미 위에 그 유골이 놓여 있었다. 유골은 잘게 부서져 있었지만 주변 유골과 확연히 다른 점은 한 덩어리로 되어 있으며 누렇게 또는 갈색으로 변색되어 있었다는 것이다. 오래된 유골이기 때문이었을까.

사단제도寺壇制度를 따르는 일본 불교 사원에는 옛날부터 신도의 유골을 맡아 주는 시스템이 있다. 사원 소속의 신도 가족이 사망하면 사원 주지가 장례식을 집전한다. 지방에 따라서는 유골을 매장하는 관습도 있지만 불교에서 유골을 처리하는 일반적인 방식은 다비라고 부르는 화장이다. 장례가 끝나면 유골을 그 집안 소유 묘지에 안장하거나 절에 안치한다.

묘지는 일반적으로 봉안식이며, 봉안묘에 유골을 봉안하고 대리석 뚜껑으로 덮는다. 흙으로 돌아가는 것이다. 절이 맡는 경우는 개별 유골함에 넣기 때문에 망자의 신원이 확인된다.

유골을 안치하는 장소를 봉안당이라고 부른다. 맡겨진 유골은 유골함에 법명(불교도가 되었다는 표시로 주지가 법명을 지어 준다. 종파에 따라 계명戒名이라고 부르기도 한다)과 고인의 이름인 속명, 사망 연월일을 표기해 봉안당에 보관한다. 그 후 1주기, 3주기 등 연차에 따라 법요식을 거행한다.

봉안단에는 신원이 확인된 유골을 보관하지만 그렇다고 봉안한 유골이 영원히 개별 보관되는 것은 아니다. 유족이 유골을 돌보지 못하는 사정이 생길 경우, 그리고 사망하고 나서 50년째 제사를 지낸 뒤 유족에게 알려 합장이라는 방법으로 유골의 개별 관리를 종료하는 경우도 있다.

합장은 개별적으로 관리·추도해 온 유골을, 사원 봉안당 지하 등에 설치한 합장장으로 옮겨 그곳에 있는 유골과 함께 관리하는 것을 말한다. 개별 관리가 끝난 유골의 최종 처리가 합장이며 최종 보관 장소가 합장장이다. 단, 유족의 승인 없이 사원이 자의적으로 판단해 처리할 수는 없다. 유골의 취급은 법적으로 보호되며, 무단으로 묘지를 개장하는 등 유족의 양해 없이 유골을 처분하면 처벌받는다.

삿포로 별원에는 아시아·태평양전쟁 중이었던 1942년부터

1946년에 걸쳐 홋카이도 토건업자로부터 유골을 맡아 보관했다. 홋카이도 토건계의 중심적 존재로 지자키구미(1973년 지자키공업으로 개칭) 사장을 역임한 지자키 가문이 삿포로 별원 신도였기 때문에 유골을 맡기기 시작한 듯하다.

맡긴 유골은 조선인, 중국인 등 강제 연행 및 강제 노동 희생자의 것이었다. 별원은 유골을 맡기러 온 직원에게 보관증을 주고 정중하게 유골에 관한 기록을 남겼다. 유족에게 되돌려 줄 때까지 임시 보관한다는 명목이었으며 언젠가는 토건업자가 찾아갈 예정이었을 것이다. 그러나 패전과 함께 강제 연행의 시대가 끝나고 유골은 그대로 방치되었다. 대부분 유골을 찾는 이도, 찾아가는 일도 없었다.

1953년 조사에서는 유골 123구가 있었다. 그 후 유골을 찾아간 일이 있었던 걸까. 1969년 별원 조사에서는 101구가 확인되었다. 그중에 (유골 없이) 유류품만 있는 경우도 일부 있었다.

그 뒤로 유골을 찾아간 일은 없었다. 삿포로 별원이 이전하며 건물을 신축할 때 지자키구미는 봉안단을 구입했으며 101구의 유골이 그곳에 봉안되었다. 전후 50년 이상 안치된 101구의 유골은 1997년 10월 지자키공업 관계자와 별원 직원의 판단으로 합장되고 말았다.

3년 뒤 합장 사실을 알게 된 나는 그 경위를 확인하기 위해 직원과 함께 합장장에 들어간 것이다. 불행 중 다행이었을까. 합장된 유골은 한 덩어리로 합장장에 놓여 있었다. 유족의 동의를 얻지 않고 합장을 거행한 것의 문제점을 지적당한 별원의 림방◆은 합장장에 쌓여 있던 유골을 회수해 유골 항아리에 담았다. 합장된 유골은 세 개의 항아리에 담겨 다시 봉안당의 봉안단에 안치되었다.

2. 유골은 왜 합장되었을까

삿포로 별원은 1879년 정토진종 본원사파의 홋카이도 개척 거점으로 창립했다. 창립 때부터 1962년까지 삿포로 환락가인 스스키노薄野 중심부에 있었다. 현재 시내 서쪽으로 이전해 근대적 사원이 되었지만 스스키노에 있을 때에는 전통적인 목조 가람의 사원 건축물이었다.

나는 이 교단에 소속된 정토진종 본원사파 승려이다. 1955년경이었을까. 열 살 즈음에 두 살 어린 남동생과 승려인 부친을 따라 처음으로 삿포로에 갔다. 오래된 목조건물인 본원사 별원을 찾아 본당에 들어간 기억이 있다. 맑은 날 오후였지만 넓은 본당은 어두컴컴해 사람 얼굴만 겨우 구별할 수 있을 정도였다.

창으로 햇빛이 들어와 비춘 곳이 새하얘 더 어두워 보였던

◆ 림방輪番은 절의 주지 역할을 대신하는 총책임자이다. 별원은 본원사의 출장소 성격으로 설치된 것이기에 법률상 교단의 종정이 주지를 역임한다.

것일까. 부친이 일을 보러 간 사이 어둠 속에 남동생과 함께 서 있었다. 버려진 것 같아 떨었던 그때의 무서운 느낌이 지금도 가끔 되살아난다.

본당 뒤쪽 어딘가에 101구의 조선인·중국인 강제 연행 희생자 유골함이 있었을 것이 분명하다. 101구의 유골은 흰 천에 싸인 버드나무 상자에 들어 있었다는 증언이 있다. 101구라고 하니 유골함은 큰 상자에 들어 있었을 것이다.

1962년 별원은 삿포로시 주오구中央区에 새로운 토지를 구해 근대적 본당을 신축했고, 과거의 고색창연한 목조건물은 해체되었다. 1967년 새로운 본당에 이어 새로운 봉안당도 설치했지만 반지하 구조라 그런지 창문이 없다. 어두컴컴했던 별원의 예전 분위기가 다시 느껴지는 듯했다. 새로운 별원이 완성되는 사이에 가설 봉안당에 안치되었던 유골이 신축 봉안당으로 옮겨졌다.

메이지 시대 초기 이후로 별원 봉안당에 수천 구가 있었다고 하니 옮기는 데만도 꽤 시간이 걸렸을 것이다. 원칙적으로 신축 봉안당으로 유골을 이동하는 것은 유골을 맡긴 유족이 해야 한다. 그러나 1879년 창립부터 100년 동안 맡긴 사람을 찾지 못한 유골이 600여 구 있었다. 홋카이도에 드나들다가 이런저런 사정으로 사망한 사람 등 다시는 찾지 못하게 된 경우도 많았을 것이다. 식민지의 역사는 찾아가는 이 없는 방대한 유골에서도 보인다.

강제 연행 희생자 유골 101구는 지자키구미가 관리했기에 찾아가는 이 없는 유골로 취급되지 않았다. 그러나 유골이 생각보다 많아서 지자키구미도 보관하기가 난처했을 것이다. 그래서 신축 봉안단에 안치하지 않고 큰 상자에 넣은 상태로 2년 남짓 새로운 별원 어딘가에 놓여 있었던 것 같다.

1969년에 지자키구미가 새롭게 봉안단을 구입할 때 유골 101구는 봉안당 전용의 작은 호리병에 바꿔 넣어 봉안단에 안치되었다. 병이 작아서 유골이 남았는데, 이때 남은 유골이 합장되었고 합장장으로 옮겨졌을 것이다. 그것이 첫 번째 합장인 듯하다.

새로운 작은 호리병에 이름을 기입하지 않으면 개별성이 사라진다. 병에 이름이 기록되어 있었을 것이다. 그때는 어떤 방법으로든 유골의 개별성을 부여했을 것이다. 몇 번이고 정비한 유골 관련 기록은 그때 다시 한번 조사되어 남겨졌다. 그것이 『토건 관계철 : 유골·유류품 정리부』이다. 표지에 "1969년 7월 11일 서본원사 삿포로 별원에서 분골 처리함"이라고 써있고, 검은 표지로 철한 서류에는 101구의 자세한 개인 기록을 남겨 이름, 나이, 사망 연월일, 소속된 회사명과 함께 본적도 기록되어 있었다.

그리고 "중요 보존 : 토건 관계철 납골부"라고 쓰고 기업으로부터 맡았다는 증거도 기록해 별원 금고에 보관했다. 당시 『토건 관계철 : 유골·유류품 정리부』를 작성한 직원은 "반드시 유족에게 유골을 돌려줄 날이 올 것이므로 정성껏 만들었습니다."라고 증언했다. 그러나 별원 금고에 틀어박혀 있던 기록은 그 후 꺼낼 일도 없고 직원이 퇴직하거나 바뀌면서 그 존재조차 잊혔다. 지자키구미 봉안단에 분골되어 안치된 유골에는 긴 침묵의 시간이 흘렀다. 이 유골이 움직인 것은 30년 가까이 지난 1997년이었다.

합장한 별원 승려의 증언에 따르면 그 당시 지자키공업은 도산 위기에 처해 있었으며 지자키공업 총무부 부부장이 별원에 유골을 돌보지 못할지도 모른다고 상담하러 왔다고 한다. 그를 만난 별원 부■림방은 유골이 별원에 맡겨진 지 50년이 지났으므로 합장하는 것도 하나의 방법이라고 제안했다 한다. 쌍방이 합의해 그곳에서 합장을 결정했다. 합장은 총무부 부부장과 부림방 두 사람이 처리했고, 두 사람 이외에 합장에 대해 아는 사람은 누구도 없었다고 한다.

문제는 유족의 동의가 없었다는 것이다. 당시에는 한국의 유족을 조사하는 일은 생각하기 어려웠을지도 모른다. 희생자 명부가 별원 금고에서 나온 것은 합장이 문제가 된 뒤의 일이다. 그러나 지자키공업에도 같은 희생자 명부가 있었으니 불가능했다고 말할 수는 없다.

게다가 합장된 1997년은 슈마리나이에서 한일 공동 워크숍이 열렸고 유골 발굴이 시작된 해이기도 했다. 삿포로 별원은 넓은 마루방을 개방해, 한국에서 참가한 젊은이들에게 슈마리나이에 출발하기 전날의 숙박 장소도 무료로 제공했다. 별원이 워크숍에 협조한 것이다. 워크숍에서는 유골 네 구가 발굴되어 연일 신문과 방송에 소식이 보도되었다. 별원 승려도, 지자키 직원도 그 뉴스를 몰랐다고는 할 수 없다. 그런데 워크숍이 끝난 2개월 후인 10월에 합장이 진행된 것이다.

유골은 합장장으로 옮겨졌고 먼저 합장된 유골 곁에 놓였다. 남은 호리병은 별원의 (승려가 아닌) 직원이 처분했다. 그때 직원은 희생자들의 부장품을 보았다. 시곗줄과 만년필 뚜껑, 돈도 있었다고 한다. 파기를 지시받은 직원의 증언에 따르면 파기하려던 호리병에는 분명히 이름이 적힌 종이쪽지가 있었다고 한다. 직원은 지시대로 부장품도 함께 처분해 쓰레기로 버렸다.

유골도 부장품도 제3자에게는 단순한 '물건'일지도 모른다. 그러나 그 유골과 연결되어 있는 유족에게는 빼앗긴 육친의 목숨을 전하는 표식이다. 그런 상상을 지자키 직원도, 별원 승려도 하지 못했을까. 생각해 보면 역사와 목숨에 대한 상상력을 잃어버린 것은 별원 승려와 지자키공업 직원만이 아니다. 식민지 지배의 과거를 망각하고 태연하게 전후 일본을 살아온 우리 모두 마찬가지다.

꽤 예전부터 본원사 삿포로 별원에, 전쟁 중에 홋카이도로 강제로 연행되어 희생된 조선인들의 유골이 있다는 소문을 홋카이도 본원사파 승려들이 숙덕거렸다. 다코 노동과 강제 연행된 조선인들의 노동으로 운영되는 지자키가 별원의 오랜 신도라는 것이 소문의 신빙성을 더했다.

　그러나 지자키공업 창업주인 지자키 우사부로는 건설업계뿐만 아니라 정계에도 진출한, 홋카이도의 보스 같은 존재였으며 오랫동안 별원의 신도 회장도 맡아 왔다. 별원의 입장에서 보면 유력 신도였다.

　지자키공업에 불리한 영향을 미칠 수 있는 강제 연행 희생자 유골 문제를 별원 측에서 제시하지도 않았고, 유골을 맡은 사원이 유골 처분에 관한 의견을 내지 않는 것이 일반적 관행이기도 했다. 유골의 존재를 소문으로만 들은 우리 승려들도 지자키공업의 유골에 대해 그냥 지나치고 말았다.

3. 홋카이도 포럼 결성과 유골 봉환 운동

봉안당에 있던 조선인 강제 연행 희생자 유골에 대한 이야기가 시작된 것은 1999년 12월 교단 조직인 홋카이도 교구 지부 회의 때였다. 홋카이도 교구의 일을 맡고 있던 나는 삿포로 별원 림방에게 예전부터 별원 봉안당에 조선인 강제 연행 희생자 유골이 봉안되어 있다는 소문이 있으니 소문의 진위를 확인해 주면 좋겠다고 요청했다.

　다음 해 2월 회의에서 림방은 "유골은 지자키공업으로부터 받아 별원 봉안당에 봉안했지만 이미 합장되었고 현재 봉안당에는 존재하지 않는다."라고 회답했다. 그 보고에 경악한 나는 합장 현장을 확인하기에 이르렀고 별원 직원의 안내로 합장장에 들어갔다. 그곳에 희생자의 유골이 겹겹이 쌓여 있었다. 림방에게 유골을 다른 곳으로 옮기지 않도록 당부했다.

본원사 교단 홋카이도 교구 내부에 조사위원회가 꾸려지고 유골이 별원에 맡겨진 경위와 합장에 이르게 된 일에 대해 진상조사가 시작되었다. 조사하던 중 별원 금고에서 유골 관련 서류가 발견되었다. 앞서 말한 『토건관계철 : 유골·유류품 정리부』이다.

조사위원회가 작성한 보고서를 내가 대표로 7월에 별원에 전달했다. 림방에게 "합장 유골의 존재는 반드시 국제적 관심을 불러올 것이다. 사회에 알려지면 큰 문제가 될 것이다. 합장 사실을 매체가 일방적으로 보도하기보다 별원이 직접 발표하는 것이 좋겠다."라고 말했지만 별원은 발표하지 않았다.

그런데 2002년 11월 22일 『홋카이도 신문』이 머리기사로 「강제 연행 조선인 유골 101구 삿포로 절에」를 내보내 별원에 있는 유골의 존재를 보도했다. 그날부터 별원에는 온갖 매체들이 달려들어 큰 소동이 일어났다.

결국 삿포로 별원은 유골 문제를 공표했고 언론사에 연락해 12월 6일 오후 2시부터 별원 강당에서 기자회견을 했다. 회견 장소에서 방송국과 언론사 등에 별원의 회견문인 「조선인 강제 연행·강제노동 희생자 유골을 둘러싼 경위와 대책」을 배부했다.

"우리는 종조(신란)의 가르침을 깊게 새기는 일을 게을리하여 조선인 강제 연행 및 강제 노동으로 희생된 희생자와 유족에게 마음을 쓰지 못하고, 전후 57년이 지난 지금까지 희생자 분들의 유골을 유족의 품에 전하는 일을 게을리한 것에 대해 유족 및 관계자 분들에게 속죄하고 사죄드리지 않을 수 없습니다. 또한 유골을 맡는 과정에서 대단히 적절치 않게 대응한 것에 대해서도 후회막심하며 유족 여러분께 거듭 사죄의 말씀을 드립니다."라고 사죄의 마음을 표명했다.

그리고 다음과 같은 대책을 발표했다.

첫째, 정부 및 관련 기업과 협의하며 가능한 한 희생자와 유족의 소식을 조사해 사죄와 함께 유골 반환에 힘쓴다.

둘째, 이 유골에 관련한 강제 연행 및 강제 노동 실태를 해명하기 위한 조사 연구를 진행한다.

셋째, 도내 사원을 시작으로 일본 국내에도 식민지 시대 조선인·중국인 등의 유골이 안치되어 있을 수 있으므로 이 점에 대해 교단에 조사와 대책을 요청한다.

별원 1층에서 열린 기자회견에는 언론·방송 관계자 외에도 강제 연행 희생자 유골 문제에 관심을 가진 사람들이 참가했다. 유골 문제에 대한 별원 림방의 사죄와 대책 표명에는 비판할 부분도 있긴 했지만 솔직한 반성을 동반한 성실한 대응으로 평가하는 사람이 많았다. 기자회견에서는 민단과 조총련 회원, 삿포로 향토발굴회, 소라치 민중사강좌 등 민중사 관계자, 역사 연구자, 목사, 승려, 시민운동가 등 다양한 사람들이 참여했다.

회견이 끝난 뒤 강제 연행 문제에 관심을 가진 사람들이 남아 앞으로의 방향에 대해 협의했다. 삿포로 별원의 유골 문제는 전쟁 전후에도 해결되지 못한 일본과 홋카이도의 문제를 상징하는 존재가 되었다. 문제 해결을 별원에 맡겨 둘 수는 없었다. 여러 차례 회의를 거쳐 홋카이도 포럼이 탄생했다. 홋카이도 포럼은 2003년 2월 1일 삿포로 별원 본당에서 열린 제1회 모임에서 시짠밍(홋카이도 화교총회 회장), 설진철(민단 홋카이도 본부 국제부장), 채홍철(조총련 홋카이도 위원회 부위원장), 고가 기요타카(일본 교회 목사), 도노히라 요시히코(정토진종 일승사 주지) 등 다섯 명을 공동대표로 추대해 포럼을 결성했다.

사무국장에는 삿포로 향토발굴회의 호리구치 아키라가 취임했다. 유골 문제에 관심을 밝힌 여러 분야의 대표를 내세웠지만 포럼은 시민운동이기 때문에 어디까지나 개인 자격으로 참가했으며 소속 단체의 활동에 구속되지 않도록 약속했다.

『토건 관계철 : 유골·유류품 정리부』에는 희생자 110명의 이름이 기록되어 있다. 조선인 희생자 85명과 함께 중국인 10명, 일본인으로 추정되는 10명의 이름이 있다. 강제 연행 및 강제 노동 희생자 유골 문제에 대한 일차적인 책임은 군국주의와 식민지주의를 행사한 구 일본 제국 정부와 그 뒤를 이은 현재

일본 정부이며, 정부 정책에 부응해 강제 연행을 실시한 기업들이다. 그러나 역사적 책임을 지려는 기업들의 모습은 지금까지도 보이지 않고 있다.

국가와 기업이 주저할 때 시민들 스스로 아시아와 화해를 시도하는 것은 파괴된 인간관계를 복구하는 소중한 일이다. 홋카이도 포럼의 공동대표 5인은 가해자 측이기도 하며 피해자 측이기도 하다. 역사 화해를 실현하기 위해서는 양자가 연결되어 공동으로 논의할 필요가 있다. 삿포로 별원에 남겨진 희생자의 유골을 유족에게 돌려주려는 마음은 피해자 측에 있는 사람도 가해자 측에 있는 사람도 가질 수 있다. 양자가 모여 함께 논의하고 해결을 모색할 때 그 자체가 화해의 과정이 된다.

논의 결과, 홋카이도 포럼에서는 다음 주제들을 공유하기로 했다.

첫째, 아시아·태평양전쟁에서 일본 정부의 정책에 의해 일본 기업에 강제적으로 연행되어 강제 노동을 당하고 죽음에 이른 희생자 중에는 지금까지 유족에게 돌아가지 못하고 침묵 속에 사원 한구석에 방치되어 있거나 산야에 묻힌 유골이 있다.

유족에게 연락도 못 한 채 방치된 유골은 유족의 마음 따위는 관계없이 처분되어 왔다. 그러나 유골은 단순한 물건이 아니다. 빼앗긴 희생자의 삶의 발자취와 존재를 알려 주는 것이다. 그런 유골을 방치해 온 것이 일본의 전후 모습이다.

둘째, 유골의 안치 장소와 처리 방법을 결정하는 것은 유골과 연관된 유족이다. 유족만이 유골에 대한 결정권을 가지고 있다. 오랫동안 방치된 유골에 대해 우리가 할 일은 유골의 유족을 찾는 것이다. 유족의 존재를 무시하고 있는 국가나 기업, 그 밖의 어떤 단체나 개인도 유골을 처리할 권리가 없다.

셋째, 유골은 유족을 찾아 유족에게 반환하는 것이 원칙이지만 단순히 유골을 반환하는 것만이 아니라 유골이 된 그 사람이 어떻게 죽음에 이르렀고 어떤 이유로 지금까지 유족에게 전달되지 못했는지 희생자의 생전·사후사를 규명해 유족에게 알리지 않으면 안 된다.

넷째, 유골을 유족에게 돌려주는 것은 전후 보상에 앞서 인도적인 문제이다. 강제 연행 및 강제 노동을 국가정책으로 수행한 전쟁 전 군국주의 일본의 후계인 현재의 일본 정부와, 희생자를 사역해 죽음에 이르게 한 관계 기업이 유골 반환에 간여하지 않았던 것은 불법행위로 간주될 가능성이 있으며, 유골 봉환에 대해 가장 큰 책임을 안고 있다.

정부와 기업은 유골이 지금까지 봉환되지 않은 진상을 유족에게 설명하고 사죄해야 한다. 유골을 봉환할 때는 봉환에 동반되는 비용, 장례비 등을 부담해야 한다. 일본의 모든 국민에게도 봉환의 책임이 있다.

다섯째, 아무리 찾아도 유족을 발견하지 못한 유골은 관련자들이 협의해 걸맞은 곳에 정중히 안치한다. 이런 경우에도 나중에 유족이 발견되면 유골을 봉환할 수 있도록 배려한다.

여섯째, 희생된 본인을 정중하게 추도하고 유족의 종교에 따라 의식을 치르고 유골을 안치해야 한다. 또다시 희생이 발생하지 않도록 기억을 계승하기 위해 기념비와 시설을 세워 청소년에게 역사를 전달하는 교육적 배려를 해야 한다.

4. 유족을 찾다

2002년 나는 강제 연행 문제를 연구하는 한국인에게 삿포로 별원 희생자 유골 명부를 보내어 유족을 조사해 달라고 부탁했다. 홋카이도 포럼의 활동이 시작된 지 반년이 지난 2003년 가을, 광운대학교 김광렬 교수로부터 삿포로 별원에 있는 유골의 유족을 찾았다는 연락이 왔다. 삿포로 별원 유골의 유족이 처음으로 발견된 것이다. 희생자 명부에는 다음과 같이 기록되어 있다.

희생자명 : 김○○

나이 : 22세

사망 연월일 : 1944년 4월 18일

본적 : 전북 ○○군

사역 기업 : 스가와라구미

_별원 소유 『토건 관계철 : 유골·유류품 정리부』에서.

희생자의 조카가 서울에 살고 있는데, 김광렬 교수가 만나 일본에서 관계자가 오면 만나겠다고 승락받았다고 했다. 내가 한국으로 가 유족을 만나기로 했다. 11월 13일 저녁 서울 메리어트호텔에서 김 교수와 함께 만난 유족의 이름은 김××씨, 50대 남성이었다. 김○○씨의 유골은 이미 합장되어 직접 모셔 가기 어려운 상태였다. 김××씨도 김 교수에게 들어 그 사실을 알고 있었다.

그를 만날 때 어떤 표정을 지어야 할지 몹시 긴장되었다. 호텔 지하 레스토랑에 도착하자 먼저 와있던 유족이 김 교수와 함께 나를 맞이했다. 테이블에 둘러앉아 첫 인사를 나누었다. 조금 겸연쩍게 웃는 얼굴이었지만 분위기는 어색했다. 인사를 건넨 뒤 나는 유골을 발견하게 된 경위와 유골이 합장되어 버렸음을 알리고, 사죄해야 하는 일이라고 말했다.

김××씨는 "작은아버지의 유골이 발견되었다는 이야기를 듣고 매우 놀랐습니다. 빨리 모셔 와 고향 전라북도에 있는 부친 묘소 옆에 묻어 드려야겠다고 생각했습니다. 그런데 유골이 섞였다고 해 큰 충격을 받았습니다. 일부를 받아서 고향에 모셔가도 다른 사람의 유골이 섞여 있는 것이라 친척들이 어떻게 생각할지 모르겠습니다. 정말 곤혹스럽습니다."라고 말했다.

"기분은 잘 알겠습니다. 정말 죄송합니다. 그러면 이 자리에서 결론을 내지 말고 홋카이도에 한번 오시지 않겠습니까? 마음이 아프시겠지만 유골을 직접 보시고 그 후에 상의하고 싶습니다."라고 말하자 김××씨는 "고향에 어머니가 계십니다. 귀는 어둡지만 건강하십니다. 어머니가 유일하게 작은아버지의 일을 기억하고 있습니다. 가능하다면 어머니를 모시고 홋카이도에 갔으면 합니다."라며 홋카이도에 가겠다고 했다.

김××씨는 작은아버지의 호적등본을 가지고 왔다. 거기에는 김○○씨의 사망에 관한 새로운 정보가 있었다.

쇼와 19년[1944년] 4월 18일 오전 2시 지시마 방면에서 사망, 관리인 세가와 고타 신고.

김○○씨가 일한 토건 회사는 스가와라구미였다. 스가와라구미는 홋카이도 쿠시로釧路에 거점을 둔 다코베야 전문 회사이며 주로 해군과 관련된 일을 했다. 기타지시마北千島와 동쪽 방면의 군 관련 공사에서 최대 동원력을 발휘했는데, 1944년에는 1만 5000명을 동원하기도 했다. 일본군이 지시마에서 스가와라구미에 하청을 준 군 시설 관련 공사 현장은 시무슈도占守島, 파라무시루도幌筵島, 마쓰와도松輪島에 있었다.

홋카이도에 돌아와 삿포로에 사는 스가와라구미 옛 간부 S 씨를 찾아 이야기를 들을 수 있었다. S 씨는 지시마에서의 일을 들려주었다.

지시마에서는 겨울에 일할 수 없습니다. 봄에 시작해도 가을에는 철수합니다. 하지만 1943년부터 1944년에는 겨울을 넘겨 해군 일을 했어요. 1944년 봄에 현장 상황을 보기 위해 기타지시마를 돌았는데, 그때 해군 대장이 "사람이 더 필요하다. 사람을 더 투입하지 않으면 일이 안 된다."라고 해서 본사에 급히 수배해 달라고 보고했어요(해군성은 경성 조선총독부 앞으로 '1944년 4월 24일 홋카이도 지시마에 건설 중인 해군 시설은 긴급을 요하며 현재 작업에 큰 지장이 있으니 공사에 투입할 조선인 9000명을 동원하는 일에 조선총독부가 서둘러 협조하라.'는 내용의 전보를 쳤다).

하지만 그런 곳에 사람을 잔뜩 밀어 넣는다고 해서 작업이 제대로 될 리가 없었죠. 겨울에는 식당 작은 창고 밖에 있는 화장실에 가기 위해 밧줄을 잡지 않으면 목숨이 위험할 정도로 대단한 눈보라가 몰아치는 곳입니다. (김○○ 씨의 호적등본을 보면서) 이 사람이 죽은 4월 18일은 기타지시마에서는 한겨울입니다.

김○○ 씨가 시무슈토에서 죽었는지는 알 수 없지만 사망 당시 지시마의 상황과 노동조건이 언뜻 보였다고나 할까. S 씨는 사망신고를 한 세가와 고타라는 이름은 모른다고 증언했다. 김○○ 씨의 형수인 이×× 씨는 아들로부터 김○○ 씨의 유골이 홋카이도의 절에 있다는 말을 듣고 불면증에 걸렸다. 홋카이도에 갈까 말까 꽤 고민했지만 김×× 씨와 함께 가기로 했다.

2004년 1월 30일 김×× 씨와 이×× 씨는 대한항공 여객기로 인천 국제공항을 떠났다. 이×× 씨는 비행기를 탄 뒤 식욕도 없어져 물만 간신히 넘겼다. 홋카이도의 겨울은 심한 추위와 눈보라가 한창이었다.

호텔에서 휴식을 취한 뒤 다음 날 그들은 삿포로 별원으로 향했다. 이×× 씨는 준비해 온 하얀 치마저고리로 갈아입었다. 삿포로 별원 봉안당에는 난방장치가 없다. 간이 난로가 설치되어 있었지만 화력이 약했다. 유골이 들어 있는 항아리 세 개가 테이블 위에 놓였고, 뚜껑이 열렸다. 항아리 안에는 잘게 부서져 갈색으로 변색된 유골이 들어 있다. 이×× 씨는 "아이고!"라는 소리와 함께 양손을 들어 "왜 도망가지도 못했어."라며 마룻바닥에 엎드려 울었다.

응접실로 장소를 바꿔 이×× 씨와 김×× 씨는 별원 림방으로부터 그동안의 경위를 들었다. 또한 함께 참석한 지자키공업 총무부장이 유골을 합장한 것을 사죄했다. 그러나 강제 연행에 대해서는 사죄하지 않는 주도면밀함을 보였다. 김×× 씨는 "유골은 봤지만 정말 작은아버지의 유골이라는 생각이 들지 않습니다. 101명의 유골이 그저 항아리 세 개에 들어 있다는 사실을 납득하기 어렵습니다. 정말 인간의 뼈인지도 의심스럽습니다."라고 고통스럽게 내뱉었다.

2월 1일 삿포로 별원 본당에서 '제2회 홋카이도 포럼'이 개최되었다. 200명 가까운 사람들이 참가했고 이×× 씨도 증언했다.

시집와서 시동생과 함께 생활했던 것도 기억납니다. 귀가 어두운 내게 다슬기를 잡아와서 약이라며 먹게 해준 친절한 시동생이었습니다.

집회가 끝난 뒤 별원 홀에서 환영회가 있었다. 김×× 씨는 자신도 홋카이도 포럼의 회원이 되어 함께 유골 문제를 해결하고 싶고 모금에 참여하고 싶다고 말했다. 식민지 지배 역사의 책임을 자각하고 피해자의 유골을 조사해 반환하려는 일본 시민운동과 모금에 피해자가 직접 참여해 문제 해결에 협력하고 싶다고 한 것이다. 김×× 씨의 말에 참가자들은 놀라고 감격했다. 시민운동이 국경을 초월해 연결되는 것을 눈앞에서 실감할 수 있었다.

합장 유골을 모시고 가는 것은 어려운 일이다. 일본 측에서 제대로 유골을 반환할 수 있도록 준비할 때까지 기다리기로 하고 이×× 씨와 김×× 씨 모자는 한국으로 돌아갔다. 돌아가는 날 오전에 두 사람은 홋카이도 지사와 삿포로 시장에게 면담을 요청해 유골 문제 해결을 호소했다. 우에다上田 삿포로 시장은 이 씨 모자의 손을 잡고 자신이 변호사로서 강제 연행 문제에 관여했던 경험을 이야기하며 문제 해결을 위해 노력하겠다고 말했다. 김×× 씨는 삿포로에서 고이즈미 총리에게 편지를 보내 유골 문제 해결을 촉구했다.

우리 유족은 고 김○○의 사망 원인과 유골이 현재 상태로 [합장] 된 경위에 대해 정식으로 일본 정부와 해당 기업으로부터 책임 있는 설명을 들어야겠다. 또한 일본 정부와 해당 기업은 고 김○○이 사망했음에도 지금까지 우리 유족에게 사망 경위는 물론 유골조차 반환하지 않은 사실에 대해 사죄하고 합당한 보상을 하도록 청구하는 바이다.

　귀하의 성실한 답변을 기다리겠습니다.

대한민국 서울시 김××

지금까지 일본 정부의 회답은 오지 않았다.

　김○○ 씨가 사역을 당하고 죽음에 이른 뒤 유골을 삿포로 별원에 맡긴 스가와라구미는 지금도 존재한다. 전후 여러 곳을 거쳐 지금은 미토시水戶市에 회사가 있다. [홋카이도 포럼] 공동대표 채홍철 씨는 시민운동 측을 대표해 스가와라구미를 방문했다. 그는 도쿄에서 일을 마치고 미토시에 있는 회사를 방문했다. 당초 스가와라구미는 떨떠름하게 대응했다.

　스가와라구미는 전후 도산해 새롭게 출발했으니 당시 저지른 일을 책임질 수 없다고 했다. 그러나 회사는 전쟁 전부터 이어져 내려온 발자취를 자인하고 있었고, 쿠시로 자운대紫雲台 공동묘지에는 전쟁 전의 회사가 만든 위령비가 있으며 지금도 회사가 그 비를 관리하고 있다. 채홍철 씨가 이런 사실을 지적하자 회사 측에서는 관련성을 부정하지 못했다.

삿포로 별원의 중개로 지자키구미, 스가와라구미와 연락해 유골 문제에 대한 책임을 물었다. 유골 문제에 대한 책임을 기업에 묻는 것은 작은 시작이었지만 [이런 문제를 기업이] 자각하기 시작했다는 점에서 큰 의미가 있다. 포럼은 그 후로 찾아낸 유족을 삿포로에 초대했다. 기업은 별원을 통해 유족의 여비 일부를 부담했다.

2006년 4월 4일 다카하시 하루미 홋카이도 지사가 홋카이도 포럼 공동대표를 도청으로 초대해 환담했다. 다카하시 지사는 홋카이도 정부 차원에서도 유골 문제를 해결하는 데 협력하고 노력하겠다고 했다.

홋카이도는 1999년에 조선인 강제 연행 및 강제 노동에 관해 삿포로 학원 대학 등의 역사 연구자에게 의뢰해 보고서를 작성하도록 했다. 1970년대부터 이어져 온 민중사 운동과 더불어, 연구자들이 홋카이도 근대사를 조명하면서 역사 운동이 진행되었다. 그 성과가 도의회에서 논의를 불러일으켜 홋카이도를 움직였다. 조사 및 연구 결과, 『홋카이도와 조선인 노동자』라는 두꺼운 보고서가 출간되었다. 다카하시 지사는 도의 시책을 유지했으며 조선인 유골 문제에 홋카이도가 관련이 있음을 밝혔다. 이렇게 시민운동이 지속되는 가운데 지방행정기관과 기업도 어느 정도 관심을 갖게 되었다.

5. 아시아의 정상들에게 편지를 보내다

2004년 12월 초순 밤, 한국 정부가 만든 과거사 규명 위원회 가운데 하나인 일제강점하 강제동원피해진상규명위원회에서 연락이 왔다.

"일본 시민 단체의 입장에서, 일본에 남겨진 조선인 강제 연행 희생자의 유골을 반환하는 일에 한국 정부가 협력해 주기를 바란다는 편지를 보내 주었으면 한다.

12월 17일부터 가고시마현 이부스키指宿에서 한일 정상회담이 개최될 예정인데 그곳에서 고이즈미 총리에게 유골 문제 해결을 요청하려고 한다."

나는 홋카이도 포럼 주요 회원에게 위원회의 요청 내용을 전달하고 우선 개인 명의로 편지를 쓰기로 했다. 한일 정상회담까지는 보름밖에 없다. 효과가 얼마나 있을지 의문이었지만 편지는 12월 3일자로 청와대로 보냈다.

한국에 요청한 이상, 일본에 남겨진 조선인 희생자 유골에 대한 책임은 일본 정부가 져야 하므로 고이즈미 총리 앞으로도 유골 반환을 위해 노력해 달라고 요청하는 편지를 보냈다.

삿포로 별원에 남겨지고 합장된 유골에는 한국만 관련된 것이 아니다. 한국, 즉 예전 한반도 남부 출신 유골이 61구, 조선민주주의인민공화국, 즉 한반도 북쪽 출신 희생자가 13구, 본적 불명 조선인 유골이 11구였다.

중국인 유골이 6구, 일본인으로 보이는 유골도 10구가 있는 것으로 기록되어 있다. 기왕이면 각국 정상에게도 협력을 의뢰하자는 의미로 편지를 썼다. 북한 김정일 국방위원장, 중국 후진타오 국가주석 앞으로 24일에 편지를 부쳤다.

12월 17일부터 이부스키 온천에서 개최된 한일 정상회담 관련 보도를 유심히 보았다. 고이즈미 총리는 한국 대통령과 함께 온천 목욕을 하고 싶었던 것 같다. 맨몸으로 함께 땀을 흘리며 친한 관계임을 과시하고 싶었던 것일까. 반대로 노무현 대통령은 온천을 함께할 만큼 친하지 않다고 생각했던 것일까. 온천 회담은 실현되지 않았다.

회담이 끝난 뒤 보도된 신문 기사에 유골 문제는 없었다. 역시 안 되는 것일까 생각이 들었지만, 노무현 대통령은 분명 유골 문제를 의제로 발언했다. 야스쿠니 문제 등 정치적인 문제에 관심이 집중되어 유골 문제가 그늘에 가려진 것이다. 정상회담 석상에서 노무현 대통령은 유골 문제 해결을 요청했고 고이즈미 총리는 "어떻게 할지 신중히 검토해 보겠다."라고 약속했다.

이때 국교 정상화 이래 한일 정부 수준에서 처음으로 강제연행 희생자 유골 문제가 정식 의제가 되었다. 야스쿠니 문제와 역사 인식에 둘러싸여 한일 관계가 냉각된 가운데, 조금은 해결 가능성이 있는 과제로 유골 문제를 다루자는 데 양국이 협의했다고 한다. 어쨌든 홋카이도에서 노무현 대통령 앞으로 보낸 편지가 한일 정상회담과 그 후 유골 문제 해결을 위한 출발점이 된 것이다.

북한과 중국 정상 앞으로 보낸 편지는 얼마 지나지 않아 잇달아 답신이 왔다.

북한에서는 "조선일본군 '위안부'·강제연행피해자보상대책위원회" 명의로 8월 24일 소인이 찍힌 답신이 도착했다. 삿포로 별원에 남겨진 101명 중 11명의 한반도 북쪽 출신자 희생자 자료가 첨부된 편지를 접하고 "이미 오랜 세월이 흘러 명부에 기재된 희생자들의 이름과 주소가 일본식 이름과 해방 전 주소로 기입되어 있는 등 여러 사정으로 말미암아 유감스럽게도 지금까지 찾아내지 못했습니다. 지금부터라도 일본의 중대한 인권유린 범죄에 대한 진상 조사를 한층 더 이어갈 것이며, 이 과정에서 선생님이 명단을 보내 주신 희생자의 유족을 찾아 곧 연락하겠습니다."라는 내용이었다.

중국에서는 중국 대사관 영사부로부터 7월 7일자 소인이 찍힌 답신이 도착했다. "당관이 중국적십자총회에 연락해 중국 희생자 여섯 명의 유골을 반환하는 일에 협력해 달라고 했습니다. 이 사안은 중국의 여러 행정 부문에서 좀 더 확인하는 작업이 필요하기 때문에 이 중국인 희생자 여섯 명의 유골 확인에 대한 경위 및 관계 자료를 제공받아 하루라도 빨리 반환되도록 중국적십자총회에 전달했습니다."라고 적혀 있었다. 어쨌든 유족을 찾고 유골을 반환하는 일에 적극적으로 협력하겠다는 내용이었다. 고이즈미 총리의 답장은 없었다. 아시아 국가들에 비해 과

거 청산을 위한 일본 정부의 움직임은 둔하기만 하다. 그 현실
이 답장에도 반영되어 있다.

6. 무로란 절에 남겨진 유골

노무현 정부에서 시작된 한국의 과거 청산 활동은 한국의 민주
화 운동이 민주 정부에 바라던 것이었으며, 일본 식민 지배가
역사적으로 총괄되지 않고 유야무야되는 가운데 어둠 속에 묻
혀 있는 과거를 청산하고자 하는 의욕적 표현이었다. 그리고 오
랫동안 맞서 싸워 왔던 군사독재 정권의 종식을 알리는 의식儀式
이기도 했다.

　과거사 청산을 위한 위원회가 정부 기관으로 구성되는 가운
데 2004년 11월 한국 국회에서 〈일제강점하 강제동원피해 진
상규명 등에 관한 특별법〉이 통과되어 11월에 일제강점하 강제
동원피해진상규명위원회가 발족했다. 이 위원회는 일본군 성
노예로서 '종군위안부' 문제를 포함해 강제 연행 및 강제 노동
문제에 대한 진상을 밝히는 것을 주목적으로 했다.

　위원회는 이제까지 민간에서 진상 규명과 보상 요구를 위해
노력해 온 시민운동 관계자와 강제 연행 문제 연구자, 행정공무
원 등 3자로 구성되었다. 피해 당사자와 유족을 조사해 이들의
피해 신고를 접수받는 일과, 일본에 남겨진 강제 연행 희생자의

유골을 반환하는 문제 등이 위원회의 활동 업무가 되었다.

유골 문제 대책을 약속한 일본 정부는 후생노동성과 외무성, 내각관방 3자가 모여 유골 문제 창구를 만들었다. 한국 정부 측 창구인 진상규명위원회와 일본 정부 측 창구가 협의해 유골 문제에 대한 대책을 논의했다.

2005년 2월 처음으로 일본을 방문한 위원회 일행은 도쿄에서 기자회견과 정부 방문 등을 끝내고 삿포로 제2회 홋카이도 포럼에 참가했다. 포럼 회의장에서 박기서 자문위원회 위원장이 인사말을 하고 강연을 했다. 그 뒤 최봉태 사무국장 일행이 포럼의 안내로 무로란 광소사에 있는 조선인 희생자 유골 세 구를 조사했다. 위원회가 일본에서 최초로 조사한 유골은 전쟁 말기에 일본제철 무로란 와니시제철소에 끌려가 미군의 함포사격으로 희생된 조선인 소년의 유골이었다.

무로란 유골에 대한 자료는 2004년 5월 도쿄에 간 홋카이도 포럼 공동대표 채홍철 씨가 도쿄 조선인 강제 연행 진상 조사단에게서 받은 것이다. 진상 조사단은 외무성으로부터 자료를 입수했다. 일본제철에 징용되어 무로란 함포사격으로 희생된 조선인 소년의 유골에 관한 기록이었다.

1945년 7월 14일 이른 아침 히다카 해안 남방의 미군 항공모함에서 이륙한 B29 전투기가 무로란시 항구와 공장, 시내를 습격해 폭격과 기총소사를 했다. 무로란에는 군수공장인 일본제철과 거대 병기 공장인 일본제강이 있다. 본격적인 공격이 이루어진 것은 다음 날 15일이었다.

태평양 일본 해안으로 북상한 미군 제38 기동부대 소속 순양함 11척의 순양함이 호위하는 전함 아이오와, 미주리, 위스콘신이 무로란으로부터 2만 8000미터 떨어진 해상에서 오전 9시 34분에 포격을 시작했다. 10시 30분에 공격을 마칠 때까지 500밀리미터 포탄 860발을 퍼부었다. 한 발로 깊이 6미터, 직경 10미터의 구멍이 생기는 포탄은 일본제철, 일본제강뿐만 아니라 무로란 시내를 괴멸했다. 사망자와 행방불명자를 포함해 408명이 희생되었고 건물 448채가 붕괴되었다.

당시 일본철강에는 조선인 징용자 405명이, 일본제철에는 조선인 노동자 224명이 일하고 있었다. 기록에 따르면 일본제철 공장 안에서 조선인 소년 노동자 다섯 명이 희생되었다. 소년들의 유골은 유골함에 담겨 일본제철 근처 불교 사원인 정토진종 본원사파 광소사에 맡겨졌다. 패전 후 10월 16일에 하코다테를 출항한 제1차 귀국선 신노마루에는 조선의 유족에게 돌려줄 유골 네 구를 지닌 일본제철 직원이 탑승했다.

노동자를 연행한 기업으로서는 당연한 일이지만 패전의 혼란 속에서 부산항으로 유골을 품고 간 것은 용기 있는 행동이었다. 혹은 유골을 모시고 간 직원에게 특별한 마음이 있었을지도 모르겠다. 유골과 함께 미지급 임금, 회사와 직원들이 준비한 조의금 등을 가져간 듯하다. 그러나 미군 점령기 조선의 혼란스러운 상황에서 상륙을 거부당했고, 유족에게 전하지 못한 유골

네 구는 무로란에 되돌아와 다시 광소사에 안치되었다.

그 뒤 무로란 연합국총사령부GHQ가 조선인 미지급 임금 등을 내놓으라고 명령했고, 일본제철은 유골과 미지급 임금을 전달했다. 연합국총사령부는 임금만 접수하고 유골은 받지 않았다. 미지급 임금은 조선 점령군을 통해 유족에게 전해 준다고 했다. 유골은 또다시 광소사로 돌아왔다. 미지급 임금도 결국 유족에게 전해지지 못하고 연합국총사령부가 일본 정부에 반환해 대장성 금고에 넣어 둔 듯하다.

1970년대에 유골 한 구가 유족에게 반환된 듯하지만 그 사정은 알 길이 없다. 남겨진 유골 세 구가 안치된 광소사에 후지제철(이후 신일본제철)이 매년 추석마다 사원을 방문해 참배했지만, 유족을 찾아 유골을 돌려주는 일까지는 하지 않았다.

광소사에 맡겨진 유골은 엄중하게 관리되고 있다. 유골이 들어 있는 세 개의 함은 천으로 싸여 또 다른 나무 함에 들어 있는데, 개봉할 때에는 개봉하는 사람의 이름을 적게 되어 있었다. 유골함에는 유골과 함께 미지급 임금 명세서와 수첩, 도장, 부의금 등 세 사람의 유품도 들어 있었다. 남겨진 유골의 기록은 유골함에 다음과 같이 기재되어 있었다.

육윤과 도모토 ○○(1928년생, 사망 당시 17세)

제2 제선과 마쓰다 ○○(1929년생, 사망 당시 16세)

공작과 아사모토 ○○(1930년생, 사망 당시 15세)

희생자들의 본적도 기록되어 있었다. 신일본제철이 유족을 찾으려는 의지가 있었다면 그리 어려운 일도 아니었을 것이다. 그러나 그렇게 하지 않았고 유골은 절 봉안당에 맡겨진 채 시간만 흘러갔다.

소년이 희생되고 20년이 지난 1963년 10월, 한국으로부터 일본 정부 이케다 하야토 총리대신 앞으로 편지 한 통이 도착했다. 보낸 사람은 한국 경상남도 ○○군에 사는 구×× 씨. 희생자 구○○(도모토 ○○) 씨의 아버지였다. 그즈음 구×× 씨는 필사적으로 장남의 유골을 돌려받으려고 했다. 그는 같은 마을에서 연행됐다가 돌아온 젊은이로부터, 아들이 1945년 7월 15일 함포사격으로 희생되었으며 회사 근처 불교 사원에 유골이 맡겨졌다는 소식을 들었다.

구○○ 씨의 유골함에는 유품으로 회중일기와 우편저금통장, 부의금 등과 함께 가족이 보낸 편지가 있었다. 구○○ 씨 어머니가 보낸 편지에는 "7월에 무사히 돌아오기를 간절히 바란다."라고 적혀 있었다. 사망한 7월 15일은 징용 기간이 끝나고 고향에 돌아가기 직전이었다. 가족은 얼마나 슬펐을까.

전쟁 직후의 혼란과 한국전쟁, 군사정권의 집권 등 일본 북쪽 끝 사원에 있는 아들의 유골을 가져오기 어려운 시대가 계속되었다. 1963년 당시만 해도 한국의 경제적 상황과 양국 간에 아직 국교가 맺어지지 않았다는 점을 고려하면 아들의 유골을 가지러 일본에 가기란 불가능했다. 그는 아들의 유골을 가슴에

품을 수 없는 원통함을, 일본 총리대신에게 쓴 진정서에 풀어 놓았다. 편지의 내용을 소개한다.

[받는 사람] 일본 정부 이케다 내각총리대신 각하

[보내는 사람] 대한민국 경상남도 ○○군 구××

진정서

전사자 : 도모토 ○○(조선명 구○○)

이 사람은 1944년에 귀국 대동아전쟁 당시 징집에 응모하여 귀국 홋카이도 무로란시 와니시제철소 지도과 제2 찰반 호리오掘男 씨, 야마모토山本 씨, 다마키 마사요시玉木正義 씨의 인솔로 일본으로 건너가 다마키 마사요시 씨의 지도하에 5기생 운전과에 근무하던 중 1945년 7월 중순에 전사했다는 내용의 전보를 당시에 받았습니다만, 그해 8월 15일 대동아전쟁 휴전 조약에 의해 지금까지도 아무런 조치가 없음을 유감으로 생각합니다.

귀국 홋카이도 무로란시 와니시제철소 호리오 씨, 야마모토 씨, 다마키 마사요시 씨 앞으로 진정서를 보냈지만 지금까지도 회답이 도착하지 않아 이 사실을 당신에게 전합니다.

공사다망한 가운데 죄송합니다만 직접 상세히 조사하여 사망자 사망 확인서 및 유골 인도 방법 외에 손해배상 여부를 결정하여 즉시 회답해 주시기를 부탁드립니다.

또한 당시 귀국한 전사자의 친구 김○○로부터, 이 사람의 유골은 당시 화장해 작은 병에 넣어 귀국 근무소 부근 절에 안치했다고 들었습니다.

서기 1963년 10월 26일
전사자 도모토 ○○(조선명 구○○)
친권자 실부 구××
일본 정부 이케다 총리 각하

같은 내용의 편지가 세 차례 발송되었다. 다만 11월 21일 소인의 세 번째 편지, 즉 마지막 진정서에는 "손해배상 여부를 결정하여"라는 문구가 빠져 있었다. 편지를 보냈지만 일본 정부가 아무 반응이 없는 이유가 자신이 보상을 요구했기 때문이라고 판단한 것은 아니었을까. 아들에 대한 아버지의 아픈 마음이 전해져 왔다. 이 진정서를 접한 모든 사람들은 정중하게 읽을 의무가 있다.

편지를 받고 일본 정부는 어떻게 했을까. 외무성 동북아시아과는 유골을 돌려줄 수 있다면 그렇게 하려 했다. 후지제철로부터 유골의 존재와 그때까지 경위를 보고받고, 망자의 아버지가 확실하다면 유골을 전해 주고 싶다고 기록되어 있다.

아들을 돌려받으려는 아버지의 집념은 실현될 것처럼 보였다. 하지만 기록은 거기까지였다. 여기까지 읽으면 유골이 아버지에게 돌아갔으리라 생각하게 된다. 그러나 40년 후에 홋카이도 포럼이 유골의 소재를 확인해 보니 유골은 의외로 광소사 봉안당에 있었다. 유골은 결국 아버지에게 돌아가지 못했다.

왜 돌아가지 못했을까. 진상은 알 수 없지만 당시 한일 교섭의 초점이 식민 지배를 둘러싼 보상 문제였다는 데서 그 이유를 찾을 수 있을 것 같다. 한국 측은 식민지 지배 자체가 불법이며 그에 대한 배상을 원했다. 일본 측은 한일병합의 합법성을 주장하고 국제적으로도 인정받았다며 배상의 필요성을 인정하지 않았을 뿐만 아니라 한국에 있는 일본의 재산권을 주장하기도 했다. 이는 강제 연행 희생자 보상 문제와도 직접적으로 연결되는 문제였다.

한일 국교 정상화라는 더 큰 이슈에 휩쓸려 구○○ 씨의 유골이 아버지의 품에 안기지 못한 것은 아닐까. 아버지가 세 차례나 총리대신에게 보낸 편지는 결실을 맺지 못했고, 유골은 무로란 광소사 봉안당에 잠들어 또다시 긴 침묵의 시간이 흘렀으며 아버지 구×× 씨는 타계했다.

❖

구×× 씨가 이케다 총리에게 편지를 쓴 뒤 40년 세월이 흘렀다. 한국 정부의 일제강점하 강제동원피해진상규명위원회는 입수한 자료를 근거로 무로란 광소사에 남겨진 유골 세 구의 유족을 찾는 일을 재개했다. 머지않아 유족을 찾을 수 있었다.

도모토 ○○(조선명 구○○)는 경상남도 ○○군, 마쓰다 ○○ (조선명 정○○)와 아사모토 ○○(조선명 이○○)는 경상남도 ○○ 군 출신이었고 유족들이 계속 고향에 살고 있었다. 유골의 존재 를 알게 된 유족들은 무로란을 방문하고 싶어 했다. 홋카이도 포럼은 유족을 방문해 직접 의향을 확인하고 가능하면 홋카이 도로 그들을 초대하길 바랐다.

2005년 5월 8일 나는 진상규명위원회의 안내로 자동차를 타고 서울을 출발해 세 명의 유족이 사는 부산 근처 마을로 향 했다. 처음 방문한 곳은 아버지가 애타게 아들의 유골을 찾고 싶어 했던 구○○ 씨의 유족이었다. 수소문해 집을 방문해 보니 타계한 구×× 씨의 조카딸과 그 사람의 며느리가 있었다.

유골 이야기를 꺼냈지만 그들은 이제 와서 유골을 받기는 어 렵다고 했다. 40년 넘는 세월은 유족에게 너무나도 긴 시간이 었다. 유골을 찾으려고 그토록 애쓴 아버지가 사망하고도 긴 시 간이 흘러, 이젠 유골을 받기가 곤란하다는 것이다. 사실 아버 지의 조카딸과 희생자 사이의 연이 그리 가깝다고 할 수는 없 다. 유골을 받으면 장례비가 많이 들 수도 있다. 시간이 흐르면 분함과 슬픔도 역사의 어둠 속으로 묻혀 간다.

마쓰다 ○○(정○○) 씨 유족의 집을 방문하자 마침 NHK가 취재하고 있었다. 그들은 유족이 무로란을 방문하는 여정을 취 재하고 싶다고 했다. 유족이 방송국의 자의적인 제작 방향에 이용당할까 걱정했지만, 방송국이 유족의 여행 경비를 책임지고 자의적으로 제작하지 않겠다는 약속을 받았다. 그리고 유족이 홋카이도를 방문하게 되었다. 도모토 ○○(구○○) 씨의 유족은 방문을 거절해, 마쓰다 ○○(정○○) 씨와 아사모토 ○○(이○○) 씨 유족 일행 일곱 명의 방문이 결정되었다.

5월 23일 홋카이도 포럼이 준비한 자동차로 유족들이 광소사에 도착했다. 그곳에는 무로란 시민들이 유족들을 기다리고 있었다. 광소사 하시모토 쇼도 주지가 봉안당에서 유골을 모셔왔고 채홍철 씨가 유골함을 열었다.

희생자의 형제자매들로서는 65년 만의 재회였다. 유족들은 이 슬픈 만남에 유골함을 끌어안고 소리 내어 울었다. 유골은 다시 새로운 천에 싸였으며, 나는 그때까지 일본식 성명으로 적혀 있던 이름을 원래 이름으로 고쳐 썼다.

도모토 ○○는 구○○로.

마쓰다 ○○는 정○○로.

아사모토 ○○는 이○○로.

광소사 주지와 참가한 승려의 독경으로 법요식을 갖고 본당에서 기자회견을 가졌다. 유족의 발언은 준엄했다.

"홋카이도까지 머나먼 길을 밥은 먹으면서 왔을까. 일하면서 쉬는 시간은 있었을까. 15세 어린애에게 무엇을 시켰을까. 알고 싶은 일이 너무 많다."

"보상 같은 것은 필요 없다. 형을 살려 내라."

"어머니는 어린애가 끌려가 가슴이 아파 심장병으로 돌아가셨다. 형이 어떻게 죽었는지 알고 싶다. 아이를 잃은 슬픔은 한국인도 일본인도 마찬가지다. 유골을 부산까지 가지고 왔다는 외무성의 자료는 믿을 수 없다."

"유골을 반환하는 문제는 죽은 형을 어떻게 처우할 것인가의 문제다. 일본 정부는 책임지고 보상해야 한다. 양친은 아무것도 모른 채 타계했지만 우리가 알게 된 이상 반드시 결말을 짓자."

절을 나온 일행은 신일본제철 구내로 안내되었다. 포럼이 사전에 교섭해 신일본제철 직원이 희생자의 사망 장소로 추정되는 장소로 안내했다. 신일본제철은 포럼으로부터 사전에 들었음에도 유골에 대한 책임을 표명하지 않았다. 구내를 안내하는 직원도 봉사자였으며, 책임을 인정하는 것은 아니라고 했다.

구내를 안내하는 도중 직원의 설명이 소홀해 유족 정×× 씨 등이 화를 내기 시작했다. "정말 함포사격으로 죽은 것인가. 작업 중에 죽은 것은 아닌가?"라는 물음에 직원은 "회사가 달라 판단할 수 없다. 대답하기 어렵다."라고 했다. "회사를 대표해 왔으면 책임을 회피하지 마라. 다른 책임자를 불러오라."라며 유족이 항의했다. 억누를 수 없는 분노가 분출했다. 결론을 알 수 없는 질문과 답변은 중단되었지만 유족의 분노는 진정되지 않았다.

그날 밤 포럼 회원들과 유족들이 따로 회의했다. 드디어 만난 육친의 유골을 모시고 돌아가고 싶다는 마음과, 일본 정부도 관련 기업도 책임을 표명하지 않았는데 유골만 가지고 돌아가면 사죄와 책임 소재가 애매해지는 건 아닌가 하는 마음이 교차했다. 신중한 논의가 계속되었다. 다음 날 유족이 포럼에 전한 결론은 이번에는 유골을 두고 돌아가겠다는 것이었다. 유족을 대표해 정×× 씨가 성명을 발표했다.

한마디로 과거에서 도망치느냐고 말하고 싶다. 과거에 일을 저지른 것은 일본이며 현재의 일본이라는 나라로 이어졌다. 또한 과거에 잘못을 저지른 것도 일본인이며 현재의 일본인도 그 책임을 면할 수는 없다. 그럼에도 어째서 자신의 잘못을 인정하지 않고 있는가.

치토세 공항에서 비행기를 탈 때 유족 중 한 사람이 "여러분의 협력에 감사합니다만 이렇게 될 바에야 차라리 오지 말 것을 그랬습니다."라고 했다. 무거운 한마디였다.

7. 아카비라 절에서 발견된 유골

2005년 2월 예전에 탄광으로 번성했던 홋카이도 중부, 아카비라시 아카비라 고등학교 향토연구부 학생들이 고문 이시무라 히로시 선생과 함께 시내에 있는 진종대곡파 사원 보성사를 방문했다. 이시무라 선생은 이전부터 아카비라와 관련된 강제 연행 희생자에 관심을 갖고 있었다. 이날도 보성사 봉안당에 있는 유골을 조사하기 위해 온 것이었다.

주지가 학생들을 봉안당으로 안내했다. 한겨울 절 내부는 차가운 공기로 가득 차있었다. 봉안당에는 연고가 없는 유골을 안치하는 장소가 있다. 그 유골은 연고가 있는 유골이 안치돼 있는 단의 정면에 있었다. 후일 전 주지의 부인은 "마치 찾아 주기를 바라고 기다리는 것 같았습니다."라고 했다.

유골이 든 나무 함에는 주지가 정리하며 붙인 번호 50번이 적혀 있었고 유골함을 싼 천에는 "야쓰가와 ○○"라고 적혀 있었다. 일본에서는 드문 ○○라는 이름에 주목했다. 과거에 장례식을 한 사원의 과거장 기록을 조사하니 거기에는 "1945년 10월 26일 야쓰가와 ○○(제일협화료第一協和寮)"라고 기재되어 있었다. 제일협화료는 홋카이도 탄광기선炭鑛汽船이 경영한 아카비라 탄광 조선인 숙소다. 이시무라 선생과 학생들의 짐작이 맞았다.

그러나 유골에서 더 많은 정보는 나오지 않았다. 이시무라 선생과 학생들은 아카비라 시청에 보존되어 있는 전쟁 전부터 기록된 매·화장 인허증 자료를 요청했다. 매·화장 인허증을 받아 확인하니 야쓰가와 ○○ 씨의 기록이 남아 있었고 희생자의 본적도 기재되어 있었다.

희생자 이름 : 조○○

일본식 성명 : 야쓰가와 ○○

출신지 : 경상북도 ○○군

출생 시기 : 1907년 6월 6일

사망 시기 : 1945년 10월 26일 오후 10시(나이 38세)

사망 장소 : 홋카이도 소라치군 아카비라정 도요사토豊里 73번지

유골 안치 장소 : 아카비라시 미소노정美園町 2번길 진종대곡파 보성사

이 기록을 한국 진상규명위원회에 전달해 조카인 조×× 씨를 찾았다. 홋카이도 포럼은 2006년 2월에 열린 제4회 포럼에 그를 초대했다.

치토세 공항에 내린 조×× 씨는 중절모를 쓴 초로의 신사였다. 밝은 모습으로 공항에 내린 그였지만 아카비라를 방문해 보성사 봉안당에서 숙부의 유골을 마주하자 무릎을 꿇고 "삼촌, 이제까지 찾지 못한 것을 용서해 주십시오. 왜 이렇게 된 것입니까?"라며 눈물을 흘렸다.

조×× 씨를 맞이한 전 주지 부인 구로카와 가오리 씨가 당시의 기억을 이야기했다.

"동료가 유골을 가져왔습니다. 무슨 사연인지 들어 보더니 가지고 돌아갈 수 없으니 유골을 소라치강에 뿌리겠다고 말했습니다. 그래서 '평화가 올 때까지 맡겨 두세요. 반드시 찾으러 올 때가 올 것입니다.'라고 말하고 받았습니다."

조×× 씨는 "지금까지 유골을 보살펴 주셔서 감사합니다."
라며 양손을 모아 감사의 예를 표했다. 그 또한 심사숙고 끝에
유골을 가지고 돌아가기를 단념했다. 역시 일본 정부로부터 사
죄와 함께 정식적인 반환을 기다리겠다는 것이었다.

6장. 역사의 망각을 넘어서

1. 유골을 한국 유족의 품으로

태평양전쟁이 패전으로 끝난 뒤 한반도 출신 군인·군무원의 유골이 일본에 남겨졌다. 그 수는 1만 구를 넘었다. 신분이 확인된 유골은 일본 정부에 의해 반환되었다. 그러나 유골 1135구는 반환되지 못한 채 그대로 남았다. 그 유골들은 도쿄도 메구로구에 있는 정토종 사원 유천사에 맡겨졌다. 그 안에 현재 한국 출신자로 추정되는 유골 705구가 있다. 사이타마현 금승원에는 이키쓰시마壱岐対馬에서 발굴된, 귀국 도중 조난당한 조선인 징용자 유골로 보이는 유골 131구가 있다.

일본 정부는 한국 정부와 유골 반환 협의가 진행됨에 따라 먼저 군인·군무원의 유골을 반환하려고 했다. 일본 정부가 관리하고 있는 유골이었으므로 어떻게든 처리하고 싶었을 것이다. 2008년 1월 22일 도쿄 유천사에 있던 유골 가운데 유족을 찾은 101구가 한일 정부의 중개로 유족에게 반환되었다. 첫 반환이라는 점에서 일본 정부는 되도록 비판적인 평가를 피하기 위해 신경을 쓰는 듯했다.

한국의 유족을 일본으로 초대해 달라는 한국 측 진상규명위원회의 요구에도 처음에는 소극적이었지만 한국 정부가 강력히 요구하자 요청을 받아들였다. 유족들의 일본 방문 비용도 부담하라는 한국 정부의 요구 또한 마지못해 받아들였다. 그러나 언론이 반환식을 취재하지 못하게 막았으며 유골 문제에 관심을 표명하는 시민 단체와 종교 단체의 참석도 꺼렸다. 단체들이 유골 반환 과정을 감시해 일본 정부에 비판적인 논평을 할까 봐 두려웠던 것일까. 결국 정부는 시민 단체 등의 참가 요구에 한 발 양보해 소수의 참가를 인정했지만 유족의 기자회견 등은 열리지 못했다. 흔쾌하지만은 않은 반환식이었다.

그리하여 한일 간 유골 반환 협의가 시작된 지 3년이 지난 뒤 일본 정부에 의한 군인·군무원의 유골 반환이 시작되었다. 강제 연행으로 희생된 사람이 더 많았지만, 정부가 말하는 '민간 징용자', 즉 기업에 의한 강제 연행 희생자의 유골이 언제 반환될지는 예측할 수 없었다. 일본 정부와 한국 정부, 또는 종교 단체의 합동 유골 조사가 몇 차례 이루어졌지만 대부분은 전후에 사망한 사람들에 대한 것이었고, 강제 연행 희생자의 유골에 대한 실질적인 조사는 거의 이루어지지 않았다. 그 후 홋카이도 사원 등에도 조사차 방문한 듯하지만 조사 결과도 공표하지 않았다.

무로란 광소사에 맡긴 유골 세 구의 한국 유족은 2005년 5월 홋카이도를 방문해 유골을 만나고 일본 정부의 사죄를 동반한 정식 반환을 요구하면서, 유골을 모셔 가기를 단념했다. 유골은 유족과 만나 한 번 품에 안겨 봤을 뿐 그 뒤 무로란 사원 봉안당에 남겨져 있다. 이런 상황에서, 유골에 책임져야 하는 신일본제철은 홋카이도 포럼이 연락했을 때 직원과의 만남조차 거부했다. 정부에 의한 반환도, 기업에 의한 반환도 기대하기 어려웠다.

2007년 7월, 나는 홋카이도 대학 문화인류학 연구자 오다 히로시 교수와 함께 한국 유족을 방문했다. 이대로 세월의 흐름에 맡기는 것은 홋카이도 포럼으로서는 책임을 방기하는 일이었다. 유족을 직접 방문해 다시 한번 유족의 의향을 듣고 싶었다.

경상북도 ○○군의 희생자 정○○ 씨 유족을 방문했을 때 누나 정×× 씨(당시 83세)는 누워 있었다. 2년 전 무로란을 방문했을 때만 해도 건강했지만 최근 몸이 좋지 않아 눕는 일이 많다고 했다. 정×× 씨는 "아픈 마음으로 남동생의 유골을 두고 왔지만 이대로 가져오지 못하고 끝나는 것은 아닌지 모르겠다."며 가슴 아파했다.

우리는 2년간의 경위를 알리고 정부와 기업이 나서서 반환할 가능성은 희박하기에 홋카이도 시민의 손으로 유골을 가져올 계획을 세우고 있으며, 그때는 받아 줄 수 있는지 의사를 물었다. 정×× 씨는 홋카이도 포럼에서 유골을 모시고 온다면 받고 싶다고 회답했다.

이어서 경상남도 ○○군에 사는 희생자 이○○ 씨의 유족인 동생 이×× 씨를 방문했다. 그는 2005년에 무로란을 방문했을 때 받은 유품을 우리 앞에 꺼내 놓았다. 사망한 이○○ 씨의 임금, 퇴직 적립금, 퇴직수당, 회사의 유족 부조금, 부의금 등이 든 봉투였다. 적혀 있는 금액을 합하면 2291엔 22전이다. 이야기하다가 이×× 씨가 분노하는 표정을 보였다.

"2005년에 무로란에 갔을 때 이 봉투를 받았지만 안에는 아무것도 들어 있지 않았습니다. 이 돈은 어디로 간 것인가요. 봉투만 덜렁……. 필요 없어요. 가져가세요. 그리고 왜 빈 봉투가 된 것인지 조사해 주세요."

나는 돌려받은 봉투를 손에 쥐고 "최대한 알아보겠습니다."라고 약속했다. 이×× 씨도 홋카이도 포럼이 추진하는 유골 봉환은 받아들이겠다고 했다.

일본으로 돌아온 나는 홋카이도 포럼 회의에서 한국 유족에게 유골을 반환하자고 제안했다. 무로란으로 초대한 한국 유족이 유골을 가져가는 것을 단념하고 돌아간 지 2년이 흘렀다. 그러나 일본 정부는 '민간 징용자' 유골 반환에 대해 어떤 움직임도 없다. 일본 정부에 요구하는 것만으로는 반환이 언제 이루어질지 모를 일이다.

한국에는 병으로 쓰러져 하루라도 빨리 남동생의 유골이 돌아오기를 기다리는 누나가 있다. 이대로 사태를 질질 끌 순 없었다. 정부와 기업이 침묵하고 있어도 시민들의 손으로 유골 반환을 시도해 봐야 했다. 유족도 양해해 주었다. 홋카이도 포럼은 시민들이 독자적으로 유골을 반환하기로 결의했다.

물론 홋카이도 포럼의 계획에 비판적인 목소리도 있었다. 유골 반환에 대한 일본 정부와 기업의 책임을 애매하게 하여 책임을 회피할 빌미를 제공할 수 있다는 주장과, 유골 반환은 어디까지나 일본 정부가 책임져야 하는 것이며 시민운동과 역사 연구 단체가 할 일이 아니라는 의견이었다.

한국 정부 측에서도 시민 단체가 주도하는 유골 반환을 경계하는 목소리가 있었다. 시민 단체의 반환이 일본 정부에 책임 있는 반환 활동을 촉구하는 한국 정부의 입장을 약화시킬 수 있다는 우려 때문이었다.

그들의 비판에도 불구하고 홋카이도 포럼은 이번 유골 봉환에 확신이 있었다. 포럼의 기본자세를 굳게 믿었기 때문이다. 그것은 유족의 마음을 최우선으로 고려하는 태도였다. 2년 전 무로란을 방문한 유족은 일본 정부와 관계 기업의 무책임한 태도를 비판하고 유골을 가지고 돌아가는 것을 단념했다.

그러나 사태는 진전되지 않았고 유골이 반환될 전망도 없이 시간만 흘렀다. 희생자의 누나는 노쇠해 더 기다릴 수 있을까 초조해했고, 빈 봉투를 건네받은 이××씨는 방문한 우리에게 화를 내며 부의금 등 미지급금의 행방을 조사하도록 재촉했다. 이런 현실에서 홋카이도 포럼은 미지급금의 행방을 조사하고 시민들의 손으로 유골을 반환하기로 결의한 것이다.

홋카이도 포럼은 유골 봉환을 준비하는 동시에 일본 정부와 관계 기업에 책임을 묻는 일을 게을리하지 않기로 마음먹었다. 정부와 관계 기업에 유골 반환 계획을 전달하는 한편 반환 사업에 책임 있는 대응을 촉구하는 요청서를 송부했다.

식민지 지배와 아시아·태평양전쟁 관련 조선인 희생자의 유골 문제는 전후 여러 상황을 거쳐 왔다. 중국인 강제 연행 희생자들의 경우 중국이 일본에 대해 승전국이었기 때문에 유골 문제 해결을 위한 움직임이 만들어졌다. 일본 정부는 쫓겨서 희생자 명부를 작성했고, 1950년대에 시민 단체 및 종교 단체에 의해 유골 반환 운동이 조직되었다.

그러나 일본 정부는 조선인 희생자의 유골 문제를 해결하기 위해 노력하지 않았다. 오히려 전후에도 일본에 남아 있던 재일동포들이 개인적인 인연으로 유골을 찾아 고향으로 돌려보낸 경우가 많았을 것이다. 또한 민단이 조직적으로 유골을 조국에 봉환하는 일을 했다.

1976년 천안시 교외에 설립한 망향의동산은 일본에서 사망해 고향으로 돌아가지 못하고 타국에 남겨진 유골을 모실 장소를 마련하자는 재일코리안들의 요구로 설립되었다. 건설비용 가운데 많은 금액을 민단이 갹출했다. 전두환 정권 시대에 망향의동산은 정부가 관리하는 국립묘지로 승격되었다. 망향의동산이 마련된 뒤 일본 각지의 민단은 그곳에 유골을 봉환하고 도도부현都道府縣마다 추도비를 세웠다. 홋카이도에서도 1977년 민단 홋카이도 본부가 삿포로 불교회 등과 함께 유골 254구를 봉환해 망향의동산에 모셨다.

다른 한편 한국의 태평양전쟁희생자유족회 등 희생자 단체가 유골을 모셔 가려는 시도가 있었다. 이처럼 여러 단체들이 독자적으로 묘지를 만들고 사원을 건립하는 등의 활동을 통해 유골들을 한국에 봉환해 왔다. 전후 오랫동안 방치되어 있던 유골들은 이렇게 한국으로 돌아갔다.

한국 정부의 위원회는 홋카이도 포럼의 유골 봉환을 계기로 한국 내에서 여러 개인과 단체가 유골을 둘러싸고 복잡하게 움직일까 걱정했다. 유족과 친구 등이 모셔 가는 경우에는 고향으로 돌아가겠지만, 단체들이 나설 경우 유골을 망향의동산이나 단체가 관리하는 묘지 등에 모셨더라도 유족을 찾아 전하기 위해 얼마나 노력했느냐는 문제가 남을 것이다.

일본 정부가 책임지고 포괄적인 조사를 진행해 유골을 돌려보내지 않았기에 지금도 유골들이 산재해 있으며, 현재와 같은 복잡한 상황을 초래한 것이다. 식민 지배와 전후 청산 문제를 무시한 탓에 남겨진 희생자의 유골 문제는 2004년 한일 정상회담을 계기로 64년 만에 비로소 주목받았다.

무로란과 아카비라 유골의 유족이 유골을 모셔 가는 것을 단념한 것도 일본 정부의 움직임을 기다렸기 때문이다. 그러나 일본 정부는 유골을 반환하기 위해 노력하는 모습을 보이지 않았다. 일본 정부는 과거에 대한 직접적 책임을 자각하지 못하고 있는 것이다.

홋카이도 포럼이 유골 반환을 단행하기로 한 가장 큰 이유는 유족의 의견을 존중해서였지만 또 다른 이유가 있었다. 유골을 유족의 품으로 보내는 것은 인간이라면 마땅히 할 일이었기 때문이다.

과거 역사에 대한 책임을 받아들이고 상대와 화해하려 할 때

가해 측에 있는 자가 피해 측에 대해 과거사의 자초지종을 밝힐 책임이 있다. 즉, 희생을 강요한 역사의 진상을 밝혀야 하며 사실에 근거한 사죄와 보상이 이루어져야 한다. 또한 유골 봉환 문제에는 사죄 및 보상과 함께 망자에 대한 추도가 큰 의미를 갖는다. 사죄의 물질적 측면이 보상이며, 정신적 측면이 마음으로부터의 추도인 것이다.

책임 있는 정부와 기업은 물질적 사죄인 보상과 함께 정신적 사죄인 추도에 대해서도 성의 있는 자세로 임해야 한다. 망자에 대한 추도는 단지 유족의 슬픔만을 위로하는 것이 아니며, 망자 본인과 유족의 마음을 헤아리는 종교적 의식이라는 점이 중요하다.

그래서 국가기관보다 시민의 성의와 종교인이 가진 종교적 의식儀式이 유족의 마음을 한층 깊게 위로하는 경우가 있다. 유골 봉환은 원래 정부와 관련 기업이 주체가 되어야 할 전후 보상의 일환이지만 이와 더불어 제3의 주체인, 일본 국적의 시민과 종교인이 담당할 역할이다.

정부와 기업, 시민 단체, 종교인은 서로를 비판하지 않고 아시아의 피해자들에 대한 역할을 분담하면서 책임을 자각하고 사죄하고 보상·추도함으로써 역사적 화해를 실현할 필요가 있다.

❖

유골을 반환하려면 일본은 물론이고 한국 내에서의 지원이 필요하다. 유족이 유골을 받아들이겠다고 해도 한국에서 이를 지원할 사람이 없다면 실현되기 어렵다. 지금은 돌아가셨지만, 홋카이도 포럼 활동을 잘 알고 있는 리영희 선생이 한국에 있었다. 선생은 해방 후 한국에서 군사독재 정권과 맞선 대표적인 양심적 언론인이자 민주화 운동의 사상적 지도자였다. 당시 그는 한양대학교 명예교수로, 내 친구 정병호 교수와 같은 학교 소속이었다. 또한 두 사람은 근처에 살아서 친하게 지내고 있었다.

그 인연으로 리영희 선생에게 적임자가 있으면 소개해 달라고 부탁했다. 리영희 선생이 소개한 사람은 봉은사 주지 명진 스님이었다. 떠올려 보면 16년 전인 1992년 3월에 한국으로 유골을 봉환했을 때 유골을 모시고 봉환 법요식을 해준 곳도 봉은사였다. 뭐랄까, 불가의 깊은 인연이 아니었을까.

명진 스님은 조계종 승려이기도 하지만 오랫동안 한국의 민주화 운동과 남북통일 운동을 해온 인물이다. 봉은사는 서울 강남 한복판에 위치한 거대 고찰이다. 강남이 발전해 가면서 지금은 가람이 빌딩 숲속에 있다.

명진 스님은 봉은사 주지가 되었을 때 천일기도 수행을 선언했다. 산문山門에 들어서 1000일 동안 절 밖으로 나가지 않고 매일 세 차례 예불(300배)했다. 내가 명진 스님을 만난 것은 천일기도 수행이 한창일 때였다. 선방에서 손님을 맞는 일은 가능했지만 스님 자신은 산문 밖으로 나갈 수 없었다. 선방 응접실에서 나와 정병호, 윤정구가 함께했다. 명진 스님이 차를 내어 주었다. 한동안 세상 이야기를 나눈 뒤 홋카이도 유골 발굴과 조사 상황을 이야기하고 유골을 받아들이겠다는 유족의 의사를 전하며 유골 반환에 도움을 달라고 부탁했다.

처음에 명진 스님은 유골 반환에 소극적이었다. 희생자 단체 등 여러 곳에서 이미 관련 활동을 하고 있었으므로 이해 다툼에 휘말리지 않을까 걱정했던 듯하다. 스님의 걱정을 들은 나는 "문제는 조금도 없습니다. 하루라도 빨리 유골을 받고 싶다는 유족이 있습니다. 유족들은 점점 나이가 들고 병으로 몸져누운 사람도 많습니다. 그들에게 유골을 전해 드리고 싶을 뿐입니다. 도와주십시오."라고 호소했다.

스님은 결심한 듯 말했다. "알겠습니다. 유족의 마음도, 당신의 마음도 이해되었습니다. 해봅시다. 봉은사를 대표해 유골을 맡겠습니다. 일본 불교 사원에 있는 유골을 가져와 주십시오. 절과 절의 인연으로 유골을 돌려줍시다."라고 말했다.

홋카이도 시민의 손으로 유골을 반환하는 일에 희망이 보이기 시작했다. 유족들과 연락해 2008년 2월 하순으로 일정을 잡았다. 봉은사가 추도 법요식을 해주기로 했다는 소식도 전했다. 무로란 광소사에 안치된 정○○, 이○○, 구○○의 유골 그리고 아카비라 보성사에 안치된 조○○의 유골을 봉환하게 되었다. 유골 받기를 주저하던 구○○의 유족 쪽에서도 새로운 친척이 나타나 받아들이기로 했다.

유골을 반환하는 일은 홋카이도 포럼의 의지만으로는 어렵

다. 지역 시민과의 협동이 꼭 필요하다. 일본제철, 신일본제철 등 거대 기업이 있는 무로란은 빛나는 노동운동의 전통이 있다. 1950년대에 이탄키イタンキ 해안에서 방대한 중국인 희생자의 유골이 발견되어 무로란의 많은 사람들이 유골 발굴에 관여했다. 또한 오랫동안 평화와 인권을 위해 활동해 온 시민운동의 주역이 많다.

'무로란에 남겨진 강제 연행 희생자의 유골을 반환하는 모임'이 탄생했다. 그 사람들과 함께 유골 반환 준비가 시작되었다. 시민 모임은 모금에 나섰다. 무로란에 남겨진 조선인 희생자의 유골을 시민들의 손으로 봉환하고 싶다고 호소하며 가두 모금을 했다. 그 결과 100만 엔이 넘게 모였다. 아카비라에서도 아카비라 고등학교의 이시무라 히로시 선생을 중심으로 '유골 반환을 진행하는 아카비라 시민 모임'이 만들어졌다.

지역에서의 활동과 더불어, 홋카이도 포럼은 일본 정부와 신일본제철 무로란 와니시제작소에, 유골을 반환할 때 책임 있는 태도를 표명하길 바란다는 요청문을 발송했다. 무로란 시민 모임도 신일본제철에 요청문을 보냈으나 수신을 거절당했다. 그 뒤로 아무 연락이 없었다.

한반도 출신자의 유골 문제는 일본 사회에서도 조금씩 드러나 〈NHK 9시 뉴스〉에서도 홋카이도 포럼의 활동이 소개되었다. 우리는 한 가지 계책을 생각해 냈다. 나는 전년도에 마쓰무라 다카오 교수를 초대해 「일본의 책임 : 동아시아 스탠더드를 바라며」라는 제목으로 게이오 대학에서 특별 강의를 마련했는데, 이때 일본우편회장 구사카리 다카오 씨와 동석했다. 그와 명함을 주고받은 정도였지만 부탁할 만한 인물이 있다면 다카오 씨라고 판단했다. 마쓰무라 교수에게도 구사카리 씨에게 부탁해 달라고 하고, 신일본제철과 중개를 부탁하는 서신을 구사카리 씨에게 보냈다.

한 번 만난 사이에 답장이 올지는 모르겠지만, 최선을 다했다면 오지 않더라도 할 수 없다고 생각하던 차에 구사카리 씨로부터 전화가 걸려 왔다. "당신이 보낸 자료와 NHK의 뉴스 영상을 신일본제철 사장 비서실에 전달했다. 사정을 들어 보니 사내에서 대응을 검토하고 있다고 한다. 내가 할 수 있는 일은 여기까지인 것 같다."라는 내용의 전화였다. 전화를 받고 상당히 놀랐다. 이렇게까지 성실하게 대응해 주리라고는 생각지도 못했기에 적잖이 감격했다.

기업과 정부가 책임지는 자세를 보이지 않아도, 유족의 마음을 우선하며 반환 활동을 계속하고 싶었다. 그러나 기업에 알리고 대응을 촉구하는 일도 해야 한다. '책임을 물을 수 있을 때까지 몰아붙이고, 반응이 없어도 포기하지 말자.' 마음을 내려놓았지만 사태는 조금 진전을 보였다.

일본 정부에도 유골 반환 계획을 전달하고 정부의 대응을 주문했다. 홋카이도 국제과에도 연락해 봉환할 때 다카하시 지사의 메시지를 보내 달라고 요청했다. 주삿포로 한국 총영사관에도 대응을 주문했다. 조금이라도 많은 관계자와 조직의 대응을 이끌어 내어 반환을 실현하고 싶었다.

봉은사와 상의해 유골 반환일을 2월 28일로 정했다. 3·1 독립운동 기념일에 맞춰 그 직전을 반환일로 설정했다. 한국에 유골을 가져가는 대표단을 모집하고 20명의 대표단을 구성했다. 200만 엔이 넘게 모금되었고 그 가운데 일부를 유족 위로금으로 준비했다.

❖

무로란과 아카비라에서 반환 날짜에 맞추어 추도 법요식을 갖기로 했다. 2월 16일 아카비라 보성사에서 열린 추도 법요식에는 아카비라 시민과 아카비라 고등학생들, 조선 학교 학생들이 참가했다. 보성사 주지의 독경으로 법요식이 엄숙히 치러졌으며 조○○ 씨의 유골이 아카비라에서 보내는 마지막 날을 마무리했다. 본당에서 열린 소감 발표회에 참가한 조선 학교 여학생이 "가슴이 먹먹해졌다."라며 눈물을 흘렸다.

2월 23일, 무로란 추도 법요식에는 한국의 유족 대표로 정○○씨의 동생 정×× 씨를 홋카이도에 초대했다. 정×× 씨를 태운 차가 광소사로 향하던 날은 아침부터 심한 바람이 불었다. 진눈깨비가 이어졌지만 광소사에는 많은 무로란 시민이 참석했다.

광소사 하시모토 주지가 신일본제철 무로란 와니시제작소로부터 받은 것이 있다고 내게 말했다. 법요식에 쓰이는 조화와 조전, 그리고 망자 세 명의 유족에게 보내는 위로금이었다. 사전에 제작소가 광소사로 보내온 것이었다. 보내온 조의弔意를 진정으로 받아들여야 하는 것일까. 반응이 전혀 없을 것이라 생각했던 터라 어찌되었든 책임 있는 기업의 대응으로 받아들이기로 했다. 구사카리 씨를 통한 교섭의 결과일 것이다. 하지만 조의를 표명하려면 사측은 주최 측에 연락해 참여 의사를 밝혔어야 하며 출석하기 힘들면 어떤 조치를 취하는 것이 상식이다. 더구나 참석한 유족에게 인사라도 하는 것이 마땅하다. 조의를 표하는 신일본제철의 목소리는 들을 수 없었다. 그러나 작은 발걸음이지만 신일본제철이 책임의 일부를 인정했다고 볼 수도 있다.

위로금 봉투 세 개를 우리가 유족에게 전달했다. 그러나 한국으로 가서 법요식이 끝난 뒤 유족들은 신일본제철로부터 받은 위로금을 우리에게 돌려주었다. 역시 받을 마음이 없으니 홋카이도 포럼의 운동자금으로 써달라고 했다. 성의가 전달되지 않는 조의는 의미 없는 것이었다.

얄궂게도 온종일 광풍이 몰아치던 2월 23일 무로란 법요식을 끝내고 삿포로로 돌아가는 도중에 치토세에 들러 운전해 준 채홍철 씨와 헤어져 기차를 타고 삿포로역에 도착한 것은 한밤중인 11시였다. 무로란에서 채홍철 씨의 차가 유골을 태우고 삿포로 별원에 도착한 것은 다음 날 아침 5시를 넘어서였다.

24일 진행된 삿포로 별원의 추도 법요식과 제6회 홋카이도

일제 강제 동원 희생자 위령 및 천도재(봉은사, 2008년)

포럼은 점점 거칠어지는 악천후 속에서 개최되었다. 기념 강연을 부탁한 작가 고상명 씨는 전날과 당일 두 차례나 비행기에 올랐지만 치토세 공항에 착륙하지 못해 불참했다. 삿포로 별원 림방의 독경으로 시작된 추도 법요식이 끝나고 홋카이도 지사의 메시지를 네즈根津 국제과장이 대독했으며, 주삿포로 한국 총영사도 참석해 인사말을 했다. 일본 정부 측은 외무대신의 메시지가 도착했다. 여러 사람들의 마음에 둘러싸여 유골은 다음 날 한국에 있는 유족을 향해 출발했다.

한국에 도착한 일행은 봉은사로 가서 27일 오전, 강제 연행과 유골 문제에 대한 심포지엄에 참가했다. 오후부터 명진 스님이 집전한 법요식은 훌륭했다. 무형문화재인 천도재를 바라춤 및 독경과 더불어 거행했다.

다음 날 유골은 유족의 품에 안겨 망향의동산으로 향했다. 쾌청한 가운데 봉은사 승려들이 앞서 독경하며 장례식이 진행되었다. 안장할 때 문제가 발생했다. 정○○ 씨와 이○○ 씨의 유족은 희생자의 형제여서 묘지에 안장할 수 있었지만, 구○○ 씨와 조○○ 씨의 유족은 조카였기에 규정상 매장은 안 되고 유골함을 봉안당에 안치해야 했다. 이 사실을 사전에 공지받기는 했지만 조×× 씨는 이를 납득하지 못했다.

한국의 장례 관습상 유골은 매장하는 것이 기본이었다. 즉, 고향 땅에 돌아가는 것을 의미했다. 매장이 허락된 두 명의 하관식이 거행되는 옆에서 조×× 씨는 눈물을 흘리며 길가에 주저앉아 담배를 짓이기며 분을 삼켰다. 전후 긴 시간 동안 쌓여 있던 울분과 한을 씻는 일이 간단할 리가 없다. 울분과 분함이 조금 사그라졌다고 생각하고 나면 울분이 다시 덮쳐 온다. 홋카이도 포럼의 유골 반환이 조××씨에게 새로운 슬픔을 안긴 것이다.

그렇지만 모든 행사가 끝나고 마지막 이별하는 자리에서는 언제부턴가 참가자들을 감싸고 있던 긴장감이 녹아 있었다. 이상한 안도감과 신뢰가 담긴 온화한 공기가 회장에 떠다녔다. 작지만 확실한 화해가 일본 시민과 한국 시민 사이에서 지금 태어났다. 유족을 태운 봉고 차가 출발할 때 차 천장을 열고 나온 조××씨가 한국인 억양의 일본어로 "아리가토, 아리가토. 사요나라, 사요나라."라고 소리치며 손수건을 흔들었다. 배웅하는 이들도 웃음 지으며 손을 흔들었다.

2. 아버지의 유골을 모셔 가겠습니다

망자는 유골의 존재로 비로소 망자가 된다. 고향에서 멀리 떨어진 데서 죽어야 했던 망자의 유골은 그의 귀향을 기다리는 유족에게 전해져야 한다. 그러나 유족에게 유골을 돌려주지 못한 채 전후 70년을 넘으면 유족도 나이가 들어 점점 사라지고 만다.

유골은 땅속에 매장되어 있으면 그대로 썩어 간다. 사원의 봉안당 등에 안치되어 있다 해도 찾는 사람 없이 구석에 있다가 합장되기도 한다. 역사의 어둠 속에 묻혀 있으면 다시 유골로 되살아나는 것조차 어렵다. 따라서 강제 노동 희생자의 유골을 조사하고 유족에게 반환하는 우리 운동은 묻혀 가는 역사의 어둠과 벌이는 싸움이기도 하다.

2013년 봄, 절로 전화가 걸려 왔다. 인근 마을인 누마타정 에비시마에 있는 정토진종 대곡파 영덕사의 나카자와 교코 씨였다.

"도노히라 씨입니까. 저는 인근 마을 절 주지의 아내입니다. 도노히라 씨가 한국으로 유골을 반환하는 운동을 하고 있다고 들었습니다. 상의할 일이 있습니다. 우리 절 봉안당에 오랫동안 찾아가지 않는 유골이 있습니다. 쇼와 탄광에 있던 절의 봉안당에 안치되었던 유골입니다. 그 절이 없어지고 유골이 우리 절에 있습니다. 그중에 어쩌면 조선인 유골이 있을지도 모릅니다. 한번 알아봐 주지 않겠습니까."

쇼와 탄광은 누마타정 북부의 우류 탄전에 속하는 석탄 광산이다. 영덕사가 있는 에비시마에서 10킬로미터 떨어진 산에 아사노 탄광이 있고 그곳에서 7킬로미터를 더 들어가 막다른 곳에 쇼와 탄광이 있다. 두 광산이 발견된 것은 메이지 시대 중기이지만 개발이 늦어져 채탄을 시작한 것은 1930년경부터였다.

(주)메이지광업이 쇼와 탄광을 운영했다. 전시에 많은 조선인과 중국인을 투입해 일을 시켰다. 1945년 여름, 중국인 류런

렌 씨가 이곳 쇼와 탄광을 탈출해 13년간 홋카이도에서 숨어 지낸 일화도 있다. 전후에도 채탄은 계속됐지만 1960년대부터 에너지 정책이 바뀌자 석탄 산업이 사양길로 접어들었고, 1969년에 폐광되었다. 지금 아사노 탄광과 쇼와 탄광 주변은 전부 유령도시가 되어 버렸다. 한때 폐광 마니아들의 탐방지였지만 어느 시점엔가 다리가 무너져 출입이 금지되었다.

7월 26일, 나는 홋카이도 포럼의 회원인 채홍철 씨, 다니구치 다카시 씨와 함께 영덕사를 방문했다. 영덕사 근처의 에비시마도 탄광 두 곳이 폐광되어 인구가 급속히 줄고 있었다. 띄엄띄엄 늘어선 집 끝에 절이 보였다.

인구 과소화 속에서도 필사적으로 절을 지키고 있었다. 주지는 몸이 불편해 절을 지키는 사람은 부인 교코 씨인 듯했다. 영덕사의 본당 옆에 봉안당이 있었다. 교코 씨의 안내로 봉안당 안으로 들어갔다. 봉안 제단 아래에서 나무로 된 유골함들을 꺼냈다. 흰 천으로 감싸인 유골함은 세월이 지나 검붉은 색으로 변해 있었다. 쇼와 탄광에 있던 절의 유골들이라고 했다.

유골함을 하나씩 풀어 살펴보았다. 재일코리안으로 홋카이도 포럼의 공동대표이기도 한 채홍철 씨가 유골함 하나에 주목했다. 흰 천 표면에 "법명 석왕상 1944년 6월 16일 야마모토 ○○ 39세"라고 적혀 있었다. 야마모토는 일본인의 성이지만 이름은 좀 어색했다. 당시 조선인은 일본식 성명 강요로 성은 일본풍으로 바꾸었지만 이름은 조선명을 그대로 가지고 있는 경우가 많았다.

그의 이름을 한글로는 ○○로 읽을 수 있는데, 조선인 이름일 가능성이 있다. 내게는 이전에 누마타정을 방문해 아사노 탄광, 쇼와 탄광의 사망자가 기록된 매·화장 인허증 복사본이 있었다. 집으로 돌아와 대조해 보니 '야마모토 ○○'가 존재했다.

화장 인허증

제93호

본적 : 경상북도 ○○군 ○○면

소재지 : 쇼와광업소

직업 : 토공부

사망자 이름 : 야마모토 ○○

생년월일 : 1906년 8월 10일

병명 : 급성폐렴

사망 연월일 : 1944년 5월 16일 오전 6시 40분

화장 연월일 : 1944년 5월 17일 오후 4시

화장 장소 : 우류군 누마타촌 쇼와 화장장

신고인 : 마쓰오카 사다오

한국의 정부 기관인 '대일항쟁기강제동원피해조사및국외강제동원희생자등지원위원회'(이하 지원위원회)에 이 인허증을 보내 유족 조사를 의뢰했다. 지원위원회의 답장이 바로 왔다. 유

족을 찾았다고 했다. 유족은 사망자의 딸인 듯했나. 한국 정부가 알려 준 번호로 전화를 걸었다. 전화를 받은 이는 일본어로 말했다. 전화를 기다렸던 사람은 사망자의 막내딸 오×× 씨였다.

"오랫동안 아버지의 유골을 찾고 있었습니다. 홋카이도에서 돌아가셨다는 것은 들었지만 돌아가신 장소도 몰랐습니다. 하다못해 아버지가 돌아가신 홋카이도에 가야겠다고 생각해 몇 해 전 아들들과 함께 삿포로와 오타루를 둘러보았지만 결국 포기하고 말았습니다. 유골이 발견되어 놀랐습니다. 하루라도 빨리 모시러 가겠습니다."

나는 "홋카이도까지 모시러 오게 하기가 죄송스럽습니다. 아버님이 누마타 탄광에서 사망한 뒤 70년 가까이 지나도록 연락하지 못한 것은 우리입니다. 유골을 돌려 드리는 것은 일본 측의 책임입니다. 우리 손으로 모셔 가 당신에게 전달하고 싶습니다."라고 말했다. 우리는 홋카이도에 남은 한국 출신 강제 노동 희생자의 유골을 2015년에 한국으로 반환할 계획을 세우고 있었다. 하지만 얼마 후 오×× 씨로부터 다시 연락이 왔다. 그때까지 기다릴 수 없으니 직접 모시러 오겠다고 했다.

오○○ 씨 가족이 일본에 오는 일정이 2014년 7월 26일로 정해졌다. 우연히도 유골이 발견된 지 딱 1년 지난 시점이었다.

영덕사로 가서 교코 씨와 함께 유골을 전달할 준비를 시작했다. 70년이 지난 유골함은 갈색으로 변했고 흰 천도 낡아 헤져 있었다. 하지만 딸에게 아버지의 유골이 담긴 유골함과 그것을

싸고 있던 천을 그대로 보여 줘야 했다. 유골함 안의 유골은 어떻게 되어 있을까. 유족에게 전달하기 전에 확인해 볼 책임이 있다고 생각해 유골함을 열어 보기로 했다.

본당 마루에서 녹슨 못을 빼고 유골함을 열었다. 우리 두 사람은 한동안 말을 잇지 못했다. 안에 들어 있는 것은 나무 등이 타고 남은 새카만 숯이었다. 숯에 회색 유골이 섞여 있었다. 유골이 들어 있는 것을 보고 안도하긴 했지만 우리는 얼굴을 마주 보고 한숨을 내쉬었다. 어떻게 봐도 유골보다 숯이 많았다. 숯에 섞여 유골이 들어 있는 것이다. 아무리 생각해도 한 사람 분의 유골이라고는 볼 수 없었다.

이 유골을 보고 유족은 무슨 생각을 할까. "나라면 화가 날 수밖에 없을 것 같다."라고 교코 씨가 말했다. "유골을 보여 주지 않을 수는 없을까?"라고 말하는 교코 씨에게 나도 그게 나을지도 모르겠다고 답할 수밖에 없었다. 그러나 이것이 70년간 홋카이도에 남겨진 유골의 현실인 것이다. 어떻게 해야 좀 더 정중한 모습을 갖출 수 있을까. 유족이 유골을 보고 싶다고 한다면 사실 그대로를 전해 주는 수밖에 없다.

7월 26일에는 아침부터 비가 내렸다. 오전 도착 편으로 치토세 공항에 내린 오○○ 씨의 가족은 마중 나간 차를 타고 누마타로 향했다. 포럼 개최자와 취재진도 빗속에서 유족을 기다렸다. 정문에 도착해 차에서 내린 오×× 씨는 우산을 쓰고 바로 봉안당으로 향했다.

봉안당 안에서 교코 씨가 유골함을 오×× 씨에게 긴넸다. 아버지의 유골은 70년 만에 딸의 품에 안겼다. 오×× 씨는 유골함을 품에 안고 본당의 불단에 안치했다. 승려의 독경이 끝난 뒤 그녀가 "유골함을 열어 아버지의 유골을 보고 싶습니다."라고 말했다. 오×× 씨는 숯과 섞여 있는 유골을 한참 동안 바라보았다. 본당에는 긴장감이 돌았다. 그녀가 유골에 말을 걸었다. "아버지, 고향으로 돌아가요." 준비된 새로운 유골함에 유골을 넣고 새로운 흰 천으로 묶었다. 나는 천 위에 붓으로 본명 "오○○"라고 썼다.

유족들은 그날 밤 누마타 온천에서 하룻밤 묵고 홋카이도 포럼 사람들과 환담했다. 오×× 씨 일가는 그가 태어나고 바로 팔라우로 이주했다. 그 후 일본으로 돌아왔지만 아버지는 홀로 누마타 쇼와 탄광에 가서 일본이 패전할 무렵 사망했다.

왜 아버지는 가족과 헤어져 홋카이도의 탄광에 가야 했을까? 어떤 고생을 했을까? 오×× 씨의 어린 시절 기억에는 아무것도 남아 있지 않았다. 다음 날 영덕사에서 유골을 모시고 홋카이도 포럼의 안내로 비가 그친 도로를 달려 아버지 오○○ 씨가 노역한 쇼와 탄광으로 향했다. 탄광으로 들어가는 길은 폐쇄되어 출입 금지 게이트가 쳐져 있었다. 게이트 너머 풀로 뒤덮인 탄광 길이 보였다. 다음 날 오○○ 씨의 유골은 딸의 품에 안겨 부산에 사는 가족의 집으로 돌아갔다. 가족들은 제사를 지내고 화장해 고향에 뿌렸다고 한다.

대구시에 사는 진×× 씨는 오랜 세월 부친의 유골을 찾아 헤맸다. 부친 진○○ 씨는 36세에 사망했다. 제2차 세계대전 말기 일본 홋카이도에서 사망한 것은 알고 있다. 고향의 호적에는 아래와 같이 기록되어 있다.

진○○, 일본 이름 미쓰나리 ○○

1945년 3월 22일 오전 1시 홋카이도 소라치현 후라노정 후라노 시가지 227호에서 사망

동거자 다케다 고타로가 신고

생전 아버지가 보낸 편지에는 징용 계약 기간 3년이 1945년 3월 20일에 끝나 귀국할 예정이라고 적혀 있었다. 아버지는 계약이 끝나고 이틀 뒤인 22일 사망했다. 진×× 씨는 아버지의 삶과 죽음의 덧없음을 떠올리며 그를 그리워했다. 어떻게 해서라도 홋카이도에서 사망한 아버지의 유골을 고향으로 모셔 오고 싶었다. 포항에 있는 종중 묘지에 가묘와 비석을 만들어 놓았다. 그는 아버지의 유골이 있는 곳을 파악하기 위해 1992년부터 세 번이나 후라노정의 정장에게 편지를 보냈다.

일본 홋카이도 소라치현 후라노정장 귀하

부친의 기록이 있는 명부를 발견하고 피징용 사항, 취로 사항, 사

망 처리 사항, 묘지 존치 사항 또는 위치를 알려 주시기를 부탁드립니다. (중략)

부친의 유해 안치소를 아신다면 일본으로 건너가 유해 봉환을 하고 싶습니다. (중략)

1992년 11월 3일

불효자 진×× 배상

1993년 8월, 기다리던 답장이 후라노시장으로부터 도착했다. 답장은 정중하게 세 장에 걸쳐 적혀 있었다. 진×× 씨의 편지를 받은 후라노시 담당자가 열심히 조사해 답장을 보낸 것이다. 그러나 결론은 의미가 없었다. 조사 결과는 후라노시청에 기록이 없다는 것이었기 때문이다. "후라노 시내의 사원을 방문해 사원에 기록된 과거장을 찾아본 결과 다음 사원의 주지에 의해 장례가 치러졌습니다. 후라노시 히노데정 5번지 동광사 법명 석소락(미쓰나리 ○○, 향년 36세)." 아버지의 사망 장소가 지금도 존재하는 후라노 시내의 병원이라고 했지만 묘지와 유골에 대해서는 조사 결과 소재가 파악되지 않는다고 적혀 있었다. 아버지의 죽음에 관련된 기록은 찾았지만 유골에 관한 중요한 정보는 없었다. 조사를 포기할 수밖에 없었다.

한국 정부로부터 아버지의 유골이 홋카이도 삿포로의 불교 사원에 있다는 것을 알게 된 것은 2009년이었다. 후라노시로부터 편지를 받은 때로부터 15년이 지나, 포기했던 아버지의 유골이 남아 있다는 소식을 듣고 깜짝 놀랐다.

홋카이도 포럼이 아버지의 유골이 삿포로 시내의 불교 사원
에 있다는 사실을 한국 정부에 연락한 것이었다. 홋카이도 포럼
은 진×× 씨에게 홋카이도 방문을 요청하는 초대장을 보냈다.
그렇게 진×× 씨는 2010년 4월 한국 정부 지원위원회의 구성
원과 함께 본원사 삿포로 별원을 방문했으며, 홋카이도 포럼의
제8회 집회에 초대되었다.

사원의 본당에서 개최된 집회에는 홋카이도 각지와 도외에
서 약 200명이 참가했다. 집회에 앞서 별원을 방문한 진×× 씨
는 안내를 받아 봉안당으로 갔다. 드디어 오랜 세월 꿈에 그리
던 부친의 유골을 만나게 된 것이다. 그러나 그 역시 냉엄한 사
실에 직면했다. 부친 진○○ 씨의 유골은 존재했다. 삿포로 별
원이 소장해 온 『토건 관계철 : 유골·유류품 정리부』에 다음과
같이 기록되어 있다. "미쓰나리 ○○ 25세(36세의 오기인 듯하다).
사망 연월일 1945년 3월 12일. 경상북도 영일군 조천면 나카무
라구미." 앞서 이야기했듯이, 진○○ 씨가 사망한 뒤 그를 사역
했던 도마코마이 토건업자 나카무라구미(전후 히시나카건설로 개
칭)가 진○○ 씨의 유골을 삿포로 별원에 맡겼다. 맡긴 날짜는
1946년 4월 26일로 기록되어 있었다. 그 뒤 1997년 유골을 맡
긴 지자키공업과 유골을 맡은 삿포로 별원 직원이 합의해 유골
101구를 합장했다. 유골 101구가 모두 섞인 것이다. 아버지의
유골을 만날 수 있다는 마음으로 한걸음에 달려온 진×× 씨 앞

에는 아버지의 유골과 다른 사람의 유골이 섞인 유골 항아리가 놓여 있었다. 섞인 유골을 모시고 갈 수는 없었다. 이 유골 속에는 확실히 아버지의 유골이 들어 있을 것이다. 그러나 어떤 것이 부친이고 어떤 것이 다른 사람인지 판단할 수 없다. 진×× 씨는 "DNA 감정을 해서라도 구별해 돌려주길 바란다."라고 요구했지만 화장된 유골은 감정이 어렵다는 대답을 들었을 뿐이다. 게다가 잘게 부수어져 있어 섞기 전으로 되돌리기란 불가능했다. 진×× 씨는 이런 상황인 줄 알았더라면 올 필요가 없었다고 말했다. 별원 객실에서 만난 지자키공업의 직원이 유족의 양해도 없이 합장한 것을 사죄했지만 공허하게 들렸다. 포럼 구성원의 조사를 통해 확인된 아버지의 사망 현장은 미나미후라노정 시카고에 석탄 광산이었는데 지금도 일철광업이 운영하고 있었다.

집회 다음 날 석탄 광산을 방문해, 장례를 치른 기록이 있는 후라노시 동광사를 방문했다. 그곳에서 과거장에 기록된 아버지의 이름을 확인할 수 있었다. 아버지의 사망 기록이 있는 와타나베 병원도 방문했다. 그러나 삿포로 별원에서 발견된 아버지의 유골을 모시고 돌아갈 수는 없었다. 유족의 동의 없이 합장된 유골은 유골이 되고 나서도 다시 모멸당했다. 고향에 아버지의 묘를 만들었고 유골이 도착하기를 기다리고 있으며, 유골의 존재도 확인되었다. 하지만 합장된 유골을 어떻게 할 수 없었다. 2003년에 처음으로 삿포로 별원을 방문했고 이번에도 방문한 김×× 씨 또한 작은아버지 김○○(1944년 지시마에서 사망) 씨의 유골이 합장되어 모셔 가지 못하고 있었다. 해결 방법을 찾지 못한 채 시간만 흘러갔다.

2013년 12월 9일 오전 10시, 홋카이도에서 홋카이도 포럼 대표인 나와 사무국 고바야시 지요미 씨가 한국을 방문해 진×× 씨와 김×× 씨를 지원위원회 회의실에서 만났다.

내 인사말이 끝나자 바로 진×× 씨가 결심한 듯 이야기를 꺼냈다. "아침 일찍 대구에서 KTX를 타고 왔습니다. 마음을 정했습니다. 유골 항아리에서 부친의 유골을 가려낼 수 없다면 도리가 없지요. 101명이 합장되었으니 101분의 1로 재분골해 받겠습니다. 어떻게든 부친의 유골을 선산에 모시고 싶습니다."

진×× 씨는 포항에 있는 선산의 사진과 도면을 보여 주면서 말을 이었다. "조부의 묘 옆에 부친의 묘를 마련해 비석도 세웠습니다. 제 묘도 마련해 두었습니다." 그는 홋카이도를 방문했을 때 촬영한 시카고에 탄광의 현장 식당이던 곳을 보여 주며 "여기는 부친이 3년간 일했던 숙소입니다. 숙소였던 곳의 흙도 받고 싶습니다. 부친이 일했던 장소의 흙과 유골을 함께 받는다면 납득할 수 있겠습니다. 흙은 유골과 같습니다. 유골과 흙을 함께 묘에 매장하고 싶습니다."

그의 결단에는, 합장이라는 돌이킬 수 없는 일본 측의 처리에 분함을 표하면서 무슨 일이 있어도 부친의 유골을 돌려받아야겠다는 마음이 실려 있었다. 유족이 재분골이라도 좋으니 유골을 돌려받고 싶다고 결심함으로써 오랫동안 숙제였던 합장 유골이 반환될 가능성이 보였다.

김×× 씨는 "합장된 유골을 고향으로 모셔 가기는 어렵겠습니다. 반환 장소가 국립묘지 망향의동산이라면 합의할 수 있습니다. 101구 가운데 60퍼센트가 남쪽 출신이므로 60퍼센트의 유골을 망향의동산에 모시는 것이 좋겠습니다."라고 말했다.

합장된 유골을 반환할 수 있는 전망이 처음으로 보였다. 일본 측 실수임에도 유족에게 곤란한 결단을 내리게 했으므로 도리에 어긋나는 일이었다. 하지만 유골을 처리하는 데서 가장 중요한 것은 유족의 의사였다.

일본에 남겨진 조선인 희생자의 유골은 유족을 찾는 노력 없이 처분되어 합장된 경우가 적지 않았다. 유족의 승낙 없이 이루어진 합장은 망자와 유족에게 더욱 심한 상처를 주었다. 본원사 삿포로 별원에 강제 노동 희생자의 유골이 남아 있다고 공표된 뒤 10년 넘는 세월이 흘렀다. 그 사이 홋카이도 포럼의 구성원들이 한국 정부와 연락하고 독자적으로도 노력해 유족을 조사한 결과 일부 유족을 찾았다. 찾아낸 유족에게 연락해 홋카이도로 초대했으며 상황을 전하고 사죄의 마음을 전하면서 오래 소통함으로써 신뢰 관계를 키워 왔다. 그 결과 불가능하다고 생각했던, 합장 유골을 반환할 길이 열린 것은 아닐까?

2014년 5월 하순, 우리는 후라노정에 있는 시카고에 석탄 광산에서 향토 연구가의 안내를 받아 예전에 조선인 현장 식당이 있던 장소의 흙을 담았다. 유골과 함께 가져가기로 약속했던 흙이었다.

6월 9일, 삿포로 별원 림방이 입회한 가운데 101분의 1로 분골한 유골을 받았다. 주삿포로 한국 총영사관으로부터 총영사 명의의 '유골 봉환 증명서'를 받아 치토세 공항을 출발해 서울로 향했다. 10일에는 한국의 (사)평화디딤돌 회원들과 함께 대구로 향했다.

진×× 씨는 자택에서 우리를 기다리고 있었다. 그는 장례용 옷으로 갈아입고 부친의 영정 사진을 들고 차에 올랐다. 유골을 그가 품에 안았기에 영정 사진은 내가 받들었다. 차로 한 시간쯤 달려 포항의 산속에 도착했다. 경사가 심한 산길이었다. 비 온 뒤에 길이 무너져 두근두근 겁이 났지만 운전사는 액셀러레이터를 힘껏 밟아 단번에 올라갔다. 막다른 길 위에 넓은 선산이 보였다. 한쪽에 묘지를 관리하는 컨테이너 하우스가 있었다. 6대에 걸친 묘지는 깔끔하게 정돈되어 있었고 비석이 늘어서 있었다. 컨테이너에 들어가니 선반 위에 선조의 위패가 놓여 있었다. 거기에 유골과 영정 사진을 올려놓았다. 오랫동안 염원하던 부친의 유골이 고향에 돌아왔다. 나와, 일본에서부터 동행한 승려 후지타니 고신 씨가 독경했다. 친척들과 의논해 날을 정했다고 했다. 본원사 삿포로 별원에 남은 강제 노동 희생자의 유골 반환이 마침내 시작된 것이었다.

훗카이도 내 강제 연행 및 강제 노동 희생자 유골 발굴 및 안치 현황 (2013년 9월 기준)

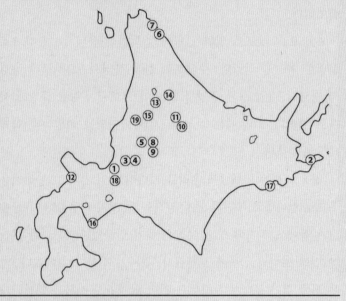

자료 : 훗카이도 포럼, 소라치 민중사강좌 조사 자료.

① **본원사 삿포로 별원 봉안당**(삿포로시, 정토진종 본원사파)

지자키구미 등 도내 토건업자가 맡긴 전시 강제 노동 희생자 합장 유골 101구 안치(개별 유골 1구, 합장 유골 90구, 유품 10개). 조선인 84명, 중국인 6명, 일본인으로 추정되는 여러 구의 합장 유골, 합장을 면한 북한 출신 유골 1구가 포함되어 있다.

② **대덕사 봉안당**(네무로시, 정토종)

조선인 희생자 2구 안치(이 외에 전후戰後에 사망한 조선인 유골 10구가 있다).

③ **상광사**(비바이시, 정토진종 본원사파)

비바이 탄광 조선인 희생자 6구 안치.

④ **비바이 미쓰비시 탄광 갱도**(비바이시)

   1941년 3월 18일, 비바이 미쓰비시 탄광 최대의 가스 폭발 사고로 사망자 124명, 행방불명자 53명이 발생했다. 조선인은 13명.

⑤ **보성사 봉안당**(아카비라시, 진종대곡파)

   조선인 희생자 1구(홋카이도 탄광기선 강제 연행 희생자), 2008년 2월 유족에게 반환.

⑥ **천유사 본당**(하마돈베쓰정, 조동종)

   2005~10년에 구 일본 육군 아사지노 비행장 건설 강제 연행 및 강제 노동 희생자 39구를 구 아사지노 공동묘지에서 발굴해 안치.

⑦ **신증사 경내**(사루후쓰촌, 진종대곡파)

   구 일본 육군 아사지노 비행장 건설 희생자를 경내 봉안당에 합장 안치.

⑧ **아시베쓰강 하천부지**(아시베쓰시)

   2012년 8월, 조선인 희생자 매장 증언을 기초로 발굴, 유골은 발견하지 못함.

⑨ **수악사 경내**(아시베쓰시, 조동종)

   미쓰이아시베쓰 탄광 강제 연행 희생자 합장 유골 매장, 2013년 8월 경내에 추도비 건립.

⑩ **구 충별묘지**(비에이정)

   조선인 희생자 매립 증언을 기초로 2013년 8월 발굴.

⑪ **문명사 봉안당**(히가시카구라정東神楽町, 진종대곡파)

   히가시가와 유수지 공사 조선인 희생자로 보이는 유골 2구 안치.

⑫ **법륜사**(도마리촌泊村, 조동종)

　도마리 광산의 조선인, 어린아이를 포함한 합장 유골 9구 안치.

⑬ **구 광현사 봉안당, 현 사사노보효 전시관**(호로카나이정 슈마리나이)

　우류댐 공사 및 메이우선 철도 공사 희생자, 슈마리나이 공동묘지 주변에서 유골 23구 발굴(일본인 유족에게 7구 반환, 한국 유족에게 2구 반환, 망향의 동산에 8구 안치, 2015년 9월 '70년 만의 귀향'에서 서울시립묘지에 5구 안치).

⑭ **후렌 공동묘지**(나요로시)

　우류댐 공사 희생자의 유골 안장.

⑮ **다카도마리 묘지**(후카가와시 다카도마리)

　전시 제국백사금광산 조선인 희생자 2명, 일본인 희생자 2명 매장. 1978년 유골 2구를 발굴해 유족에게 반환.

⑯ **광소사**(무로란시, 정토진종 본원사파)

　일본제철 조선인 강제 연행 희생자 3구, 2008년 2월 유족에게 반환.

⑰ **홍선사**(구시로시, 정토진종 본원사파)

　유베쓰 미쓰비시 탄광 강제 노동 희생자 합장 유골 매장.

⑱ **보류사**(삿포로시, 정토진종 본원사파)

　강제 노동 희생자 합장 유골 안치.

⑲ **영덕사 봉안당**(누마타정, 진종대곡파)

　2013년 7월 29일 조사로 쇼와 탄광 조선인 희생자 1구 발견, 이후 유족에게 반환.

3. 70년 만의 귀향[✣]

2004년 12월 가고시마현 이부스키에서 열린 고이즈미 총리와 노무현 대통령의 한일 정상회담을 계기로 전후 오랫동안 잠들어 있던, 일본에 남은 한국 출신 강제 징용자의 유골 문제가 본격적으로 대두했다. 상호 유골 문제를 담당하는 창구가 생겨 정부 간 교섭이 정례화되었다. 그 결과 도쿄 유천사에 모셔져 있던 군인·군무원의 유골 등에 대한 반환이 진행되었다. 일본 정부는 기업과 지자체, 전일본불교회를 통해 불교 사원에 있는 한반도 출신자 유골의 존재를 조사해 그 결과를 한국 정부에 알렸다. 강제 노동 희생자, 즉 일본 정부가 말하는 민간 징용자의 유골을 둘러싼 양국의 논의는 한때 난항에 빠지기도 했지만 여러 차례 한일 정부의 협의가 진행되어 반환이 구체화되는 데까지 이르렀다. 이제 일본 정부만 결단하면 정부 간 반환이 실현될 수 있었다.

그러나 유골은 반환되지 않았다. 일제강점하 강제동원피해진상규명위원회, 그 뒤 이름을 바꾼 지원위원회 직원이 조용히 내게 건넨 말이 있다. "일본 국내에 있는 어떤 유골을 반환할지, 유골의 수 등 구체적인 대화까지 오고 갔습니다. 그다음은 각 정

✣ http://return2015.com

부의 결단만 남아 있었습니다." 사무적인 협의가 아무리 진행되어도 한일 관계가 악화되면 아무것도 못 한다. 구 일본군 소속 조선인 군인·군무원의 유골에 관해서는 전시하 일본 정부가 직접 관여해 책임이 분명하다. 일본 정부가 반환하는 것은, 늦었지만 당연한 일이다. 그러나 '민간 징용자'의 유골을 반환하는 일에 일본 정부가 손댄다면 조선인 강제 동원에 대해 책임을 인정하는 격임을 걱정했을까. 일본 정부의 공식 견해는 식민지 시대의 보상 문제는 이미 1965년 한일 청구권 협정에 의해 해결되었다는 것이다. 과거 문제에 대한 역사적 책임을 추궁당하고 싶지 않은 일본 정부는 민간 징용자의 유골 반환에도 신중을 기했던 것일까. 과거 청산을 둘러싼 한일 정상 간의 관계가 악화되어 유골 반환이 좀처럼 이루어지지 않고 있다. 결국 양쪽 정부가 협의를 이어가며 방대한 시간과 돈을 들였음에도 민간인 강제 징용자는 한 구도 한국에 반환되지 못하고 있다.

1997년부터 이어온 동아시아 공동 워크숍과 홋카이도 포럼을 통해 시민들은 홋카이도 각지에 남은 강제 노동 희생자의 유골 조사와 발굴에 매진해 왔다. 슈마리나이에서는 1980년부터, 사루후쓰촌 아사지노에서는 2005년부터 희생자의 유골을 발굴하기 시작했다. 2012년 여름에는 아시베쓰시에서 아시베쓰강 하천부지 강제 노동 희생자의 유골 발굴 작업을 했다. 전시하에 미쓰비시 아시베쓰 광업소 노무과에 근무했던 직원의 증언을 근거로 8월 24~26일, 일본·한국·중국·폴란드·미국에서 온 161명이 발굴 작업에 참여했다. 그 결과 명확한 매장 흔적인 구덩이가 발견되었다.

그러나 참가자들이 고된 노력을 다했음에도 유골을 발굴하지는 못했다. 골편이라도 나오지 않을까 싶어 끝까지 발굴해 봤지만, 아시베쓰강 하천부지 현장은 전후 70여 년간 여러 차례 홍수가 일어나 지형이 변해 왔다. 홍수 등으로 유골이 유실되었을 가능성이 크다는 결론에 도달했다.

2013년 여름, 히가시가와정 에오로 발전소 유수지에서 강제노동 희생자 유골 발굴 작업이 시작되었다. 8월 18일부터 22일까지 130명이 참가했다. 이 작업은 조선인 희생자를 묘지 입구에 매장했다는 지역 노인의 증언에 기초했다.

이곳에서도 분명한 유골은 발견되지 않았다. 발굴 현장에서 골편이 한 조각 발견되었지만 감정 결과는 불명이었다. 발굴 현장에서 관이 매장된 듯한 흔적이 나왔다. 그러나 발굴 전까지 그곳에서는 여러 차례 도로 공사가 있었다. 그 과정에서 유골이 쓸려 갔으리라 짐작했다. 2년에 걸쳐 진행된 아시베쓰와 히가시가와에서의 발굴 작업에서 유골을 발견하지는 못했지만 참가자들은 낙담하지 않았다. 희생자들의 유골을 찾으려고 일본·한국·재일코리안·아이누·중국·폴란드·미국 등의 젊은이들이 함께 땀 흘리고 먹고 자며 이야기 나눈 경험은 그들에게 충만함을 주었을 것이다.

히가시가와에서의 발굴이 끝난 8월 22일, 많은 참가자들이 사사노보효 전시관에 모였다. 그날 밤, 참가자들은 이제까지 그들이 발굴한 강제 노동 희생자의 유골을 어떻게 할지를 이야기했다. 유골을 유족에게 돌려줄 책임은 발굴한 자신들에게 있었다. 논의는 동틀 때까지 이어졌다. 다양한 의견이 오갔다. 1997년 슈마리나이 발굴에 참가했으며, 재일코리안 문제에 관심을 가지고 일본에서 유학한 뒤 리쓰메이칸 대학 교수가 된 한국인 송기찬 씨가 말을 꺼냈다.

"모두 유골을 가지고 장례 행렬을 만들면 어떨까요. 함께 슈마리나이를 출발합시다. 일본열도를 종단해 각지에서 유골을 위한 법요식을 열며 한국까지 모시고 가는 과정에서, 강제 노동 희생자에 대한 일을 많은 이들에게 알릴 수 있지 않을까요. 좋은 여정이 될 것입니다." 어쩌면 꿈같고 조금은 무모해 보이기도 했지만 모두의 심정을 대변하는 제안이었다.

우리는 전시 강제 노동 희생자의 유골을 발굴하고 개인이 특정된 유골은 유족을 찾아 돌려보내려 노력해 왔다. 그러나 발굴된 유골 가운데 일부만 신원이 확인되었다. 대부분은 강제 노동 희생자의 유골임이 확인되어도 개인을 특정할 수 없었다. 불교 사원의 봉안당에서 발견된 유골은 이름이 남아 유족을 찾을 수 있는 경우가 많다. 한국 정부의 위원회에 연락하기도 하고 직접 유족을 찾기도 하면서 유골을 반환했다. 그렇지만 유족을 찾지 못한 유골은 그대로 남아 있다. 그때까지 우리가 관여한 강제 노동 희생자의 유골 가운데 한국 출신으로 판단되었지만 반환하지 못하고 있는 유골은 다음과 같다.

본원사 삿포로 별원의 71구, 슈마리나이에서 발굴된 4구, 사루후쓰촌 아사지노 공동묘지에서 발굴된 34구, 비바이 상광사에 안치된 6구 등 총 115구.

2015년은 한반도가 일본의 식민 지배에서 벗어난 지 70년이 되는 해였다. 한일 협정 체결로 한일 국교가 정상화된 지 50년이 되는 해이기도 했다. 이런 역사적인 날을 맞으면서도 희생자의 유골이 한국으로 반환되지 못한다면 한국과 일본의 역사적 화해는 쉽지 않아 보였다. 일본 정부가 강제 동원 희생자의 유골 반환에 성의를 보이지 않는다면 시민의 손으로 할 수 있지 않을까? 115구는 무엇보다 동아시아 공동 워크숍의 일본·한국·재일코리안 젊은이들이 오랫동안 함께 조사하고 발굴한 유골들이다. 그 유골을 유족에게, 유족의 고향에 돌려주는 것은 유골에 관여해 온 이들의 책임이다. 자신의 손으로 희생자를 고향에 돌려보내는 것은 그들의 바람이기도 했다.

홋카이도에서 지금껏 유골 발굴에 매진한 홋카이도 포럼, 동아시아 공동 워크숍, 소라치 민중사강좌의 구성원들을 중심으로 '강제노동희생자추도·유골봉환위원회'를 결성했다. 한국 측에서는 유골 문제에 관여하고 홋카이도에서의 발굴에 참여한 한양대학교 정병호 교수, 서강대학교 정유성 교수, 민족문제연구소 김영환 씨 등이 '강제노동희생자추도·유골봉환추진위원회'를 결성했다. 일본 측 대표는 내가 맡고 사무국을 소라치 민중사강좌의 호시노 쓰토무, 동아시아 시민네드워크의 고바야시 지요미가 맡았다. 한국 측 대표는 정병호 교수, 사무국은 (사)평화디딤돌이 맡았다. 한국과 일본의 시민운동이 힘을 합쳐 유골을 한국으로 보내게 되었다.

한국의 유골봉환추진위원회가 봉환 예정인 유골 115구의 명부를 근거로 다시 한번 한국 내 유족을 조사했다. 비바이 상광사에 안치된 미쓰비시 탄광 희생자 유골 여섯 구의 유족도 찾았다. 이제 115구의 유골을 한국까지 어떻게 운반할지가 관건이었다. 115구를 비행기에 화물처럼 적재해 운반하는 것은 70년 만의 귀향에 맞지 않는다고 생각했다.

2013년 여름, 슈마리나이에서 밤을 밝히며 이야기한 기억이 떠올랐다. 장례 행렬을 만들어 일본열도를 종단하는 아이디어를 실현할 수는 없을까. 생각해 보면 70년 전 조선에서 강제 동원된 젊은이들은 자신의 고향에서 열차나 배를 갈아타면서 홋카이도까지 연행되었을 것이다. 객차 앞뒤에 감시인이 붙어 도망갈 생각도 못 했다는 증언이 있다.

조선에서 홋카이도까지 연행되었던 그들의 여정을 거꾸로 해 70년 만에 유골이 홋카이도에서 한국으로 향한다. 전세 버스를 타고 육로를 달려, 숙박하는 각지에서 추도 법요식을 연다. 시모노세키부터는 페리로 부산을 거쳐 서울로 향하는 계획을 세웠다.

거듭 말하지만, 전시 강제 노동 희생자의 유골을 한국에 돌려주는 역사적 책임은 일본 정부 및 관련 기업에 있다. 정부와 기업에 발굴된 유골에 대한 책임을 일깨울 필요가 있었다. 본원사 삿포로 별원의 유골에 대해서는 유골을 별원에 맡기고 전후에도 관리해 온 지자키공업(현재 이와타지카기공업주식회사, 삿포로시에 있다)에 책임이 있다. 미나미후라노 탄광에서 진○○ 씨를 사역한 히시나카공업(도마코마이에 있다), 기타지시마에서 김○○ 씨를 사역한 스가와라공업(미토시에 있다)도 별원에 유골을 맡긴 기업이다. 이 기업들을 방문해 유골 봉환 시 재정 지원을 하도록 요청했다. 홋카이도 포럼과 함께 중국인 강제 연행 보상 문제를 맡았던 다나카 다카후미 변호사가 동행했다. 각사의 간부는 우리의 계획을 듣고 협의해 봉환 계획에 자금을 내놓았다. 도쿄로 가서 미쓰비시 머티리얼, 일철광업과도 교섭했지만 이들은 지원을 거부했다.

일본 정부와 한국 정부에 어떻게 연락할지에 대해서도 논의했다. 양국 정부는 이미 유골 문제에 대해 오랫동안 협의해 왔다. 우리가 봉환을 계획하는 유골의 존재도 충분히 알았다. 그럼에도 정부는 지금까지 유골 반환을 진행하지 않았다. 다시 알릴 필요도 없었다. 이번은 일본과 한국의 시민들이 협의해 직접 유골 봉환을 실현하는 것이므로 우리는 일부러 양국 정부에 정식 연락을 하지 않기로 했다.

유골 봉환을 준비하는 과정에서 큰 문제가 발생했다. 115구를 안치할 장소와 관련해, 한국 유족의 희망에 따라 천안 외곽에 있는 국립묘지 망향의동산에 안치하기로 하고 삿포로 한국 총영사관에 신청서를 제출했다. 얼마 후, 망향의동산에서 유족이 판명되지 않은 유골과 합장된 유골을 받아들일 수 없다고 한 답변을 한국 정부의 위원회를 통해 총영사관으로부터 전해 들었다. 무척 사무적인 응답이었다.

한국 정부는 유골 봉환에 협조적이지 않았다. 이대로라면 강제 동원 희생자의 유골 대부분이 망향의동산에 안치될 수 없었다. 115구를 봉환해도 안치할 장소가 없다니. 곤혹스럽게도 큰 벽에 부닥친 셈이었다. 나는 정병호 교수에게 전화를 걸었다. 그때 정병호 교수는 박원순 서울시장과 함께 있었다. 서울시장이 말했다. "서울시가 유골을 안치할 묘역을 준비하겠습니다. 안심하고 봉환해 주십시오." 그렇게 유골을 봉안할 장소가 정해졌다. 기적 같은 일이었다.

유골 봉환단은, 한국에서 정병호 교수, 유골 발굴을 지도해 온 박선주 충북대학교 명예교수, 유족, (사)평화디딤돌 회원 등 홋카이도로 온 13명, 일본인 참가자 20여 명, 미국과 오스트레일리아에서 온 참가자들까지 총 50명이었다. 유골 봉환단의 일정이 정해졌다.

종단하는 각지에서 강제 노동 희생자 추도법요식실행위원회가 결성되어 법요식 준비가 시작되었다. 유골 봉환에 필요한 비용을 마련하려 모금했는데 1000만 엔이 모였다. 미국에서 일리노이 대학교 문화인류학 데이비드 플래스 명예교수가 촬영 팀

유골 봉환단의 일정 (2015년 9월 11~20일)

일자	내용
9월 11일	사루후쓰촌
12일	하마돈베쓰 천유사에서 아사지노 공동묘지 발굴 유골을 받고 추도 법요식, 다도시 일승사 1박
13일	비바이 상광사에서 추도 법요식, 본원사 삿포로 별원에서 추도 법요식, 도마코마이에서 페리 승선
14일	도쿄 쓰키치 본원사에서 추도 법요식
15일	교토 서본원사에서 추도 법요식, 오사카 쓰무라 별원에서 추도 법요식
16일	히로시마 본원사에서 추도 법요식
17일	시모노세키 광명사에서 추도 법요식, 시모노세키에서 페리 승선
18일	부산에서 추도 집회, 대한성공회 서울주교좌성당 안치
19일	서울광장에서 장례식
20일	경기도 파주시 서울시립묘지에 안장

과 함께 홋카이도에 왔다. 유골 봉환 과정을 기록하기 위해서였다. 후일 이 영상은 다큐멘터리 〈길고 긴 잠〉❖으로 발표되어 일본·한국·미국에서도 상영되었다. 일행이 들른 각지의 사원에는 많은 사람들이 참여해 70년 만에 희생자의 유골이 고향으로 돌아가는 것을 기뻐하고 참배했다. 유족인 김×× 씨도 유골과 함께 10일간의 여정을 함께하고 각지의 법요식에서 유족으로서의 심정을 이야기했다.

시모노세키항에서 페리에 승선한 유골이 현해탄을 건너던

❖ 데이비드 플래스, 〈길고 긴 잠 : 강제 징용자의 70년 만의 귀향〉,
https://www.youtube.com/watch?v=B1qw3Q5gpDw.

용미리 서울시립묘지 '70년 만의 귀향' 묘역

밤, 도쿄에서는 국회에서 [집단적 자위권 행사를 가능하게 하는] 안
보 관련 11개 법안이 강행 통과되어 국회 앞은 항의 데모 참가
자들로 둘러싸였다. 한국의 언론은 안보 법안을 강행 통과한 일
본 정부와, 전시 강제 노동 희생자의 유골을 한국으로 봉환하는
시민 활동을 대조적으로 보도했다. 부산항 수미르공원에서 거
행한 추도식은 전통적인 진혼제로, 70년을 맞는 망자의 마음이
행사장에 넘쳐흘렀다. 영구차에 오른 유골은 경찰차의 호위를
받으며 서울로 향했다. 밤늦게 대한성공회 서울주교좌성당에 도
착해 신부의 주재로 미사가 열렸으며, 성당 신도회장이 희생자
한 사람 한 사람의 이름을 부르며 추도했다. 미사가 끝나고 유
골은 지하 봉안당에 안치되었다.

다음 날 저녁 서울광장에서 열린 장례식에는 유족을 포함해
1000명이 넘는 시민이 참여했다. 한국 7대 종단의 성직자가 추
도식을 했으며, 일본에서 참가한 승려도 단상에서 추도 독경을
했다. 가수 정태춘 씨가 〈징용자 아리랑〉을 불렀고 서울시장이
마음을 담은 인사말을 했다. 다음 날 유골을 화장해 파주시 교
외에 있는 서울시립묘지에서 안장식을 가졌다. 봉안 묘역 벽에
붙은 명판을 디자인한 것은 〈평화의 소녀상〉을 제작한 김운성·
김서경 부부였다. 명판에는 희생자 115명의 이름이 새겨져 있
었다. 참가한 유족이 망자의 이름을 어루만지며 슬퍼했다. 봉안
이 끝나고 독경하는 것으로 10일간의 여정이 끝났다. 안도의
숨을 내쉰 참가자들은 서로 손을 잡고 인사하고 어깨동무를 한

채 〈아침이슬〉을 불렀다. 정부의 의지와는 별개로 일본과 한국의 민중이 스스로의 의지로 화해하자는 시도 자체가 하나의 결실이었다.

115구가 전달된 것으로 한일 간 유골 문제가 해결된 것은 아니다. 전달된 것은 극히 일부일 뿐이다. 오히려 유골 문제에조차 관여하지 않는 정부의 자세가 다시금 부각되었다. 동아시아의 역사적 화해는 여전히 갈 길이 멀다. 일본 정부는 과거 역사를 직시하지 않고 일본군 '위안부' 소송과 징용자 재판에서도 일방적인 주장을 반복하며 피해자와 진지하게 마주하지 않는다. 국가와 기업은 과거의 과오를 인정하고 피해를 입은 개인과 그 유족에게 사죄하고 보상해야 한다. 피해자 개인의 인권과 명예를 회복하는 일이야말로 반드시 필요하지만 정부에 기대하기는 어려워 보인다. 일본의 식민지주의를 극복하고 동아시아의 화해를 도모하려면 정부 차원과 별개로 시민 정치가 힘을 가져야 한다. 유골 115구를 봉환할 수 있었던 것도 일본과 한국의 시민들이 공동으로 시도해 일군 화해의 일환이다. 정부가 방치하고 있는 동아시아 화해의 과제를 실현하기 위한 시민들의 노력이, 국경을 초월한 연대를 통해 지속되어야 한다.

4. 잊히고 사라진 식민지의 기억

1976년 가을, 슈마리나이 광현사를 방문해 망자의 위패를 발견하면서 시작된 생사의 드라마는, 37년간 계속되어 유골과의 만남이 이어졌다. 지금도 슈마리나이 구 광현사(사사노보효 전시관) 봉안당에는 희생자의 위패가 안치되어 있다.

고등학생들과 사회인들이 이곳을 방문할 때면 강연 마지막에 본당으로 안내해 위패를 보여 준다. 아니, 보여 준다기보다는 만남을 갖는다. 그들은 억울한 죽음을 맞이한 목숨이다. 유족도 만나지 못하고 장례도 치르지 못한 목숨인 것이다.

오키나와에서 오키나와 전쟁 희생자의 유골을 발굴하고 있는 구시켄 다카마쓰 씨가 유골은 사람과 만나고 싶어 한다고 말했다. 나도 그렇게 생각한다. 죽음에 이르는 과정이 중단되고 죽음을 온전히 맞이하지 못한 유골은 살아 있는 사람이 장례를 치러 주기를 바란다. 살아 있는 사람에게 그런 메시지를 무수히 보내고 있는 것이다. 번뇌에 집착해 자신의 형편만 생각하며 살아가는 우리는 그 목소리를 듣고 있는가.

1980년 5월 나는 아시아 불교평화회의 조사단의 일원으로 캄보디아를 방문했다. 캄보디아의 폴 포트 정권이 베트남군의 개입으로 프놈펜에서 퇴각한 것은 1978년 12월부터 이듬해 1월 사이였고, 내가 방문한 시점은 그로부터 불과 1년 6개월 뒤였다. 폴 포트 정권의 대학살이 조금씩 세상 밖으로 알려지고 있었는데, 100만여 명에 이르는 자국민을 학살했던 깃 같다.

캄보디아에 들어가기에 앞서 베트남 하노이에 체류하던 중 8밀리미터 카메라가 고장이 났다. 배터리는 충분했는데 버튼을 눌러도 작동하지 않았다. 구입한 지 얼마 안 됐는데 기록을 남기지 못할지도 몰랐다. 나는 완전히 풀이 죽었다. 작동하지 않는 카메라를 들고 캄보디아행 비행기에 올랐다. 우기를 벗어난 한여름의 프놈펜 공항에 도착한 다음 날 프놈펜 교외로 안내를 받았다. 그곳에 눈을 의심하게 하는 광경이 펼쳐져 있었다.

밭에 인간의 두개골이 굴러다니고 버려진 백골이 들판이며 길가에 가득했다. 소스라치게 놀란 나는 그 현장을 기록해야 한다고 생각해 고장 난 카메라 셔터를 눌렀다. 어찌된 일인지 카메라가 움직였다. 망자의 영혼이 도운 것일까. 억울한 죽음을 당한 망자가 기록을 남겨 달라고 명령하는 것일까. 그렇게 느끼며 몸서리를 쳤다.

귀국해서 냉정하게 생각해 보니 하노이의 심한 습기가 카메라 내부에 들어가 작동하지 않았나 싶기도 했다. 캄보디아에서는 습도가 내려가 다시 작동했을 것이다. 그러나 정토진종 승려인 나는 그때 망자의 부름이 카메라를 움직이게 했다고 생각할 수밖에 없었다.

백골이 겹겹이 쌓여 있었다. 캄퐁스페우의 바나나 농장에서 백골은 10미터 간격으로 산더미처럼 쌓여 있었는데, 도대체 몇 사람의 유골인지 알 수 없었다. 그 하나하나가 최근까지 살아서 노래하고 춤추고 이야기하며 걸어 다녔다고는 상상할 수 없었다. 인간의 상상력은 주입되는 것이다.

남겨진 것을 보면서, 앞선 참극을 생생하게 상상할 수는 없다. 사건과 사태가 일어난 뒤로 시간이 지날수록 시간이 일으키는 변화가 상상하기 어렵게 한다. 때로는 인위적인 변화도 개입된다. 그곳에서 일어난 사실을 은폐하기 위해 파괴하고 묻어 버린다. 그리하여 역사의 진상은 어둠속에 묻힌다. 캄보디아의, 100만 명 넘는 망자의 진상은 지금도 확실히 밝혀지지 않았다.

2009년 6월, 폴란드를 방문한 나는 아우슈비츠를 찾았다. 아우슈비츠는 깨끗하게 정리되었다고 들었다. 1950~60년대의 아우슈비츠 비르케나우Birkenau(제2 수용소)에는 희생자의 유골이 널려 있었다고 한다. 그곳을 '평화 봉사를 위한 속죄 행동'이라는 독일 시민 단체의 청년들이 방문해 유골을 수습했다. 그들의 활동이 폴란드와 유대인의 화해를 위한 출발이었다. 지금은 주변에 유골은 보이지 않는다.

비가 내리고 견학하는 사람도 드문 비르케나우 강제수용소의 흔적인 판잣집을 바라보았다. 적막한 내부에는 허름한 3단 나무 침대가 있었고, 가느다란 햇빛이 들어와 무너진 화장실과 콘크리트 난방 시설의 흔적을 비추었다. 나는 숨죽인 채 주변을 천천히 훑어보았다. 수용소에서 가스실에 끌려 들어가기를 기다리던 사람들을 상상하는 것 역시 불가능했다.

아우슈비츠를 그대로 체험하기란 불가능했고 멋대로 상상하는 일 자체가 망자에 대한 모독일지 모른다. 아시아 끝에서 건너왔으며 전후에 태어난 나로서는 생생한 아우슈비츠의 체험은 포기할 수밖에 없다. 아우슈비츠의 존재 자체가 체험을 거부하는지도 모르겠다.

제1 수용소의 전시를 둘러봤다. 유리 안쪽에 전시된 산더미 같은 머리카락과 가방, 구두. 그 옆에 크고 둥근 유리함에 회색 가루가 들어 있었다. 유골이었다. 150만 명 또는 그 이상의 인간을 가스실에서 소각했다고 하니 유골은 가루를 내는 것이 처리하기 쉬웠을 것이다.

아우슈비츠는 유네스코 세계문화유산에 등록되어 있다. 영구히 남기기 위한 것일까. 그러나 정비되고 보존된 아우슈비츠는 견학자의 상상력을 위축시켰다.

그럴 때 말의 힘이 상상력을 북돋운다. 아우슈비츠를 겪은 89세의 폴란드인 스모렌 씨가 수용소 체험을 들려주었다. 체험담은 물론이고 그의 팔에 남은 파란 문신의 존재가 아우슈비츠를 대변한다. 일본인 공식 가이드 자격이 있는 나카타니 다케시 씨가 "아우슈비츠는 무엇보다도 우선 묘지입니다."라고 말했다.

이 말이, 사라져 버린 과거의 흔적을 다시 살려내는 것처럼 느껴졌다. 나치가 아우슈비츠를 파괴했듯이 범죄자는 자신의 범죄를 은폐하기 위해 사건 현장을 파괴하고 서류를 불태워 증거인멸을 꾀한다. 그러나 사람의 기억을 완전히 지울 수는 없다.

2010년 9월 [일본 731부대의 만행을 조사하는 단체인] ABC 기획

위원회가 주회하는 '중국 구 일본군 전쟁 유적을 방문하는 여정'에 참가해 헤이룽장성의 하얼빈을 방문했다. 하얼빈 교외 핑팡平房에 있던, 세균·독가스 제조를 목적으로 한 731부대의 흔적은 패전과 함께 철수하는 관동군의 손으로 철저하게 파괴되었다. 현재 남아 있는 흔적은 전체 구조물과 비교해 보면 극히 일부에 불과하다.

그러나 범죄를 감출 수는 없다. 731기념관의 조선족 김성민 씨는 지금도 열심히 파괴된 흔적을 발굴하고 있다고 설명했다. 최근 지하실이 발견되었다고 한다. 깊은 우물도 여러 개 발견되었다. 조만간 공개될 수도 있다고 한다. 희생자의 유골은 어떻게 되었을까. 발굴 과정에서 나올지도 모를 일이다.

아시아·태평양전쟁으로부터 65년이 지났고 전쟁을 체험한 세대도 점점 사라져 간다. 그러나 전쟁과 식민지의 체험은 전후에도 정직하게 전해져야 한다. 전쟁 직후 태어난 나의 반평생은 전후사 그 자체이지만 되돌아보면 기묘한 느낌이 든다. 어려서부터 헤어질 때까지 내가 아버지와 어머니로부터 들은 전쟁 체험은 극히 일부였다.

전쟁 전 오랫동안 일본의 식민지였던 한반도, 타이완, 사할린의 존재, 위장 국가로서의 만주도 내 기억에는 존재하지 않는다. 우리의 아버지들과 어머니들은 그 기억을 일부러 이야기해 주지 않은 것이 아니라, 그들도 전후에 이르러 식민지에 대한 기억이 싹 빠져 버린 것은 아닐까. 패전을 경험한 일본인들이 전후에 총력을 기해 그 기억을 망각한 것이 아닐까.

고등학교 동창생 중에 재일코리안이 있었다. 내가 기차를 타고 통학하던 즈음에 그도 근처 역에서 기차를 타고 함께 학교에 다녔다. 고교 생활 3년간 매일 같은 기차를 타고 농담을 주고받으며 학교를 다녔지만, 그는 자신이 조선인이라는 사실을 조금도 입 밖에 내지 않았다. 동창생 가운데 누구도 그가 조선인인지 몰랐고, 그럴 가능성조차 헤아리지 못한 채 그냥 친구로 대했다. 주변에 외국인이 있다고는 상상하지 못한 것이다.

그는 고등학교를 졸업하고 고향을 떠난 뒤 조선인으로서의 자아를 발견하고 민족을 자각했던 것 같다. 그는 대학 시절 귀성하는 나와 우연히 마주쳤을 때 자신이 조선인이라는 사실을 밝히고는 격하게 조선인으로서의 견해를 피력하고 일본에서 혁명을 일으키겠다고 잘라 말했다. 재일코리안의 존재에 무감각했던 나는 그가 재일조선인이라는 사실에 놀랐고, 어째서 그가 분기탱천해 일본에서 혁명을 일으키려 하는지 의아했다.

지금 생각해 보면 그것은 자신의 출신을 숨겨 왔던 고등학교 시절 암울한 마음의 폭발이자, 조선인으로서 주체를 자각하고, 조선인을 억압하는 일본에 대한 투쟁 선언이지 않았을까. 내가 그 사실을 이해하기까지는 유골 문제와 관련된 경험과 더불어 꽤 오랜 시간이 필요했다.

교토의 대학 시절, 학생운동에 빠져 있을 때 재일코리안과의 짧은 인연도 떠오른다. 1965년 봄 2학년이 되었을 즈음일까.

내가 소속된 사회학연구회에 재일코리안 학생 한 명이 찾아왔다. 그는 조선 문화를 연구하는 동아리로 '조선문화연구회'를 만들고 싶다며 열정적으로 이야기했다.

나는 적잖이 공감했다. 그러나 모임을 함께하자고 말하지는 못했다. 장마철에 접어들자 교정에는 매일같이 비가 내렸다. 그는 조선문화연구회를 결성하지 못한 채 홀로 우산을 들고 퍼붓는 빗속으로 사라졌다. 그의 뒷모습이 지금도 떠오른다.

1965년은 봄부터 한일조약 반대 운동이 격렬하게 전개되었다. 운동의 슬로건은 '한·미·일 군사동맹 반대'였는데, 당시 미일 군사동맹을 위해 비밀리에 만들었다는 미쓰야 작전연구*가 폭로되면서 문제가 되었다. 한일조약을 둘러싸고 제기된 쟁점은, 미국이 주도하는 군사동맹을 따를 수밖에 없다는 점과, 한반도에 대한 일본의 식민 지배의 역사를 어떻게 평가할지의 문제였다.

식민 지배의 부당성을 주장하는 한국에 대해 일본은 국제적으로 식민 지배가 인정되었다는 점과 식민지를 경영하는 데 막대한 자본이 투입되었다는 점을 내세워 배상을 거부하려 했다. 이런 상황에서 일본과 한국의 국교회복을 앞두고 일본의 사회 운동은 일본 식민 지배에 대한 반성에 기초해 사죄와 배상을 주

✤ 1963년 자위대통합관료회의가 극비리에 만든 시뮬레이션.

장하는 것이 도리가 아니었을까.

한일조약 반대 운동과 관련해, 일본에서 과거 식민 지배에 대한 자기비판의 목소리가 '전혀'라고 할 만큼 나오지 않았던 것은 매우 기묘하다. 이는 일본의 많은 이들이 자신들의 과거를 인식할 때 식민 지배를 당한 한반도에 대한 책임을 자각하는 일이 없었음을 의미한다.

당시 재일코리안 청년들도 운동을 벌였다. 그들도 일본인과의 연대나 공동 투쟁은 생각하지 않았다. 같은 사회에 살면서도 서로 접촉할 기회도 없이 전혀 다른 운동을 해왔던 것이다. 국제 공산주의 운동이 국제 연대를 주장함에 따라 일본 공산주의 운동이 재일코리안과 함께 투쟁하던 때도 있었다. 하지만 그것도 공산주의자들끼리의 일이며, 공산당 간 이견과 갈등으로 말미암아 연대는 희미해졌다.

전후 일본 사회에서 일본인과 재일코리안 사이에는 장벽이 존재해 왔다. 조선민주주의인민공화국(북한)과는 여전히 국교를 회복하지 못하고 있으며, 납치 문제를 내세워 재일코리안에 대한 인종주의와 혐오 발언이 횡행하고 있다. 고교 수업료 무상화에서 조선 학교를 제외하기로 한 일본 정부의 정치적 판단에 많은 일본인이 동조하고 있다. 일본에 살고 있는 사람들이 가져야 할 당연한 권리를 재일코리안의 아이들에게는 인정하지 않음으로써, 어리석게도 그들에게 상처를 줄 수 있다는 생각을 못 하는 존재가 되어 버렸다.

조선인 강제 연행 희생자의 유골은 전후 식민 지배에 대한 망각의 대립 명제로 존재해 왔다. 유골은 사원의 한구석 또는 산야에 잠들어 있다. 유골은 영원하지 않다. 언젠가 삭아 없어진다. 그러나 흙으로 변하기 직전에 가까스로 발굴된 유골이 일본인들에게 망각을 허락하지 않는 엄연한 존재로서 모습을 드러낸 것이다.

한반도에 대한 일본 식민지 정책의 결과인 강제 연행 및 강제 노동 문제는 1960년대 박경식 씨의 연구와 조선인강제연행진상조사단의 활동, 1970년대부터 홋카이도에서 진행된 민중사 찾아내기 운동 등을 거쳐 1990년대에 하나의 시민운동으로 성장해 왔다. 소라치 민중사강좌, 동아시아 공동 워크숍, 홋카이도 포럼 등이 여기에 속한다.

아직도 각지의 사원에 남겨진 유골들은 유족의 품에 안겨 고향 땅에 잠들 날을 꿈꾸고 있다. 우리는 남아 있는 유골들을 찾아내야 한다. 유족을 찾아, 지금까지 유골을 돌려주지 못한 것을 사죄하고, 보상을 제의하고, 정중히 추도해 고향 땅에 묻힐 때 비로소 망자는 진정한 죽음을 맞이한다.

살아 있는 사람의 입장에서도 그때야 비로소 살아 있는 사람의 책임을 다하고 장례가 끝났다고 할 수 있다. 얼마나 많은 망자가 지금도 장례를 치르지 못한 채 기다리고 있을까. 유족은 나이 들고 유골도 언제 흙으로 변할지 모른다. 한가하게 보낼 시간이 없다.

나가며

전후 70년을 지나오면서 지금도 일본 사회는 어리석은 역사 인식 때문에 과거를 올곧게 극복하지 못하고 있다. 과거에서 벗어나려 발버둥을 칠수록 과거는 집요하게 따라온다. 과거에서 도망치려 하지 말고 똑바로 서서 과거를 마주봐야 자신과 타인을 깊게 이해하는 성숙한 사회가 될 수 있다. 일본 각지에 남겨진 조선인 강제 노동 희생자의 유골은 전쟁과 식민 지배로 말미암아 그곳에서 사망한 사람들이다. 홋카이도에서는 다코베야라고 불리는, 감금 노동을 강요한 노동 현장이 있었다. 그곳에서 조선인들과 함께 일본인 노동자들 다수가 강제 노동 끝에 사망했다. 전후의 일본 사회는 이 희생자들을 간과해 왔다. 슈마리나이의 오래된 사원에 남겨진 위패는 과거를 전해 주는 표식이었다. 광현사로 안내받고 위패를 마주한 날로부터 40여 년, 유골을 '발굴'한다는 말 그대로 과거를 꺼내는 일을, 동아시아 공동 워크숍에 모인 일본인들과 한국인들이 시작했고, 그 뒤 여러 나라 사람들이 함께 이어 왔다. 끝이 보이지 않는 일이었지만 끊임없이 과거와 마주하고자 노력함으로써 국경을 초월해 인간관계가 확대된다는 것을 배웠다.

강제 노동 희생자의 유골을 한국에 봉환한 다음 해인 2016년 4월, 나는 일본군 '위안부' 여성들의 수요 시위에 참가했다. 〈평화의 소녀상〉 앞에서 그들의 과거를 상징하는 조형물인 〈평화디딤돌〉을 한국 친구들과 함께 설치했다. 홋카이도에서 사망한 한국 출신 희생자들을 기록한 〈평화디딤돌〉을, 희생자가 살던 주소지 거리에 설치하는 일에도 참가했다. 8월에는 (사)평화디딤돌의 구성원이 홋카이도를 방문해 슈마리나이 사사노보효 전시관, 비바이 상광사, 본원사 삿포로 별원에 각각 희생자의 이름을 새긴 〈평화디딤돌〉을 설치했다. 사루후쓰촌에도 디딤돌을 전달했다. 희생된 사람을 구체적으로 기억하고 추모하는 일은 더없이 소중하다.

역사 인식과 관련해, 오스트레일리아 국립대학교 테사 모리스-스즈키 명예교수는 역사에 참여하는 일의 진지함을 강조했다. 역사와 마주할 때, 유일한 객관적 사실이 존재한다고 단정하지 않고, 모든 역사적 사실은 상대적이라는 불가지론에 빠지지 않으며, 가능한 한 모든 방법으로 자신과 자신의 과거에 성실하게 접근하려는 진지함을 의미했다. 테사 모리스-스즈키 명예교수는 우리는 "과거에 있었던 일에 연루Implication되어 있다. 과거에 만들어진 제도·신념·조직 속에서 살고 있기 때문이다." 라고 주장한다("과거는 죽지 않는다"). 이를 '사후 공범'이라고도 한다. 그 사건에 직접 관여하지 않았더라도 사건 이후의 상황에서 이익을 얻는 경우, 그 사건과 무관하다고 할 수 없다. 전후 세대인 우리는 강제 노동 희생자의 죽음과 직접적인 관계가 없을지는 모르지만, 그들의 희생으로 성립된 전후에 몸을 부지하면서 이익을 취한 것이 아닌가.

나는 예전에 "주체적으로 인수한 전쟁 책임"이라는 표현을 사용한 적이 있다.✦ 전후 세대가 전전의 사실에 직접적인 책임이 있다고 말할 수는 없지만, 과거 역사가 초래한 희생과 마주한다면 그 책임을 간과할 수 없다고 생각한다. 즉, 우리는 발굴된 유골에 직접적인 책임이 있다고 할 수는 없지만, 전후 오랫동안 그들의 죽음을 묵인해 왔다. 슈마리나이의 우류댐은 지금도 전기를 만들고 있으며 우리는 그 혜택을 누린다. 고향에서 2000킬로미터 떨어진 홋카이도에서 목숨을 잃은 조선인 희생자의 존재를 모른 채, 묻혀 있는 그들 옆에서 일상을 보내 왔다. 언젠가는 그들의 존재가 밝혀질 만한 장소에서 살아온 것이다. 그들이 묻혀 있다는 것을 알아내고 유골을 발굴한 사람은 과거의 망자와 대면함으로써 역사와 마주하는 법을 배운다. 과거 역사에 연루되어 있다는 자각이 싹을 틔운다고나 할까. 이 활동의 저편에 동아시아의 역사적 화해와 평화 공동체의 전망이 있는 것이 아닐까. 거기에 시민들이 만들어 내는 시민 정치의 의미가 있다.

✦ [지은이] 『続笹の墓標 : 和解の架け橋』. 空知民衆史講座.

［『70년 만의 귀향』의 일본어판인］『유골』을 출판한 것은 2013년 이다. 벌써 8년이 지났다. 일본에서는 절판되었다. 그런데 친구 이자 유골 발굴 계획의 동지이기도 한 승려 지상이 이 책을 한 국에서 번역 출판하고 싶다고 제안했다. 『유골』을 출판하고 난 뒤 8년간 여러 일이 있었다. 유골을 반환한 '70년 만의 귀향' 사 업도 그 하나다. 기왕에 한국에서 출판된다면 좋겠다고 생각하 며 후반부의 내용을 더하고 맺음말을 수정하기로 했다.

지상의 재촉을 받으며 탈고한 지금, 일본과 한국의 역사 화 해는 점점 더 진흙탕 양상을 보이고 있다. 지금이야말로 역사의 어둠으로부터 떠오르는 유골과 만나고 식민 지배의 희생자와 진지하게 마주해야 하는 것은 아닐까. 망자의 목소리를 함께 들 을 수 있다면 한국과 일본의 미래에 등불을 밝힐 수 있으리라 생각하며 글을 마친다. 이 책을 읽은 독자들의 의견과 비판을 환영한다. 마지막으로 지상의 노고와, 출판을 흔쾌히 수락한 출 판사에 감사의 마음을 전한다.

폭설로 무너진 사사노보효 전시관

사진 위 ⓒ 동아시아 시민네트워크

❖

본문에 소개한 사사노보효 전시관(구 광현사)이 있는 슈마리나이는 홋카이도에서도 눈이 많이 내리기로 유명한 곳으로, 본당과 부속 건물인 요사채를 지키고자 매년 겨울 두세 차례씩 제설 작업을 해왔습니다. 이곳을 기억하고 계승하려는 많은 사람들이 노력했음에도, 2020년 1월 세월의 무게를 이기지 못해 안타깝게도 본당인 사사노보효 전시관이 붕괴되었습니다. 슈마리나이에서 희생된 일본인 다코베야 노동 희생자, 조선인 강제 노동 희생자의 위패와 유골을 안치해 온 건물입니다. 1995년부터 '사사노보효 전시관 : 강제 노동 자료관'으로 개관했고, 동아시아 공동 워크숍에 참여한 젊은이들이 모이는 장소이기도 했습니다. 화해의 길이 보이지 않는 한국·일본·동아시아의 오늘, 붕괴된 전시관을 철거하고 끝낼 수는 없다며 사사노보효 전시관 재건 활동이 시작되었습니다. 3000만 엔을 목표로 모금 활동을 하고 있습니다. 여러분의 많은 관심과 지원을 부탁드립니다.

모금 안내

평화디딤돌 : http://steppingstone.or.kr

모금 계좌 : 우리은행 1006-801-250054 (사단법인 평화디딤돌)

모금 일정 : 2021년 7월 1일~2022년 9월 21일

참고문헌

テッサ・モーリス・スズキ.『過去はしなない』. 岩波書店.

_____.『辺境から眺める』. 平凡社.

強制連行・強制労働犠牲者を考える.『遺骨の声に応える』.

　　　　北海道フォーラム.

内海愛子ほか.『遺骨の戦後』. 岩波ブックレット.

森村誠一.『笹の墓標』. 光文社.

盛岡武夫.『遥かなる海峡』. 空知民衆史講座.

小池喜孝.『民衆史運動』. 現代史出版会.

_____.『鎖塚』. 現代史出版会.

小池喜孝・賀沢昇.『雪の墓標』. 朝日新聞社.

殿平善彦.『念仏の鼓動』. 法藏館.

_____.『若者たちの東アジア宣言』. かもがわ出版.

竹内康人.『戦時朝鮮人強制労働調査資料集一増補改正版』.

　　　　神戸学生センター.

『多度志町史』. 多度志町.

『東アジアの平和のための共同ワークショップ＠大雪山』. 江卸発電所・

　　　　東川遊水池強制連行・強制労働犠牲者遺骨発掘実行委員会.

『民衆の歴史に光を』. 空知民衆史講座.

『北海道と朝鮮人労働者』. 朝鮮人強制連行実態調査報告書編集委員会.

『仏教語大辞典』. 中村元東京書籍.

『山本義秀さん聞き取り記録』. 名寄短大中島ゼミ.

『笹の墓標』. 空知民衆史講座.

『続笹の墓標一和解の架け橋』. 空知民衆史講座.

『室蘭市史』. 室蘭市.

『雨竜ダム物語』. 青木哲夫.

『浄土真宗聖典』. 本願寺出版社.

『朝鮮人強制連行強制労働の記録―北海道・千島・樺太編』. 朝鮮人
　　　強制連行真相調査団.

『地崎工業百年史』. 地崎工業.

『真宗聖教全書』. 真宗聖教全書編纂所.

『蔡晩鎮聞き取りテープ』. 浜砂千代子.

『出会う・掘る・学ぶ』. 空知民衆史講座.

『合本・浅茅野飛行場研究』. 浜鈍別高校郷土研究部.

『芦別川河畔強制連行犠牲者遺骨発掘調査報告書』. 芦別川河畔強制連
　　　行犠牲者遺骨発掘実行委員会.

『幌加内村史』. 幌加内村.

찾아보기